이 책의 구성

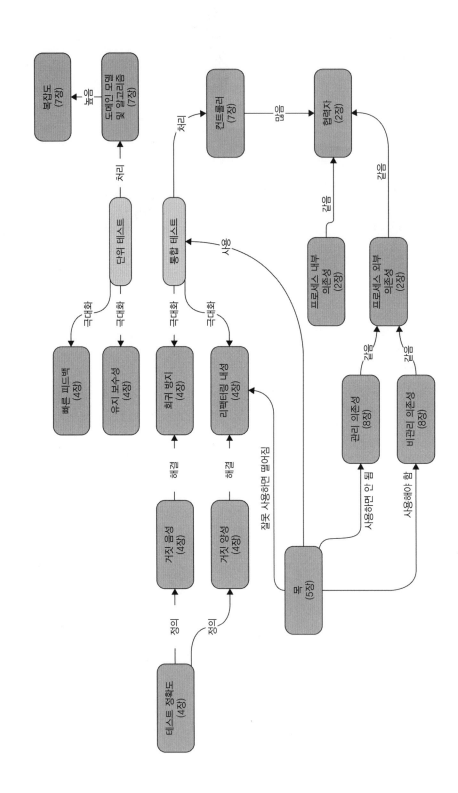

단위 테스트

단위 테스트

생산성과 품질을 위한
단위 테스트 원칙과 패턴

블라디미르 코리코프 지음
임준혁 옮김

i!i
에이콘

에이콘출판의 기틀을 마련하신 故 정완재 선생님 (1935-2004)

아내 니나(Nina)에게

| 지은이 소개 |

블라디미르 코리코프^{Vladimir Khorikov}

소프트웨어 엔지니어이자 마이크로소프트 MVP, 플루럴사이트^{Pluralsight}의 작가다. 단위 테스트 이모저모에 대해 여러 팀을 멘토링했으며 15년 이상 소프트웨어 개발에 전문적으로 참여했다. 지난 수년 동안 단위 테스트를 주제로 여러 유명 블로그에 글을 연재하고 온라인 교육 과정을 만들어냈다. 이론적 배경을 바탕으로 강의하는 방법으로 인해 학생들에게 좋은 평가를 받고 있으며, 이론을 실제 사례에 적용하고 있다.

단위 테스트를 시도했던 첫 번째 프로젝트가 생각난다. 비교적 잘 진행된 프로젝트였지만, 종료된 후 테스트들을 살펴보고 나서 많은 시간 낭비를 했다고 생각했다. 그 프로젝트에서 대부분의 단위 테스트는 기대치를 설정하고 거미줄처럼 복잡한 의존성을 연결하는 데 많은 시간을 보냈다. 단지 컨트롤러에 있는 코드 세 줄이 올바른지 확인하는 것이었다. 테스트에서 정확히 무엇이 잘못됐는지는 바로 알 수 없었지만, 내 균형 감각이 무언가 잘못됐다는 신호를 보냈다.

다행히도 단위 테스트를 포기하지 않고 이후 프로젝트에 계속 적용했다. 그러나 그 이후로 일반적인 (그 당시) 단위 테스트 관행을 둘러싼 의견 차이가 점점 커지고 있었다. 나는 몇 년 동안 단위 테스트에 관해 많은 글을 썼다. 그 글을 쓰면서 용케 첫 번째 테스트에서 정확히 무엇이 잘못됐는지를 결정할 수 있었고, 이 지식을 단위 테스트의 더 넓은 영역으로 일반화했다. 마침내 이 책으로 그동안의 모든 연구와 시행착오, 오류에 대해 (컴파일하고 정제하고 요약해서) 정점에 다다를 수 있었다.

프로그래밍 지침은 수학 이론과 같이 기본 원칙에서 파생돼야 한다고 생각해, 이 책을 그와 비슷한 방식으로 구성하려고 노력했다. 결론으로 바로 도달하거나 근거 없는 주장을 던지지 않고 백지상태로 시작해서, 바닥부터 점진적으로 주장을 세워나간다. 흥미롭게도, 이러한 기본 원칙을 세우면 가이드라인과 모범 사례는 종종 자연스럽게 별 영향이 없어진다.

단위 테스트는 사실상 소프트웨어 프로젝트의 필수 요소다. 이 책을 통해 가치 있고 유지 보수가 용이한 테스트를 작성하는 데 필요한 모든 것을 알 수 있다.

| 감사의 글 |

이 책과 관련해 많은 작업이 있었다. 정신적으로 충분히 준비됐다고 생각했지만, 이 책이 출간되는 동안에는 상상했던 것보다 훨씬 더 많은 과정이 필요했다.

샘 자이델Sam Zaydel, 알레산드로 캄페이스Alessandro Campeis, 프랜시스 부란Frances Buran, 티파니 테일러Tiffany Taylor, 마리나 마이클스Marina Michaels에게 감사의 말을 전한다. 특히 마리나 마이클스의 소중한 피드백은 책을 만드는 데 많은 도움이 됐고, 그 과정에서 더 나은 저자가 될 수 있었다. 이 책의 출간 과정에서 숨은 노력을 기울여준 매닝Manning의 다른 모든 분께도 감사드린다.

또한 책을 쓰는 동안 시간을 들여 원고를 읽고 소중한 피드백을 준 아론 바튼Aaron Barton, 알레산드로 캄페이스, 코너 레드먼드Conor Redmond, 드로 헬퍼Dror Helper, 그렉 라이트Greg Wright, 헤만트 코네루Hemant Koneru, 제레미 랭Jeremy Lange, 호르헤 에제키엘 보Jorge Ezequiel Bo, 조르트 로덴부르크Jort Rodenburg, 마크 네나도프Mark Nenadov, 마르코 우멕Marko Umek, 마커스 마츠커Markus Matzker, 스리하리 스리다란Srihari Sridharan, 스티븐 존 워넷Stephen John Warnett, 수만트 탐베Sumant Tambe, 팀 반 듀르젠Tim van Deurzen, 블라디미르 쿠프초프Vladimir Kuptsov에게도 감사의 말을 전한다.

무엇보다도 처음부터 끝까지 아낌없이 지원해준 아내 니나에게 감사의 말을 전한다.

| 옮긴이 소개 |

임준혁(contact@itanoss.kr)

시스템 통합, 개발자 도구, 국제 표준 프로토콜 구현, 전자상거래 서비스, 메신저 서비스 등 다양한 프로젝트에 참여했다. 오픈소스와 새로운 기술에 관심이 많고, 개발자들의 생산성과 편의성에 도움이 되는 도구를 만드는 데 즐거움을 느낀다.

다년간 여러 회사의 크고 작은 프로젝트에 참여하면서 만났던 개발자들 중 대다수는 테스트 코드를 작성하는 것을 귀찮아하고 싫어했었다. 나조차 바쁜 일정에 쫓겨 테스트의 우선순위를 항상 뒤로 미루기 일쑤였다. 프로젝트 초기에 의욕적으로 작성하다가도 프로젝트 막바지에 달했을 때 기존에 있던 테스트 코드를 삭제하는 동료도 종종 보곤 했다. 또한 테스트를 작성하지 않아 운영 환경에서 커다란 장애를 겪거나 데이터 정합성이 깨져 데이터를 복구하는 데 고군분투했던 경험이 개발자라면 한 번씩은 있었을 것이다.

이 책을 통해 저자는 독자의 입장에서 실무적인 환경에 입각해 독자의 공감을 얻을 뿐 아니라 독자들이 내용을 이해하는 데 도움이 되도록 공을 들였다. 수많은 테스트 관련 책이 테스트의 본질에 접근했다면, 이 책은 맹목적인 테스트 노력에서 벗어나 실용적인 테스트 구성에 대한 방법론으로 접근한다. 클린 아키텍처 등 자칫 이론으로만 치부할 수 있는 내용을 실무에서 접했을 만한 예제로 어떻게 구성할 수 있는지, 그리고 이 합리적인 구성이 어떻게 테스트를 효과적으로 작성하고 유지할 수 있는지를 하나씩 돌아볼 수 있다. 또한 자신이 생각하는 바를 수학적 접근으로 증명하려는 저자의 노력이 돋보인다.

이 책을 읽은 후 이론에 머물지 않고 실천함으로써, 공학적인 사고로 합리적인 테스트를 작성해 독자들이 만드는 소프트웨어의 품질과 생산성을 향상시키고 더 나아가 소프트웨어 산업의 수준을 한 층 더 높일 수 있길 기대한다.

1부   더 큰 그림   27

2부   개발자에게 도움이 되는 테스트 만들기   111

4장   좋은 단위 테스트의 4대 요소   113

3부 통합 테스트 269

8장 통합 테스트를 하는 이유 271

이 책은 단위 테스트라는 주제를 둘러싼 모범 사례와 일반적인 안티 패턴에 대한 인사이트를 제공한다. 이 책을 읽고 나면 새로운 기술로 무장해서 유지 보수와 확장이 쉽게 프로젝트를 성공시키는 전문가가 되는 데 필요한 지식을 얻게 된다.

이 책의 대상 독자

대부분의 온라인 자료나 인쇄물에는 한 가지 단점이 있다. 단위 테스트의 기본에 중점을 두지만 그 이상은 다루지 않는다. 이러한 자료에도 많은 가치가 있지만, 거기서 학습이 끝나지는 않는다. 테스트 작성뿐만 아니라 노력 대비 최상의 결과를 얻을 수 있는 방법을 사용하는 다음 단계가 있다. 학습 곡선에서 이 지점에 도달하면 다음 단계로 나아가는 방법을 알아내려고 각자 생각대로 하기 쉽다.

이 책은 다음 단계로 갈 수 있게 해주며, 이상적인 단위 테스트에 대한 과학적이고 정확한 정의를 제공한다. 이 정의는 보편적인 '기준틀'을 제공해 많은 테스트를 새로운 관점에서 보게 만들고, 그중 어느 것이 프로젝트에 유용하고 어느 것을 리팩터링하거나 제거해야 하는지 알려준다.

단위 테스트 경험이 많지 않다면 이 책에서 많은 것을 배울 수 있다. 숙련된 프로그래머라면 이 책에서 소개한 아이디어 중 몇몇을 이미 이해하고 있을 수도 있다. 이 책은 단위 테스트를 하고자 하는 모든 사람이 사용해온 기술과 모범 사례가 왜 그렇게 유용한지 이해하고 설명하는 데 도움이 된다. 이 기술을 과소 평가하지 말라. 아이디어를 동료에게 명확히 전달하는 능력은 돈을 주고도 살 수 없다.

이 책의 구성: 로드맵

이 책의 11개 장은 크게 네 개 부로 나뉜다. 1부에서는 단위 테스트를 소개하고 일반적인 단위 테스트 원칙을 살펴본다.

- 1장에서는 단위 테스트의 목표를 정의하고 좋은 테스트와 좋지 않은 테스트를 구별하는 방법을 개략적으로 살펴본다.
- 2장에서는 단위 테스트의 정의와 단위 테스트의 두 분파를 설명한다.
- 3장에서는 단위 테스트 구성, 테스트 픽스처test fixture 재사용, 테스트 매개변수화와 같은 몇 가지 기본 주제를 되짚어본다.

2부에서는 주제의 핵심을 다룬다. 좋은 단위 테스트를 만드는 방법을 알아보고 테스트를 좀 더 가치 있게 리팩터링하는 방법을 자세히 살펴본다.

- 4장에서는 좋은 단위 테스트를 구성하고 이 책 전체에서 사용되는 공통적인 기준틀이 되는 4대 요소를 정의한다.
- 5장에서는 목mock에 대한 사례를 구축하고 테스트 취약성과의 관계를 알아본다.
- 6장에서는 단위 테스트의 세 가지 스타일을 살펴보고, 그중 가장 품질이 좋은 스타일은 어느 것이고 그 이유는 무엇인지 알아본다.
- 7장에서는 테스트를 너무 복잡해지지 않게 리팩터링하고 최소한의 유지비로 최대한의 가치를 얻는 방법을 설명한다.

3부에서는 통합 테스트와 관련된 내용을 다룬다.

- 8장에서는 통합 테스트가 무엇인지 알아보고, 그 장점과 절충에 대해 전반적으로 살펴본다.
- 9장에서는 목에 대해 알아보고, 목이 어떻게 테스트에 큰 도움이 되는지를 설명한다.
- 10장에서는 테스트에서 관계형 데이터베이스와 어떻게 작업하는지를 설명한다.

4부의 11장에서는 일반적인 단위 테스트 안티 패턴을 살펴본다. 아마도 그중 몇몇은 전에 만난 적이 있을 수도 있다.

예제 코드 다운로드

예제 코드는 C#으로 작성돼 있지만, 여기서 설명하는 주제는 자바^{Java}나 C++와 같은 모든 객체지향 언어에 적용할 수 있다. C#은 단지 가장 많이 사용하는 언어일 뿐이다.

C#에 특화된 언어 특성을 사용하지 않으려고 노력했으며 예제 코드를 최대한 간단하게 작성했으므로 이해하는 데 어려움이 없을 것이다.

예제 코드는 매닝출판사 도서정보 페이지(www.manning.com/books/unit-testing)와 에이콘출판사 깃허브(http://github.com/AcornPublishing/unit-testing)에서 다운로드할 수 있다.

기타 온라인 자료

- 저자의 블로그: EnterpriseCraftsmanship.com
- (이 책을 쓰는 현재 작성 중인) 단위 테스트에 대한 온라인 과정도 있다. UnitTestingCourse.com에서 수강할 수 있다.

질문

이 책에 관한 질문은 이 책의 옮긴이나 에이콘출판사 편집 팀(editor@acornpub.co.kr)으로 문의할 수 있다.

표지 그림에 관해

이 책의 표지 그림은 '미용사^{Esthinienne}'의 모습을 담고 있다. 이 그림은 1788년 프랑스에서 출시된 자크 그라세 생 소베르$^{Jacques\ Grasset\ de\ Saint-Sauveur}$(1757 – 1810)의 작품인 『Costumes Civils Actuels de Tous les Peuples Connus』(많은 나라의 의상을 망라한 모음집)에서 따온 것이다. 각 그림은 손으로 정교하게 그려졌고 채색됐다. 다양한 자크 그라세 생 소베르의 모음집은 불과 200년 전 세계의 여러 도시와 지역이 얼마나 문화적으로 떨어져 있었는지 생생하게 일깨워준다. 당시 사람들은 서로 격리돼 다른 언어와 방언을 사용했으므로 거리든 시골이든, 입고 있는 옷만 봐도 어디에 살고 있는지, 무엇을 거래하는지, 사회적 신분이 어떤지 쉽게 알 수 있었다.

그 이후로 우리가 옷을 입는 방식은 바뀌었고 그 당시에 풍부했던 지역별 다양성은 사라졌다. 이제 다른 도시나 지역, 국가는 물론 다른 대륙의 주민조차 구분하기가 어렵다. 아마도 우리는 문화적 다양성을 좀 더 다양한 개인 생활, 즉 분명 좀 더 다양하고 빠른 기술적인 생활과 교환했을 것이다.

컴퓨터 책 한 권을 다른 책과 구별하기 어려운 시기에, 매닝은 자크 그라세 생 소베르의 그림으로 되살아난 2세기 전 지역 생활의 풍부한 다양성을 바탕으로 하는 책 표지로 컴퓨터 산업의 창의성과 진취성을 돋보이게 했다.

Part 1

더 큰 그림

1부에서는 단위 테스트의 현황을 빠르게 살펴본다. 1장에서는 단위 테스트의 목표를 정의하고, 좋은 테스트와 좋지 않은 테스트를 구별하는 방법을 추려서 설명한다. 일반적으로 좋은 단위 테스트의 속성들과 커버리지 지표를 다룬다.

2장에서는 단위 테스트의 정의를 살펴본다. 이 정의에 대해 사소한 의견 차이가 있어 두 개의 분파가 생겼으므로, 이와 관련된 내용도 살펴본다. 3장에서는 테스트 구성과 테스트 픽스처 재사용, 테스트 매개변수화 등과 같은 몇 가지 기본 주제를 다룬다.

1

단위 테스트의 목표

1장에서 다루는 내용

- 단위 테스트의 상태
- 단위 테스트의 목표
- 좋지 않은 테스트 스위트의 결과
- 테스트 스위트 커버리지 지표
- 성공적인 테스트 스위트의 속성

단위 테스트를 배우는 것은 테스트 프레임워크나 목 라이브러리^{mocking library} 등과 같은 기술적인 부분을 익히는 것에 그치지 않는다. 단위 테스트는 단순히 테스트를 작성하는 것보다 더 큰 범주다. 단위 테스트에 시간을 투자할 때는 항상 최대한 이득을 얻도록 노력해야 하며, 테스트에 드는 노력을 가능한 한 줄이고 그에 따르는 이득을 최대화해야 한다. 두 가지를 모두 달성하기란 쉬운 일이 아니다.

이러한 균형을 달성한 프로젝트를 살펴보는 것도 매우 흥미롭다. 무난하게 성장하고 유지 보수가 많이 필요하지 않으며 끊임없이 변화하는 고객의 요구에 신속히 대응할 수 있는 프로젝트다. 그러나 그렇지 못한 프로젝트인 경우에는 속상하기 마련이다. 노력을 많이 들이고 단위 테스트를 매우 많이 작성하더라도 많은 버그와 유지비로 프로젝트 진행이 느려지게 된다.

이는 다양한 단위 테스트 기술 간의 차이다. 일부는 훌륭한 결과를 만들고 소프트웨어 품질을 지키는 데 도움이 된다. 그렇지 않은 경우도 있는데, 일반적으로 그다지 도움이 되지 않고 자주 고장 나며 유지 보수가 많이 필요하다.

이 책에서 다루는 내용은 어떤 단위 테스트 기술이 좋은지를 구별하는 데 도움이 될 것이다. 테스트에 대한 비용 편익 분석cost-benefit analysis[1] 방법을 배우고 특정 상황에서 적절한 테스트 기술을 적용할 수 있을 것이다. 또한 공통적인 안티 패턴anti-pattern(처음에는 괜찮은 것 같지만 미래에 문제를 야기하는 패턴)을 피하는 방법도 배운다.

기본부터 시작해보자. 이 장에서는 소프트웨어 산업에서 단위 테스트가 어떠한 상황에 있는지 간략히 살펴보고 테스트 작성과 유지 보수의 목표를 설명하며 테스트 스위트test suite를 잘 작성할 수 있는 방법을 소개한다.

1.1 단위 테스트 현황

지난 20년간 단위 테스트를 적용할 것을 독려하는 분위기가 자리 잡았으며, 이제 대부분의 회사에서 필수로 간주될 정도로 독려는 성공했다. 대부분의 프로그래머는 단위 테스트를 실천하고 중요성을 알고 있다. 단위 테스트를 적용해야 하는지는 더 이상 논쟁거리가 아니다. 그냥 쓰고 버리는 프로젝트가 아니면, 단위 테스트는 늘 적용해야 한다.

기업용 애플리케이션enterprise application 개발 프로젝트는 거의 모두 단위 테스트가 적용돼 있다. 그중 상당수는 수많은 단위 테스트와 통합 테스트를 통해 좋은 코드 커버리지code coverage를 달성하고 있다. 제품 코드production code와 테스트 코드의 비율은 1:1에서 1:3(제품 코드 한 줄 : 테스트 코드 세 줄) 정도 된다. 때로는 그 비율이 훨씬 높아서 1:10 수준에 이르기도 한다.

모든 새로운 기술과 마찬가지로 단위 테스트도 계속 발전하고 있다. 논쟁은 '단위 테스

---

1 여러 가지 대안에 대해 비용과 이익을 분석해서 가장 효과적인 대안을 찾는 방법론이다. – 옮긴이

트를 작성해야 하는가?'에서 '좋은 단위 테스트를 작성하는 것은 어떤 의미인가?'로 바뀌었다. 이는 여전히 매우 혼란스럽다.

소프트웨어 프로젝트에서 이러한 혼란의 결과를 쉽게 목격할 수 있다. 많은 프로젝트에 자동화된 테스트가 있고, 심지어 테스트도 많다. 그러나 테스트가 있어도 개발자들이 원하는 결과를 얻지 못하는 경우가 많다. 프로그래머들은 이러한 프로젝트를 수행하는 데 많은 노력이 필요할 수 있다. 새로운 기능을 구현하는 데 오래 걸리고, 이미 구현되고 반영된 기능에 새로운 버그가 지속적으로 나타나며, 도움을 약속했던 단위 테스트는 이러한 상황을 전혀 완화하지 못한 듯하다. 테스트가 상황을 더 나쁘게 할 수 있다.

누구에게나 처할 수 있는 끔찍한 상황이고, 이는 제대로 작동하지 않는 단위 테스트의 결과다. 좋은 테스트와 좋지 않은 테스트의 차이는 취향이나 개인적인 선호도의 문제가 아니라 현재 작업 중인 중대한 프로젝트의 성패를 가르는 문제다.

어떤 것이 단위 테스트를 좋게 만드는지에 대한 논쟁은 매우 중요하다. 하지만 오늘날 소프트웨어 개발 업계에서 많이 논의되지는 않는다. 온라인에서 글이나 콘퍼런스 강연 등을 찾아볼 수 있지만, 이 주제에 대한 포괄적인 자료는 본 적이 없다.

책도 비슷하다. 대부분 단위 테스트의 기본에 중점을 두지만 그 이상은 아니다. 하지만 오해하지 않길 바란다. 이러한 책은 특히 단위 테스트를 시작할 때 많은 도움이 된다. 그러나 배움은 기본에서 끝나지 않는다. 다음 단계가 있다. 테스트 작성에 그치지 않고 노력 대비 최대의 이익을 끌어내는 방식으로 단위 테스트를 수행하는 것이다. 이 시점에 도달하면, 대부분의 책은 다음 단계로 가는 방법을 독자들에게 맡긴다.

이 책은 그다음 단계로 안내한다. 이상적인 단위 테스트에 대해 정확하고 과학적인 정의를 다룬다. 이 정의가 실제 사례에서 어떻게 적용되는지 살펴본다. 특정 프로젝트에서 테스트를 많이 수행했는데도 왜 어긋나는지를 이해하고, 그 과정을 바로잡는 법을 이해할 수 있길 바란다.

이 책은 기업용 애플리케이션을 작업하는 경우에 최대로 활용할 수 있지만, 몇몇 아이디어는 어떤 소프트웨어 프로젝트에서든 적용할 수 있다.

1.2 단위 테스트의 목표

단위 테스트라는 주제를 자세히 알아보기 전에 한 발짝 물러나 단위 테스트를 하기 위해 도움이 되는 목표를 생각해보자. 흔히 단위 테스트 활동이 더 나은 설계로 이어진다고 한다. 이는 사실이다. 코드베이스^{code base}에 대해 단위 테스트 작성이 필요하면 일반적으로 더 나은 설계로 이어진다. 하지만 단위 테스트의 주목표는 아니다. 더 나은 설계는 단지 좋은 사이드 이펙트일 뿐이다.

단위 테스트와 코드 설계의 관계

코드 조각을 단위 테스트하는 것은 훌륭한 리트머스 시험[2]이지만, 한 방향으로만 작동한다. 이는 괜찮은 부정 지표다. 즉, 비교적 높은 정확도로 저품질 코드를 가려낸다. 코드를 단위 테스트하기 어렵다면 코드 개선이 반드시 필요하다는 것을 의미한다. 보통 강결합(tight coupling)에서 저품질이 나타나는데, 여기서 강결합은 제품 코드가 서로 충분히 분리되지 않아서 따로 테스트하기 어려움을 뜻한다.

안타깝게도 코드 조각을 단위 테스트할 수 있다는 것은 좋지 않은 긍정 지표다. 코드베이스를 쉽게 단위 테스트할 수 있다고 해도 반드시 코드 품질이 좋은 것을 의미하지는 않는다. 낮은 결합도를 보여도 프로젝트는 '대참사'가 될 수 있다.

그럼 단위 테스트의 목표는 무엇인가? 소프트웨어 프로젝트의 지속 가능한 성장을 가

---

2 화학에서 산과 알칼리를 구분하는 간단하고 전통적인 시험을 뜻하지만, 여기서는 '뚜렷하게 파악할 수 있는 잣대'라는 의미로 쓰였다. – 옮긴이

능하게 하는 것이다. 지속 가능하다는 것이 핵심이다. 프로젝트가 상당히 쉽게 성장할 수 있다. 특히 처음부터 시작할 때 그렇다. 하지만 시간이 지나면서 이렇게 계속 성장하기는 훨씬 어렵다.

그림 1.1은 테스트가 없는 일반 프로젝트의 성장 추이를 보여준다. 처음에는 발목을 잡을 것이 없으므로 빨리 시작할 수 있다. 아직 잘못된 아키텍처 결정이 없고, 걱정할 만한 코드가 있지도 않다. 그러나 시간이 지나면서 점점 더 많은 시간을 들여야 처음에 보여준 것과 같은 정도의 진척을 낼 수 있다. 결국 개발 속도가 현저히 느려지고, 심지어 전혀 진행하지 못할 정도로 느려질 수도 있다.

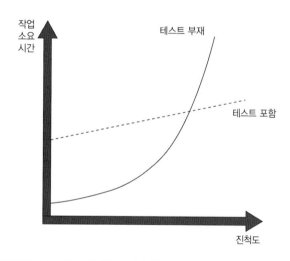

▲ **그림 1.1** 테스트 유무에 따른 프로젝트 간 성장 추이의 차이. 테스트가 없는 프로젝트의 경우 시작은 유리하지만, 이내 진척이 없을 정도로 느려진다.

개발 속도가 빠르게 감소하는 이러한 현상을 소프트웨어 엔트로피software entropy라고도 한다. 엔트로피(시스템 내 무질서도)는 소프트웨어 시스템에도 적용할 수 있는 수학적이고 과학적인 개념이다. (수학과 과학에서의 엔트로피에 관심이 있다면, 열역학 제2법칙을 참고하라.)

소프트웨어에서 엔트로피는 품질을 떨어뜨리는 코드 형태로 나타난다. 코드베이스에서 무언가를 변경할 때마다 무질서도(엔트로피)는 증가한다. 지속적인 정리와 리팩터링 등과 같은 적절한 관리를 하지 않고 방치하면 시스템이 점점 더 복잡해지고 무질서해진다. 하나의 버그를 수정하면 더 많은 버그를 양산하고, 소프트웨어의 한 부분을 수정하면 다른 부분들이 고장 난다. 즉, 도미노 현상과 같다. 결국 코드베이스를 신뢰할 수 없게 된다. 그리고 최악의 경우 안정되게 복구하는 것은 어렵다.

테스트로 이러한 경향을 뒤집을 수 있다. 테스트는 안전망 역할을 하며, 대부분의 회귀regression에 대한 보험을 제공하는 도구라 할 수 있다. 테스트는 새로운 기능을 도입하거나 새로운 요구 사항에 더 잘 맞게 리팩터링한 후에도 기존 기능이 잘 작동하는지 확인하는 데 도움이 된다.

> |정의| 회귀는 특정 사건(일반적으로 코드 수정) 후에 기능이 의도한 대로 작동하지 않는 경우다. 소프트웨어 버그와 회귀라는 용어는 동의어이며 바꿔서 사용할 수 있다.

여기서 한 가지 단점을 생각해볼 수 있는데, 이러한 테스트는 초반에 노력(어쩌면 상당한 노력)이 필요하다는 것이다. 그러나 프로젝트 후반에도 잘 성장할 수 있도록 하므로 장기적으로 보면 그 비용을 메울 수 있다. 코드베이스를 지속적으로 검증하는 테스트 없이는 소프트웨어 개발이 쉽게 확장되지 않는다.

지속성과 확장성이 핵심이며, 이를 통해 장기적으로 개발 속도를 유지할 수 있다.

1.2.1 좋은 테스트와 좋지 않은 테스트를 가르는 요인

단위 테스트가 프로젝트 성장에 도움이 되는 것은 맞지만, 테스트를 작성하는 것만으로는 충분하지 않다. 잘못 작성한 테스트는 여전히 같은 결과를 낳는다.

그림 1.2와 같이 잘못 작성한 테스트도 초반에 코드가 나빠지는 것을 늦출 수 있다. 즉, 테스트가 전혀 없는 상황에 비해 개발 속도가 덜 느려진다. 그러나 거시적인 관점에서는 큰 차이가 없다. 이러한 프로젝트가 침체 단계에 진입하는 데 시간이 더 걸릴 수 있지만, 피할 수는 없다.

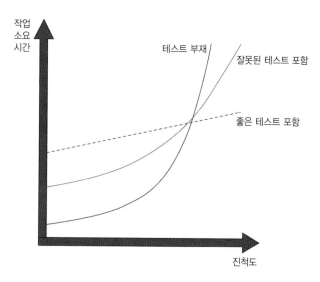

▲ **그림 1.2** 테스트가 좋은지 나쁜지에 따른 프로젝트 간 성장 추이의 차이. 테스트가 잘못 작성된 프로젝트는 초반에는 테스트가 잘 작성된 프로젝트의 속성을 보여주지만, 결국 침체 단계에 빠진다.

모든 테스트를 작성할 필요는 없다. 일부 테스트는 아주 중요하고 소프트웨어 품질에 매우 많은 기여를 한다. 그 밖에 다른 테스트는 그렇지 않다. 잘못된 경고가 발생하고, 회귀 오류를 알아내는 데 도움이 되지 않으며, 유지 보수가 어렵고 느리다. 프로젝트에 도움이 되는지 여부를 명확하게 파악하지 않고 단위 테스트를 작성하는 데만 빠져들기 쉽다.

단지 프로젝트에서 테스트를 더 많이 쏟아내도 단위 테스트의 목표를 달성할 수 없다. 테스트의 가치와 유지 비용을 모두 고려해야 한다. 비용 요소는 다양한 활동에 필요한 시간에 따라 결정된다.

- 기반 코드를 리팩터링할 때 테스트도 리팩터링하라.
- 각 코드 변경 시 테스트를 실행하라.
- 테스트가 잘못된 경고를 발생시킬 경우 처리하라.
- 기반 코드가 어떻게 동작하는지 이해하려고 할 때는 테스트를 읽는 데 시간을 투자하라.

높은 유지 보수 비용으로 인해 순가치가 0에 가깝거나 심지어 0보다 작은 테스트를 만들기 쉽다. 지속 가능한 프로젝트 성장을 위해서는 고품질 테스트에만 집중해야 한다. 고품질 테스트만이 테스트 스위트에 남을 만한 테스트 유형이다.

제품 코드 대 테스트 코드

사람들은 종종 제품 코드와 테스트 코드가 다르다고 생각한다. 테스트는 제품 코드에 추가된 것으로 간주되며 소유 비용이 없다. 또한 사람들은 종종 테스트가 많으면 많을수록 좋다고 생각한다. 하지만 그렇지 않다. 코드는 자산이 아니라 책임이다. 코드가 더 많아질수록, 소프트웨어 내의 잠재적인 버그에 노출되는 표면적이 더 넓어지고 프로젝트 유지비가 증가한다. 따라서 가능한 한 적은 코드로 문제를 해결하는 것이 좋다.

테스트도 역시 코드다. 특정 문제를 해결하는 것, 즉 애플리케이션의 정확성을 보장하는 것을 목표로 하는 코드베이스의 일부로 봐야 한다. 다른 코드와 마찬가지로 단위 테스트도 버그에 취약하고 유지 보수가 필요하다.

좋은 단위 테스트와 나쁜 단위 테스트를 구별하는 방법을 익히는 것은 중요하다. 4장에서 이 주제를 다룬다.

1.3 테스트 스위트 품질 측정을 위한 커버리지 지표

이 절에서는 가장 널리 사용되는 두 가지 커버리지 지표(코드 커버리지와 분기 커버리지)를 어떻게 계산하고 어떻게 사용하는지 살펴보고 관련된 문제점도 알아본다. 프로그래머가 특정 커버리지 숫자를 목표로 하는 것이 해로운 이유와 테스트 스위트 품질을 결정하는 데 커버리지 지표에 의존할 수 없는 이유를 알아본다.

|정의| 커버리지 지표는 테스트 스위트가 소스 코드를 얼마나 실행하는지를 백분율로 나타낸다.

커버리지 지표는 각기 다른 유형이 있으며, 테스트 스위트의 품질을 평가하는 데 자주 사용된다. 일반적으로 커버리지 숫자가 높을수록 더 좋다.

안타깝게도 그렇게 간단하지만은 않다. 커버리지 지표는 중요한 피드백을 주더라도 테스트 스위트 품질을 효과적으로 측정하는 데 사용될 수 없다. 코드를 단위 테스트하는 것과 같은 상황이다. 즉, 커버리지 지표는 괜찮은 부정 지표이지만 좋지 않은 긍정 지표다.

코드 커버리지가 너무 적을 때는(예를 들면, 10%) 테스트가 충분치 않다는 좋은 증거다. 그러나 반대의 경우는 그렇지 못하다. 100% 커버리지라고 해서 반드시 양질의 테스트 스위트라고 보장하지는 않는다. 높은 커버리지의 테스트 스위트도 품질이 떨어질 수 있다.

왜 이렇게 되는지는 이미 이야기했다. 프로젝트 상황이 나아지게 하려고 테스트를 아무렇게나 쏟아낼 수는 없다. 코드 커버리지 지표와 관련해 이 문제를 더 자세히 알아보자.

1.3.1 코드 커버리지 지표에 대한 이해

우선 가장 많이 사용되는 커버리지 지표로 코드 커버리지code coverage가 있으며, 테스트 커버리지test coverage로도 알려져 있다. 그림 1.3과 같이 이 지표는 하나 이상의 테스트로 실행된 코드 라인 수와 제품 코드베이스의 전체 라인 수의 비율을 나타낸다.

$$\text{코드 커버리지(테스트 커버리지)} = \frac{\text{실행 코드 라인 수}}{\text{전체 라인 수}}$$

▲ **그림 1.3** 코드 커버리지(테스트 커버리지) 지표는 테스트 스위트가 실행한 코드 라인 수와 제품 코드베이스의 전체 라인 수의 비율로 계산한다.

어떻게 작동하는지 잘 이해할 수 있도록 예제를 살펴보자. 예제 1.1에 IsStringLong 메서드와 이를 다루는 테스트가 있다. 메서드는 입력 매개변수로 제공된 문자열이 긴지 여부를 판별한다(여기서 '길다'는 표현은 다섯 자보다 긴 문자열을 의미한다). 테스트는 "abc"를 사용해 메서드를 점검하고 이 문자열이 길지 않다고 판별하는지 확인한다.

예제 1.1 예제 메서드를 부분적으로 다루는 테스트

```
public static bool IsStringLong(string input)
{
    if (input.Length > 5)
        return true;
    return false;
}
```

테스트가 다루지 않는 영역

테스트가 다루는 영역

```
public void Test()
{
    bool result = IsStringLong("abc");
    Assert.Equal(false, result);
}
```

여기서 코드 커버리지를 쉽게 계산할 수 있다. 메서드 전체 라인 수는 (중괄호를 포함해) 5이다. 테스트가 실행하는 라인 수는 4이다. 테스트는 true를 반환하는 구문을 제외한 모든 코드 라인을 통과한다. 따라서 코드 커버리지는 4/5 = 0.8 = 80%이다.

이제 메서드를 리팩터링하고 불필요한 if 문을 한 줄로 처리하면 어떻게 될까?

```
public static bool IsStringLong(string input)
{
    return input.Length > 5;
}

public void Test()
{
    bool result = IsStringLong("abc");
    Assert.Equal(false, result);
}
```

코드 커버리지 숫자가 바뀌었는가? 그렇다. 테스트는 이제 코드 세 줄(반환문과 중괄호 두개)을 모두 점검하기 때문에 코드 커버리지가 100%로 증가했다.

하지만 리팩터링으로 테스트 스위트를 개선했는가? 물론 그렇지 않다. 단지 메서드 내 코드를 바꿨을 뿐이다. 이 테스트가 검증하는 결과 개수는 여전히 같다.

이 간단한 예제는 커버리지 숫자에 대해 얼마나 쉽게 장난칠 수 있는지 보여준다. 코드가 작을수록 테스트 커버리지 지표는 더 좋아지는데, 이는 원래 라인 수만 처리하기 때문이다. 그리고 코드를 더 작게 해도 테스트 스위트의 가치나 기반 코드베이스의 유지 보수성이 변경되지 않는다. (변경해서도 안 된다.)

1.3.2 분기 커버리지 지표에 대한 이해

또 다른 커버리지 지표는 분기 커버리지branch coverage다. 분기 커버리지는 코드 커버리지의 단점을 극복하는 데 도움이 되므로 코드 커버리지보다 더 정확한 결과를 제공한다. 분기 커버리지 지표는 원시 코드 라인 수를 사용하는 대신 if 문과 switch 문과 같은 제어 구조에 중점을 둔다. 그림 1.4와 같이 테스트 스위트 내 하나 이상의 테스트가 통과하는 제어 구조의 수를 나타낸다.

$$\text{분기 커버리지} = \frac{\text{통과 분기}}{\text{전체 분기 수}}$$

▲ **그림 1.4** 분기 지표는 테스트 스위트가 수행하는 코드 분기 수와 제품 코드베이스의 전체 분기 수에 대한 비율로 계산한다.

분기 커버리지 지표를 계산하려면 코드베이스에서 모든 가능한 분기를 합산하고 그중 테스트가 얼마나 많이 실행되는지 확인해야 한다. 이전의 예를 다시 보자.

```
public static bool IsStringLong(string input)
{
    return input.Length > 5;
}

public void Test()
{
    bool result = IsStringLong("abc");
    Assert.Equal(false, result);
}
```

IsStringLong 메서드에 두 개의 분기가 있는데, 하나는 문자열 인수의 길이가 다섯 자를 초과하는 상황에 대한 것이고 다른 하나는 그렇지 않은 경우다. 테스트는 이런 분기 중 하나에 대해서만 적용되므로 분기 커버리지 지표는 $1/2 = 0.5 = 50\%$이다. 이전과 같이 if 문을 사용하든 더 짧은 표기법을 사용하든, 테스트 코드는 어떻게 작성해도 상관없다. 분기 커버리지 지표는 분기 개수만 다루며, 해당 분기를 구현하는 데 얼마나 코드가 필요한지 고려하지 않는다.

그림 1.5는 분기 커버리지 지표를 시각화하는 유용한 방법을 보여준다. 테스트 코드가 그래프로 취할 수 있는 가능한 경로를 모두 표시하고 그중 얼마나 통과했는지를 알 수 있다. IsStringLong은 두 개의 경로가 있으며, 테스트는 그중 하나만 수행한다.

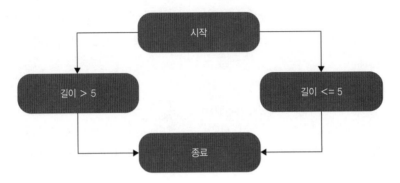

▲ **그림 1.5** 가능한 코드 경로를 그래프로 나타낸 IsStringLong 메서드. 테스트는 두 개의 코드 경로 중 하나만 다루므로 분기 커버리지는 50%이다.

1.3.3 커버리지 지표에 관한 문제점

분기 커버리지로 코드 커버리지보다 더 나은 결과를 얻을 수 있지만, 테스트 스위트의 품질을 결정하는 데 어떤 커버리지 지표도 의존할 수 없는 이유는 다음과 같다.

- 테스트 대상 시스템의 모든 가능한 결과를 검증한다고 보장할 수 없다.
- 외부 라이브러리의 코드 경로를 고려할 수 있는 커버리지 지표는 없다.

각각의 이유를 자세히 살펴보자.

가능한 모든 결과를 검증한다고 보증할 수 없음

단지 코드 경로를 통과하는 것이 아니라 실제로 테스트하려면, 단위 테스트에는 반드시 적절한 검증이 있어야 한다. 다시 말해, 테스트 대상 시스템이 낸 결과가 정확히 예상하는 결과인지 확인해야 한다. 더구나 결과가 여러 개 있을 수 있다. 따라서 커버리지 지표가 의미가 있으려면, 모든 측정 지표를 검증해야 한다.

다음 예제는 IsStringLong 메서드의 다른 버전을 보여준다. WasLastStringLong 공개 속성public property에 마지막 결과를 기록한다.

예제 1.2 마지막 결과를 기록하는 IsStringLong 버전

```
public static bool WasLastStringLong { get; private set; }

public static bool IsStringLong(string input)
{
    bool result = input.Length > 5;
    WasLastStringLong = result;    ◀── 첫 번째 결과
    return result;    ◀── 두 번째 결과
}

public void Test()
{
    bool result = IsStringLong("abc");
    Assert.Equal(false, result);    ◀── 두 번째 결과만 검증
}
```

IsStringLong 메서드에는 이제 값을 반환하는 명시적인 결과와 속성에 새로운 값을 쓰는 암묵적인 결과가 있다. 그리고 두 번째 암묵적인 결과를 검증하지 않더라도 커버리지 지표는 100% 코드 커버리지와 50% 분기 커버리지의 동일한 결과를 보여준다. 보다시피 커버리지 지표는 기반 코드를 테스트했다고 보장할 수 없으며 일부 실행된 것만 보장한다.

이렇게 결과를 부분적으로 테스트한 것보다 더 극단적인 상황은 검증이 전혀 없는 테스트의 경우다. 다음은 검증이 없는 테스트를 보여주는 예제다.

예제 1.3 검증이 없는 테스트는 언제나 통과한다.

```
public void Test()
{
    bool result1 = IsStringLong("abc");    ◀── true 반환
    bool result2 = IsStringLong("abcdef");    ◀── false 반환
}
```

이 테스트에서는 코드 커버리지와 분기 커버리지가 둘 다 100%를 나타내고 있다. 그러

나 아무것도 검증하지 않기 때문에 전혀 쓸모가 없다.

고된 작업 이야기

검증 없는 테스트의 개념은 어리석은 생각으로 보일 수 있지만, 현장에서 실제로 일어난다.

몇 년 전 나는 개발 중인 모든 프로젝트에서 코드 커버리지 100%를 엄격히 요구하는 관리자가 담당하는 프로젝트에 참여한 적이 있었다. 이 계획에는 숭고한 뜻이 있었다. 당시는 단위 테스트가 오늘날처럼 널리 보급되지 않았던 때였다. 조직 내에 단위 테스트를 해본 사람은 거의 없었으며, 단위 테스트를 지속적으로 한 사람은 더더욱 없었다.

단위 테스트에 대한 발표가 많았던 콘퍼런스에 개발자들이 참석했고, 업무에 복귀한 후 새로 알게 된 것을 실천하기로 결정했다. 고위 경영진이 이들을 지원했으며, 더 나은 프로그래밍 기술로 전환이 시작됐다. 내부에서 발표가 진행됐으며 새로운 툴을 설치했다. 그리고 무엇보다 회사 전체에 새로운 규칙이 적용됐다는 점이 중요했다. 모든 개발 팀은 코드 커버리지가 100%에 도달할 때까지 오로지 테스트 작성에만 집중해야 했다. 이 목표를 달성한 후에 지표가 낮아지는 코드 체크인은 모두 빌드 시스템에서 거부됐다.

짐작하겠지만, 잘되지 않았다. 개발자들은 이 심각한 제한에 짓눌려 시스템을 속일 방법을 찾기 시작했다. 당연히 대부분 비슷하게 구현했다. 모든 테스트를 try-catch 구문으로 감싸고 검증문을 빼면 테스트는 통과를 보증했다. 사람들은 의무적으로 100% 커버리지 요구 사항을 충족하려고 무의식적으로 테스트를 작성하기 시작했다. 말할 필요도 없이, 이러한 테스트는 프로젝트에 아무런 가치도 부여하지 않았다. 더구나 생산적인 활동에서 벗어나는 모든 노력과 시간 그리고 테스트를 계속 유지하는 데 필요한 유지비 때문에 프로젝트를 망치게 됐다.

결국 요구 사항은 90%로 낮춰졌다가 80%로 더 낮춰졌다. 얼마 후에는 (더 나은 결과를 위해!) 완전히 없어졌다.

그러면 테스트 대상 코드에 대해 각각의 결과를 철저히 검증한다고 가정하자. 이렇게 하면 분기 커버리지 지표와 함께 신뢰할 수 있는 구조라고 할 수 있는가? 또 테스트 스위트 품질을 결정하는 데 사용할 수 있는가? 안타깝게도 아니다.

외부 라이브러리의 코드 경로를 고려할 수 없음

두 번째 문제는 모든 커버리지 지표가 테스트 대상 시스템이 메서드를 호출할 때 외부 라이브러리가 통과하는 코드 경로를 고려하지 않는다는 것이다. 다음 예를 들어보자.

```
public static int Parse(string input)
{
    return int.Parse(input);
}

public void Test()
{
    int result = Parse("5");
    Assert.Equal(5, result);
}
```

분기 커버리지 지표는 100%로 표시되며, 테스트는 메서드 결과의 모든 구성 요소를 검증한다. 단지 값을 반환하는 한 줄이라 하더라도 단일한 구성 요소이기는 하다. 하지만 이 테스트는 완벽하지 않다. .NET 프레임워크의 int.Parse 메서드가 수행하는 코드 경로는 고려하지 않는다. 그림 1.6과 같이 간단한 메서드에도 꽤 많은 코드 경로가 존재한다.

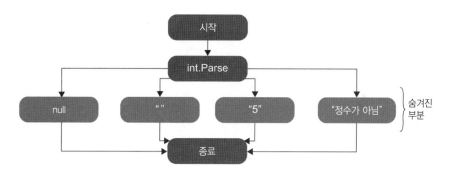

▲ **그림 1.6** 외부 라이브러리의 숨겨진 코드 경로. 커버리지 지표는 얼마나 있는지, 그리고 테스트가 얼마나 수행하는지 알 방법이 없다.

빌트인built-in 정수 타입에는 메서드의 입력 매개변수를 변경하면 다른 결과로 이어질 수 있고 테스트로부터 숨어있는 분기가 많다. 다음은 정수로 변환할 수 없는 몇 가지 가능한 인수다.

- 널null 값
- 빈 문자열

- "정수가 아님"
- 너무 긴 문자열

수많은 예외 상황^{edge case}에 빠질 수 있지만, 테스트에서 모든 예외 상황을 다루는지 확인할 방법이 없다.

이는 커버리지 지표가 외부 라이브러리의 코드 경로를 고려해야 한다는 것이 아니라(고려하면 안 된다.), 해당 지표로는 단위 테스트가 얼마나 좋은지 나쁜지를 판단할 수 없다는 것을 보여준다. 커버리지 지표로 테스트가 철저한지 또는 테스트가 충분한지 알 수는 없다.

1.3.4 특정 커버리지 숫자를 목표로 하기

이제 테스트 스위트 품질을 결정하기에 커버리지 지표만으로는 충분치 않다는 것을 알길 바란다. 100%, 90%, 심지어 중간 정도인 70%까지 특정 커버리지 숫자를 목표로 삼기 시작하면 위험 영역으로 이어질 수 있다. 커버리지 지표를 보는 가장 좋은 방법은 지표 그 자체로 보는 것이며, 목표로 여겨서는 안 된다.

병원에 있는 환자를 생각해보자. 체온이 높으면 열이 난다는 것을 의미할 수 있으며, 이는 유용한 관찰이다. 그러나 병원은 환자의 적절한 체온을 목표로 해서는 안 된다. 단순히 목표가 되면, 환자 옆에 에어컨을 설치해서 '효율적으로' 빨리 끝낼 수도 있다. 물론 이런 접근은 의미가 없다.

마찬가지로 특정 커버리지 숫자를 목표로 하는 것은 단위 테스트의 목표와 반대되는 그릇된 동기 부여가 된다. 사람들은 중요한 것을 테스트하는 데 집중하는 대신 인공적인 목표를 달성하기 위한 방법을 찾기 시작한다. 적절한 단위 테스트는 이미 충분히 어렵다. 커버리지 숫자를 강요하면 개발자들은 테스트 대상에 신경 쓰지 못하고, 결국 적절한 단위 테스트는 더욱 달성하기 어려워진다.

> |팁| 시스템의 핵심 부분은 커버리지를 높게 두는 것이 좋다. 하지만 이 높은 수준을 요구 사항으로 삼는 것은 좋지 않다. 그 차이는 미미하지만 매우 중요하다.

다시 말하면, 커버리지 지표는 좋은 부정 지표이지만 나쁜 긍정 지표다. 커버리지 숫자가 낮으면(예: 60% 미만) 문제 징후라 할 수 있다. 코드베이스에 테스트되지 않은 코드가 많다는 뜻이다. 그러나 높은 숫자도 별 의미는 없다. 그러므로 코드 커버리지를 측정하는 것은 품질 테스트 스위트로 가는 첫걸음일 뿐이다.

1.4 무엇이 성공적인 테스트 스위트를 만드는가?

이 장에서는 커버리지 지표를 사용하는 등 부적절한 테스트 스위트 품질 측정법을 주로 다뤘다. 제대로 하려면 어떻게 해야 할까? 테스트 스위트의 품질을 어떻게 측정해야 하는가? 믿을 만한 방법은 스위트 내 각 테스트를 하나씩 따로 평가하는 것뿐이다. 물론 한 번에 모든 것을 평가할 필요는 없다. 꽤 큰 작업이 될 수 있고, 이에 앞서 노력을 상당히 들여야 할 수도 있다. 평가를 하나씩 늘려가며 수행할 수도 있다. 요점은 테스트 스위트가 얼마나 좋은지 자동으로 확인할 수 없다는 것이다. 개인 판단에 맡겨야 한다.

전체적으로 어떻게 테스트 스위트를 성공할 수 있는지 더 넓게 살펴보자. (4장에서 좋은 테스트와 좋지 않은 테스트를 구분하는 세부 사항을 자세히 살펴볼 것이다.) 성공적인 테스트 스위트는 다음과 같은 특성을 갖고 있다.

- 개발 주기에 통합돼 있다.
- 코드베이스에서 가장 중요한 부분만을 대상으로 한다.
- 최소한의 유지비로 최대의 가치를 끌어낸다.

1.4.1 개발 주기에 통합돼 있음

자동화된 테스트를 할 수 있는 방법은 끊임없이 하는 것뿐이다. 모든 테스트는 개발 주기에 통합돼야 한다. 이상적으로는 코드가 변경될 때마다 아무리 작은 것이라도 실행해야 한다.

1.4.2 코드베이스에서 가장 중요한 부분만을 대상으로 함

모든 테스트가 똑같이 작성되지 않은 것처럼 단위 테스트 측면에서 코드베이스의 모든 부분에 똑같이 주목할 필요는 없다. 테스트가 주는 가치는 테스트 구조뿐만 아니라 검증하는 코드에도 있다.

시스템의 가장 중요한 부분에 단위 테스트 노력을 기울이고, 다른 부분은 간략하게 또는 간접적으로 검증하는 것이 좋다. 대부분의 애플리케이션에서 가장 중요한 부분은 비즈니스 로직(도메인 모델[3])이 있는 부분이다. 비즈니스 로직 테스트가 시간 투자 대비 최고의 수익을 낼 수 있다.

다른 모든 부분은 세 가지 범주로 나눌 수 있다.

- 인프라 코드
- 데이터베이스나 서드파티 시스템과 같은 외부 서비스 및 종속성
- 모든 것을 하나로 묶는 코드

그러나 이 중 일부는 단위 테스트를 철저히 해야 할 수 있다. 예를 들어 인프라 코드에 복잡하고 중요한 알고리즘이 있을 수 있으므로, 테스트를 많이 하는 것이 좋다. 그러나 일반적으로 도메인 모델에 관심을 더 많이 갖는 것이 옳다.

통합 테스트와 같이 일부 테스트는 도메인 모델을 넘어 코드베이스의 중요하지 않은 부분을 포함해 시스템이 전체적으로 어떻게 작동하는지 확인할 수 있다. 이것도 괜찮다. 그러나 초점은 도메인 모델에 머물러 있어야 한다.

이 지침을 따르려면 도메인 모델을 코드베이스 중 중요하지 않은 부분과 분리해야 한다. 도메인 모델을 다른 애플리케이션 문제와 분리해야 단위 테스트에 대한 노력을 도메인 모델에만 집중할 수 있다. 2부에서 자세히 다룬다.

1.4.3 최소 유지비로 최대 가치를 끌어냄

단위 테스트에서 가장 어려운 부분은 최소 유지비로 최대 가치를 달성하는 것이다. 이는 이

3 　에릭 에반스(Eric Evans)의 『도메인 주도 설계』(위키북스, 2011) 참조

책에서 말하려는 핵심이다.

테스트를 빌드 시스템에 통합하는 것만으로는 충분하지 않으며, 도메인 모델에 높은 테스트 커버리지를 유지하는 것도 충분하지 않다. 또한 가치가 유지비를 상회하는 테스트만 스위트에 유지하는 것이 중요하다.

이 마지막 속성은 두 가지로 나눌 수 있다.

- 가치 있는 테스트(더 나아가, 가치가 낮은 테스트) 식별하기
- 가치 있는 테스트 작성하기

이러한 기술은 비슷해 보일지 모르지만, 선천적으로 다르다. 가치가 높은 테스트를 식별하려면 기준틀^{frame of reference}이 필요하다. 반면에 가치 있는 테스트를 작성하려면 코드 설계 기술도 알아야 한다. 단위 테스트와 기반 코드는 서로 얽혀 있으므로 코드베이스에 노력을 많이 기울이지 않으면 가치 있는 테스트를 만들 수 없다.

좋은 곡을 식별하는 것과 작곡할 수 있는 것의 차이로 볼 수 있다. 작곡가가 되는 데 필요한 노력의 양은 좋은 음악과 나쁜 음악을 구별하는 데 필요한 노력보다 비대칭적으로 크다. 단위 테스트도 마찬가지다. 새로운 테스트를 작성하는 것은 기존 테스트를 시험하는 것보다 더 많은 노력이 드는데, 대부분 아무것도 없는 상태에서 테스트를 작성하지 않고 기반 코드를 고려해야 하기 때문이다. 따라서 단위 테스트에 중점을 뒀지만, 이 책의 상당 부분을 코드 설계에 할애하고 있다.

1.5   이 책을 통해 배우는 것

이 책을 통해 테스트 스위트 내의 모든 테스트를 분석하는 데 사용할 수 있는 기준틀을 설명한다. 이 기준틀이 기초다. 그리고 나서 새로운 관점에서 많은 테스트를 볼 수 있으며, 어떤 것이 프로젝트에 기여하고 어떤 것을 리팩터링해야 하거나 완전히 제거해야 하는지 알 수 있을 것이다.

기초를 다진 후(4장), 기존 단위 테스트 기술과 실천을 살펴본다(4~6장, 7장 일부). 이런 기술과 실천에 익숙한지 여부는 상관없다. 익숙하다면 새로운 각도에서 보게 될 것이다. 아

마 틀림없이 독자는 이미 직관적인 수준에 도달했다. 이 책을 읽으면 지금까지 함께 사용해 온 기술과 좋은 사례들이 왜 그렇게 유용한지 분명히 설명할 수 있을 것이다.

이 설명하는 능력을 만만하게 보지 말라. 동료에게 생각을 명확하게 전달하는 능력은 값으로 매길 수 없다. 소프트웨어 개발자는 (심지어 훌륭한 개발자라도) 그 결정이 내려진 이유를 정확히 설명할 수 없다면 설계 결정에 대해 완전히 인정받지 못한다. 이 책을 읽으면 알고 있는 것을 무심결에 누구와도 이야기할 수 있게 된다.

단위 테스트 기법과 좋은 사례에 대한 경험이 많지 않다면 많이 배울 것이다. 이 책에서는 테스트 스위트 내의 모든 테스트를 분석하는 데 사용할 수 있는 기준틀 외에 다음 내용도 다룬다.

- 제품 코드와 관련 테스트 스위트를 리팩터링하는 방법
- 단위 테스트를 다양한 스타일로 적용하는 방법
- 통합 테스트로 시스템 전체 동작 검증하기
- 단위 테스트 안티 패턴을 식별하고 예방하기

이 책에서 단위 테스트 외에도 자동화된 테스트의 전체 주제를 다루기 때문에 통합 테스트와 엔드 투 엔드 테스트$^{end-to-end\ test}$에 대해서도 알 수 있다.

예제 코드에 C#과 .NET을 사용하지만 이 책을 읽으려고 C# 전문가가 될 필요는 없다. C#은 내가 가장 많이 사용한 언어일 뿐이다. 이 모든 개념은 언어에 국한되지 않으며 자바나 C++와 같은 다른 객체지향 언어에 적용될 수 있다.

요약

- 코드는 점점 나빠지는 경향이 있다. 코드베이스에 변경이 생길 때마다 무질서도, 즉 엔트로피가 증가한다. 지속적인 정리와 리팩터링 등과 같은 적절한 관리가 없으면 시스템은 점점 더 복잡해지고 흐트러진다. 테스트로 이러한 경향을 뒤집을 수 있다. 테스트는 안전망 역할을 하며, 대부분의 회귀에 대한 보험을 제공하는 도구라 할 수 있다.

- 단위 테스트를 작성하는 것이 중요하다. 마찬가지로 좋은 단위 테스트를 작성하는 것도 중요하다. 잘못된 테스트를 가졌거나 테스트 자체가 없는 프로젝트는 모두 똑같이 침체 단계에 있거나 매 릴리스마다 회귀가 많이 생긴다.

- 단위 테스트의 목표는 소프트웨어 프로젝트가 지속적으로 성장하게 하는 것이다. 좋은 단위 테스트 스위트는 개발 속도를 지키면서 침체 단계에 빠지지 않게 한다. 이러한 테스트 스위트가 있다면 변경 사항이 회귀로 이어지지 않을 것이라고 확신해도 좋다. 이렇게 하면 코드를 리팩터링하거나 새로운 기능을 추가하는 것이 더 쉬워진다.

- 모든 테스트를 똑같이 작성할 필요는 없다. 각각의 테스트는 비용과 편익 요소가 있으며, 둘 다 신중하게 따져볼 필요가 있다. 테스트 스위트 내에 가치 있는 테스트만 남기고 나머지는 모두 제거하라. 애플리케이션과 테스트 코드는 모두 자산이 아니라 부채다.

- 단위 테스트 코드 기능은 좋은 리트머스 시험이지만, 한 방향으로만 작동한다. 좋은 부정 지표(단위 테스트를 할 수 없는 코드는 품질이 좋지 않음)이지만 나쁜 긍정 지표(단위 테스트를 할 수 있다고 품질을 보증하지는 않음)이기도 하다.

- 마찬가지로 커버리지 지표는 좋은 부정 지표이지만 나쁜 긍정 지표다. 커버리지가 낮다는 것은 문제의 징후이지만, 커버리지가 높다고 해서 테스트 스위트의 품질이 높은 것은 아니다.

- 분기 커버리지로 테스트 스위트의 완전성에 대해 더 나은 인사이트를 얻을 수 있지만, 테스트 스위트가 충분한지는 여전히 알 수 없다. 검증문이 있는지 신경 쓰지 않고, 코드베이스가 사용하는 서드파티 라이브러리의 코드 경로도 다루지 않는다.

- 특정 커버리지 숫자를 부과하면 동기 부여가 잘못된 것이다. 시스템의 핵심 부분에 커버리지를 높게 갖는 것은 좋지만, 이 높은 수준을 요건으로 삼는 것은 좋지 않다.

- 성공적인 테스트 스위트는 다음과 같은 특성을 나타낸다.
  - 개발 주기에 통합돼 있다.
  - 코드베이스 중 가장 중요한 부분만을 대상으로 한다.
  - 최소한의 유지비로 최대의 가치를 끌어낸다.

- 단위 테스트의 목표를 달성하기 위한 유일한 방법은 다음과 같다.
  - 좋은 테스트와 좋지 않은 테스트를 구별하는 방법을 배운다.
  - 테스트를 리팩터링해서 더 가치 있게 만든다.

2

단위 테스트란 무엇인가

> **2장에서 다루는 내용**
>
> - 단위 테스트란?
> - 공유 의존성, 비공개 의존성, 휘발성 의존성 간의 차이점
> - 단위 테스트의 두 분파: 고전파와 런던파
> - 단위 테스트, 통합 테스트, 엔드 투 엔드 테스트의 차이점

1장에서 언급했듯이 단위 테스트의 정의에는 놀랄 만큼 많은 뉘앙스가 있다. 이러한 뉘앙스는 생각보다 훨씬 중요하다. 해석의 차이가 생겼고, 단위 테스트에 접근하는 방법이 두 가지 뚜렷한 견해로 나뉘었다.

이러한 두 가지 견해는 각각 '고전파classical school'와 '런던파London school'로 알려져 있다. 고전파는 모든 사람이 단위 테스트와 테스트 주도 개발에 원론적으로 접근하는 방식이기 때문에 '고전'이라고 한다. 런던파는 런던의 프로그래밍 커뮤니티에서 시작됐다. 이 장에서 다룬 고전적 스타일과 런던 스타일의 차이는 5장의 토대가 되고, 5장에서는 목mock과 테스트 취약성을 자세히 다룬다.

주의 사항 및 세부 사항과 함께 단위 테스트 정의로 시작해보자. 이 정의가 고전파와 런던파를 구분짓는 열쇠다.

2.1 '단위 테스트'의 정의

단위 테스트에는 많은 정의가 있다. 중요하지 않은 것들을 제외하면 다음과 같이 가장 중요한 세 가지 속성이 있다. 단위 테스트는

- 작은 코드 조각(단위라고도 함)을 검증하고,
- 빠르게 수행하고,
- 격리된 방식으로 처리하는 자동화된 테스트다.

여기서 처음 두 속성은 논란의 여지가 없다. 정확히 무엇이 빠른 단위 테스트를 구성하는지는 매우 주관적인 척도이므로 논쟁이 생길 수도 있지만 전반적으로 그리 중요하지 않다. 테스트 스위트의 실행 시간이 충분하다면 테스트가 충분히 빠르다는 의미다.

대중의 의견이 크게 다른 것은 세 번째 속성이다. 격리 문제는 단위 테스트의 고전파와 런던파를 구분할 수 있게 해주는 근원적 차이에 속한다. 다음 절에서 볼 수 있듯이, 두 분파 간의 모든 차이는 격리가 정확히 무엇인지에 대한 의견 차이 하나로 자연스럽게 시작됐다. 개인적으로 고전적 스타일을 선호하는데, 그 까닭을 2.3절에서 설명한다.

단위 테스트의 고전파와 런던파

고전적 접근법은 '디트로이트(Detroit)'라고도 하며, 때로는 단위 테스트에 대한 고전주의적(classicist) 접근법이라고도 한다. 아마도 고전파의 입장에서 가장 고전적인 책은 켄트 백(Kent Beck)이 지은 『테스트 주도 개발』(인사이트, 2014)일 것이다.

런던 스타일은 때때로 '목 추종자(mockist)'로 표현된다. 목 추종자라는 용어가 널리 퍼져 있지만, 런던 스타일을 따르는 사람들은 보통 그렇게 부르는 것을 좋아하지 않으므로 이 책에서는 런던 스타일이라고 소개한다. 이 방식의 가장 유명한 지지자는 스티브 프리먼(Steve Freeman)과 냇 프라이스(Nat Pryce)다. 이 주제에 대한 좋은 자료로 이들이 저술한 『Growing Object-Oriented Software, Guided by Tests』(Addison-Wesley Professional, 2009)를 추천한다.

2.1.1 격리 문제에 대한 런던파의 접근

코드 조각(단위)을 격리된 방식으로 검증한다는 것은 무엇을 의미하는가? 런던파에서는 테스트 대상 시스템을 협력자collaborator에게서 격리하는 것을 일컫는다. 즉, 하나의 클래스가 다른 클래스 또는 여러 클래스에 의존하면 이 모든 의존성을 테스트 대역test double으로 대체해야 한다. 이런 식으로 동작을 외부 영향과 분리해서 테스트 대상 클래스에만 집중할 수 있다.

> |**정의**| 테스트 대역은 릴리스 목적의 대응으로 보일 수 있지만, 실제로는 복잡성을 줄이고 테스트를 용이하게 하는 단순화된 버전이다. 제라드 메스자로스(Gerard Meszaros)가 그의 저서 『xUnit 테스트 패턴』(에이콘출판, 2010)에서 이 용어를 처음 소개했다. 이름 자체는 영화 산업의 '스턴트 대역'이라는 개념에서 유래됐다.

그림 2.1은 일반적으로 격리가 어떻게 이뤄지는지 보여준다. 의존성이 포함된 테스트 대상 시스템을 검증하는 단위 테스트는 이제 해당 의존성과 별개로 수행할 수 있다.

이 방법의 한 가지 이점은 테스트가 실패하면 코드베이스의 어느 부분이 고장 났는지 확실히 알 수 있다는 것이다. 즉, 확실히 테스트 대상 시스템이 고장 난 것이다. 클래스의 모든 의존성은 테스트 대역으로 대체됐기 때문에 의심할 여지가 없다.

또 다른 이점은 객체 그래프object graph(같은 문제를 해결하는 클래스의 통신망)를 분할할 수 있는 것이다. 모든 클래스가 각각 직접적인 의존성을 갖고 있으며 또 그 의존성이 또 다른 의존성을 갖고 있는 식으로, 그래프가 상당히 복잡해질 수 있다. 클래스는 심지어 순환 의존성이 있을 수도 있는데, 이는 의존성 사슬이 결국 시작된 위치로 돌아오는 것이다.

의존성을 가진 코드베이스를 테스트하는 것은 테스트 대역 없이는 어렵다. 유일하게 남은 선택은 전체 객체 그래프를 다시 만드는 것이다.[1] 하지만 클래스의 수가 너무 많으면 어려운 작업일 수 있다.

---

1 테스트를 하려면 실제 제품에 해당하는 의존성 외에 테스트 목적의 의존성들로 구성해서 대체해야 하는데, 직접 참조하는 의존성을 테스트 목적의 의존성으로 대체하고 해당 의존성들이 다시 테스트 목적의 의존성을 참조하는 식으로 모두 대체하게 되면 결국 이 작업은 객체 그래프를 다시 만든다고 할 수 있다. – 옮긴이

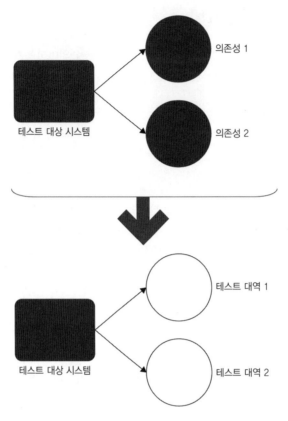

▲ **그림 2.1** 테스트 대상 시스템의 의존성을 테스트 대역으로 대체하면, 테스트 대상 시스템만 검증하는 데 집중할 수 있을 뿐만 아니라 규모가 큰 상호 연결 객체 그래프를 분할할 수 있다.

테스트 대역을 사용하면 객체 그래프를 다시 만들지 않아도 된다. 또한 클래스의 직접적인 의존성을 대체할 수 있고, 더 나아가 의존성의 의존성을 다룰 필요도 없다. 그래프를 효과적으로 분해해 단위 테스트에서 준비를 크게 줄일 수 있다.

또한 단위 테스트 격리에는 작지만 유익한 부가적인 이점이 더 있다. 프로젝트 전반적으로 한 번에 한 클래스만 테스트하라는 지침을 도입하면 전체 단위 테스트 스위트를 간단한 구조로 할 수 있다. 더 이상 코드베이스를 테스트하는 방법을 고민할 필요가 없다. 클래스가 있는가? 클래스에 해당하는 단위 테스트 클래스를 생성하라! 그림 2.2는 일반적으로 어떤지 보여준다.

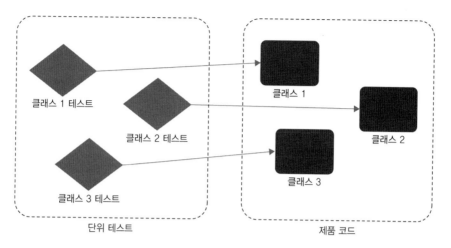

▲ **그림 2.2** 테스트 대상 클래스를 의존성에서 분리하면 단순한 테스트 스위트 구조(제품 코드의 각 클래스에 대해 테스트 클래스가 하나씩 있는 구조)를 확립하는 데 도움이 된다.

이제 몇 가지 예를 살펴보자. 고전적인 스타일이 대부분의 사람들에게 더 익숙하기 때문에 먼저 고전적인 스타일로 작성된 샘플 테스트를 살펴본 후 런던 방식을 사용해 다시 작성해볼 것이다.

온라인 상점을 운영한다고 가정하자. 샘플 애플리케이션에는 고객이 제품을 구매할 수 있다는 간단한 유스케이스^{use case}가 하나 있다. 상점에 재고가 충분하면 구매는 성공으로 간주되고, 구매 수량만큼 상점의 제품 수량이 줄어든다. 제품이 충분하지 않으면 구매는 성공하지 못하며 상점에 아무 일도 일어나지 않는다.

예제 2.1에는 상점에 재고가 충분히 있을 때만 구매가 성공하는지 검증하는 두 가지 테스트가 있다. 테스트는 고전적인 스타일로 작성됐으며 일반적인 3단 구성인 준비, 실행, 검증 패턴(간단히 AAA^{Arrange, Act, Assert} 패턴이라고 하며 3장에서 자세히 설명한다.)을 사용한다.

예제 2.1 고전적인 스타일로 작성된 테스트

```
[Fact]
public void Purchase_succeeds_when_enough_inventory()
{
    // 준비
    var store = new Store();
```

```
    store.AddInventory(Product.Shampoo, 10);
    var customer = new Customer();

    // 실행
    bool success = customer.Purchase(store, Product.Shampoo, 5);

    // 검증
    Assert.True(success);
    Assert.Equal(5, store.GetInventory(Product.Shampoo));      ◄──── 상점 제품 다섯 개 감소
}

[Fact]
public void Purchase_fails_when_not_enough_inventory()
{
    // 준비
    var store = new Store();
    store.AddInventory(Product.Shampoo, 10);
    var customer = new Customer();

    // 실행
    bool success = customer.Purchase(store, Product.Shampoo, 15);

    // 검증
    Assert.False(success);
    Assert.Equal(10, store.GetInventory(Product.Shampoo));     ◄──── 상점 제품 수량 변화 없음
}

public enum Product
{
    Shampoo,
    Book
}
```

보다시피 준비 부분은 의존성과 테스트 대상 시스템을 모두 준비하는 부분이다. customer.Purchase() 호출은 실행 단계이며 검증하고자 하는 동작을 수행한다. 검증문[assert statement]은 검증 단계이며, 동작이 예상 결과로 이어지는지 확인한다.

준비 단계에서는 테스트 대상 시스템[SUT, System Under Test]과 하나의 협력자를 준비한다.

이 경우 고객^{Customer}이 SUT에, 상점^{Store}이 협력자에 해당한다. 다음 두 가지 이유로 협력자가 필요하다.

- 테스트 대상 메서드를 컴파일하려면 customer.Purchase()가 Store 인스턴스를 인수로 필요로 하기 때문에
- 검증 단계에서 customer.Purchase()의 결과 중 하나로 상점 제품 수량이 감소할 가능성이 있기 때문에

Product.Shampoo, 숫자 5와 15는 모두 상수다.

> |**정의**| 테스트 대상 메서드(MUT, Method Under Test)는 테스트에서 호출한 SUT의 메서드다. MUT와 SUT는 흔히 동의어로 사용하지만, 일반적으로 MUT는 메서드를 가리키는 데 반해 SUT는 클래스 전체를 가리킨다.

이 코드는 단위 테스트의 고전 스타일 예로, 테스트는 협력자(Store 클래스)를 대체하지 않고 운영용 인스턴스를 사용한다. 고전적인 방식의 자연스러운 결과로, 이제 Customer만이 아니라 Customer와 Store 둘 다 효과적으로 검증한다. 그러나 Customer가 올바르게 작동하더라도 Customer에 영향을 미치는 Store 내부에 버그가 있으면 단위 테스트에 실패할 수 있다. 테스트에서 두 클래스는 서로 격리돼 있지 않다.

이제 런던 스타일로 예제를 수정해보자. 동일한 테스트에서 Store 인스턴스는 테스트 대역, 구체적으로 목으로 교체해본다.

이 책에서는 목 프레임워크로 Moq(https://github.com/moq/moq4)를 사용하지만, NSubstitute(https://github.com/nsubstitute/NSubstitute)와 같은 다른 대안을 찾을 수 있다. 모든 객체지향 언어는 유사한 프레임워크가 있다. 예를 들어, 자바에는 Mockito나 JMock 또는 EasyMock을 사용할 수 있다.

> |**정의**| 목은 테스트 대상 시스템과 협력자 간의 상호 작용을 검사할 수 있는 특별한 테스트 대역이다.

목, 스텁stub과 그 둘 간의 차이점에 대해서는 이후 장들에서 다시 다룬다. 지금은 목이 테스트 대역의 부분집합이라는 것만 알면 된다. 사람들이 흔히 테스트 대역과 목을 동의어로 사용하지만, 기술적으로는 그렇지 않다(5장에서 자세히 설명함).

- 테스트 대역은 실행과 관련 없이 모든 종류의 가짜 의존성을 설명하는 포괄적인 용어다.
- 목은 그러한 의존성의 한 종류일 뿐이다.

다음 예제에서는 Customer가 협력자인 Store에서 격리된 후 어떻게 테스트가 수행되는지 보여준다.

예제 2.2 런던 스타일로 작성된 단위 테스트

```
[Fact]
public void Purchase_succeeds_when_enough_inventory()
{
    // 준비
    var storeMock = new Mock<IStore>();
    storeMock
        .Setup(x => x.HasEnoughInventory(Product.Shampoo, 5))
        .Returns(true);
    var customer = new Customer();

    // 실행
    bool success = customer.Purchase(
        storeMock.Object, Product.Shampoo, 5);

    // 검증
    Assert.True(success);
    storeMock.Verify(
        x => x.RemoveInventory(Product.Shampoo, 5),
        Times.Once);
}

[Fact]
public void Purchase_fails_when_not_enough_inventory()
{
```

```
    // 준비
    var storeMock = new Mock<IStore>();
    storeMock
        .Setup(x => x.HasEnoughInventory(Product.Shampoo, 5))
        .Returns(false);
    var customer = new Customer();

    // 실행
    bool success = customer.Purchase(
        storeMock.Object, Product.Shampoo, 5);

    // 검증
    Assert.False(success);
    storeMock.Verify(
        x => x.RemoveInventory(Product.Shampoo, 5),
        Times.Never);
}
```

고전 스타일로 작성된 테스트와 얼마나 다른지 살펴보자. 준비 단계에서 테스트는 Store의 실제 인스턴스를 생성하지 않고 Moq의 내장 클래스인 Mock<T>를 사용해 대체한다.

또한 샴푸 재고를 추가해 Store 상태를 수정하는 대신 HasEnoughInventory() 메서드 호출에 어떻게 응답하는지 목에 직접 정의한다. Store의 실제 상태와 관계없이 테스트가 요구하는 방식으로 요청에 응답한다. 사실 테스트는 더 이상 Store를 사용하지 않는다. Store 클래스 대신 IStore 인터페이스로 목을 만들어 사용했다.

8장에서는 인터페이스 작업을 자세히 설명한다. 지금은 협력자에서 격리된 테스트 대상 시스템에는 인터페이스가 필요하다는 점만 알아두자. (구체 클래스concrete class도 목으로 만들 수 있지만, 안티 패턴이다. 11장에서 이 주제를 다룬다.)

검증 단계도 바뀌었고 중요한 차이점이 여기에 있다. 여전히 이전과 같이 customer. Purchase 호출 결과를 확인하지만, 고객이 상점에서 올바르게 했는지 확인하는 방법이 다르다. 이전에는 상점 상태를 검증했다. 지금은 Customer와 Store 간의 상호 작용을 검사한다. 즉, 고객이 상점에서 호출을 올바르게 했는지 확인한다. 고객이 상점으로 호출해야 하는 메서드(x.RemoveInventory)뿐만 아니라 호출 횟수까지 검증할 수 있다. 고객은 구매가 성공하면 이 메서드를 한 번만 호출해야 하고(Times.Once), 구매가 실패하면 절대로 호출하면 안 된다(Times.Never).

2.1.2 격리 문제에 대한 고전파의 접근

다시 말하면, 런던 스타일은 테스트 대역(목)으로 테스트 대상 코드 조각을 분리해서 격리 요구 사항에 다가간다. 흥미롭게도 이 관점은 무엇이 작은 코드 조각(단위)에 해당하는지에 대한 견해에도 영향을 미친다. 단위 테스트의 속성을 다시 한 번 살펴보자.

- 단위 테스트는 작은 코드 조각(단위)을 검증한다.
- 신속하게 수행하고,
- 격리된 방식으로 진행한다.

세 번째 속성에 대한 해석이 분분한 것 외에, 첫 번째 속성에도 다양한 해석이 가능하다. 작은 코드 조각은 얼마나 작아야 하는가? 이전 절에서 봤듯이, 각각의 모든 클래스를 격리해야 한다면 테스트 대상 코드 조각은 당연히 단일 클래스이거나 해당 클래스 내의 메서드여야 한다. 격리 문제에 접근하는 방식 때문에 이보다 더 클 수가 없다. 때에 따라 한 번에 몇 개의 클래스를 테스트할 수도 있기는 하다. 그러나 일반적으로 한 번에 한 클래스로 테스트하는 지침을 따르려고 노력해야 한다.

앞에서 언급했듯이 격리 특성을 해석하는 또 다른 방법으로 고전적인 방법이 있다. 고전적인 방법에서 코드를 꼭 격리하는 방식으로 테스트해야 하는 것은 아니다. 대신 단위 테스트는 서로 격리해서 실행해야 한다. 이렇게 하면 테스트를 어떤 순서(병렬이나 순차 등)로든 가장 적합한 방식으로 실행할 수 있으며 서로의 결과에 영향을 미치지 않는다.

각각의 테스트를 격리하는 것은 여러 클래스가 모두 메모리에 상주하고 공유 상태에 도달하지 않는 한, 여러 클래스를 한 번에 테스트해도 괜찮다는 뜻이다. 이를 통해 테스트가 서로 소통하고 실행 컨텍스트에 영향을 줄 수 있다. 데이터베이스, 파일 시스템 등 프로세스 외부 의존성이 이러한 공유 상태의 대표적인 예다.

예를 들어 어떤 테스트가 준비 단계에서 데이터베이스에서 고객을 생성할 수 있고, 이 테스트가 실행되기 전에 다른 테스트의 준비 단계에서 고객을 삭제할 수도 있다. 이 두 가지 테스트를 병렬로 실행하면 첫 번째 테스트가 실패하는데, 이는 제품 코드가 고장 나서가 아니라 두 번째 테스트의 간섭 때문이다.

공유 의존성, 비공개 의존성, 프로세스 외부 의존성

공유 의존성(shared dependency)은 테스트 간에 공유되고 서로의 결과에 영향을 미칠 수 있는 수단을 제공하는 의존성이다. 공유 의존성의 전형적인 예는 정적 가변 필드(static mutable field)다. 이러한 필드의 변경 사항은 동일한 프로세스 내에서 실행되는 모든 단위 테스트에서 볼 수 있다. 데이터베이스도 공유 의존성의 전형적인 예가 될 수 있다.

비공개 의존성(private dependency)은 공유하지 않는 의존성이다.

프로세스 외부 의존성(out-of-process dependency)은 애플리케이션 실행 프로세스 외부에서 실행되는 의존성이며, 아직 메모리에 없는 데이터에 대한 프록시(proxy)다. 프로세스 외부 의존성은 대부분 공유 의존성에 해당하지만 모두 그런 것은 아니다. 예를 들어 데이터베이스는 프로세스 외부이면서 공유 의존성이다. 그러나 각 테스트 실행 전에 도커 컨테이너로 데이터베이스를 시작하면 테스트가 더 이상 동일한 인스턴스로 작동하지 않기 때문에 프로세스 외부이면서 공유하지 않는 의존성이 된다. 이러한 데이터베이스 환경에서는 테스트가 데이터를 변경할 수 없으므로 결과에 서로 영향을 미칠 수 없다.

격리 문제에 대한 이러한 견해는 목과 기타 테스트 대역의 사용에 대한 훨씬 더 평범한 견해를 수반한다. 테스트 대역을 사용할 수 있지만, 보통 테스트 간에 공유 상태를 일으키는 의존성에 대해서만 사용한다. 그림 2.3은 어떻게 되는지 보여준다.

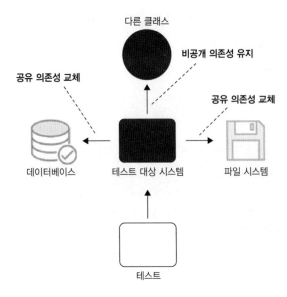

▲ **그림 2.3** 단위 테스트를 서로 격리하는 것은 테스트 대상 클래스에서 공유 의존성만 격리하는 것을 의미한다. 비공개 의존성은 그대로 둘 수 있다.

공유 의존성은 테스트 대상 클래스(단위) 간이 아니라 단위 테스트 간에 공유한다. 그런 의미에서 싱글턴^{singleton} 의존성은 각 테스트에서 새 인스턴스를 만들 수 있기만 하면 공유되지 않는다. 제품 코드에는 싱글턴 인스턴스가 단 하나만 있지만, 테스트는 이 패턴을 따르지 않고 재사용하지도 않는다. 따라서 이러한 의존성은 비공개인 것이다.

예를 들어 설정 클래스$^{configuration class}$는 일반적으로 한 개뿐이며, 모든 제품 코드에서 이 인스턴스를 재사용한다. 그러나 생성자 등을 통해 다른 모든 의존성이 SUT에 주입되면 각 테스트에서 새 인스턴스를 만들 수 있다. 테스트 스위트 전체에서 단일 인스턴스를 유지할 필요는 없다. 그러나 새 파일 시스템이나 데이터베이스를 만들 수는 없으며, 테스트 간에 공유되거나 테스트 대역으로 대체돼야 한다.

공유 의존성을 대체하는 또 다른 이유는 테스트 실행 속도를 높이는 데 있다. 공유 의존성은 거의 항상 실행 프로세스 외부에 있는 데 반해, 비공개 의존성은 보통 그 경계를 넘지 않는다. 따라서 데이터베이스나 파일 시스템 등의 공유 의존성에 대한 호출은 비공개 의존성에 대한 호출보다 더 오래 걸린다. 그리고 단위 테스트 두 번째 속성으로 빨리 실행해야 하는 필요성이 있으므로, 이러한 호출을 포함하는 공유 의존성을 가진 테스트는 단위 테스트 영역에서 통합 테스트 영역으로 넘어간다. 이 장의 뒷부분에서 통합 테스트를 자세히 설명한다.

이러한 격리에 대한 대안적 견해는 또한 단위(작은 코드 조각)를 구성하는 것에 대한 다른 견해로 이어진다. 단위가 반드시 클래스에 국한될 필요는 없다. 공유 의존성이 없는 한 여러 클래스를 묶어서 단위 테스트할 수도 있다.

2.2 단위 테스트의 런던파와 고전파

보다시피 런던파와 고전파로 나눠진 원인은 격리 특성에 있다. 런던파는 테스트 대상 시스템에서 협력자를 격리하는 것으로 보는 반면, 고전파는 단위 테스트끼리 격리하는 것으로 본다.

이러한 사소한 차이 때문에 단위 테스트에 접근하는 방법을 두고 의견이 크게 갈렸고, 이로 인해 두 개의 분파로 나뉘었다. 종합하면 세 가지 주요 주제에 대해 의견 차이가 있다.

- 격리 요구 사항
- 테스트 대상 코드 조각(단위)의 구성 요소
- 의존성 처리

표 2.1로 요약했다.

▼ **표 2.1** 격리에 대한 접근법, 단위의 크기, 테스트 대역 사용에 대해 요약한 런던파와 고전파의 차이

	격리 주체	단위의 크기	테스트 대역 사용 대상
런던파	단위	단일 클래스	불변 의존성 외 모든 의존성
고전파	단위 테스트	단일 클래스 또는 클래스 세트	공유 의존성

2.2.1 고전파와 런던파가 의존성을 다루는 방법

테스트 대역을 어디에서나 흔히 사용할 수 있지만, 런던파는 테스트에서 일부 의존성을 그대로 사용할 수 있도록 하고 있다. 여기서 리트머스 시험은 의존성의 변경 가능 여부다. 절대 변하지 않는 객체, 즉 불변 객체는 교체하지 않아도 된다.

그리고 이전 예제에서 봤듯이, 테스트를 런던 스타일로 리팩터링하면 Product 인스턴스를 목으로 바꾸지 않고 다음 코드와 같이 실제 객체를 사용한다. (편의상 예제 2.2를 다시 가져왔다.)

```
[Fact]
public void Purchase_fails_when_not_enough_inventory()
{
    // 준비
    var storeMock = new Mock<IStore>();
    storeMock
        .Setup(x => x.HasEnoughInventory(Product.Shampoo, 5))
        .Returns(false);
    var customer = new Customer();

    // 실행
    bool success = customer.Purchase(
        storeMock.Object, Product.Shampoo, 5);

    // 검증
    Assert.False(success);
    storeMock.Verify(
        x => x.RemoveInventory(Product.Shampoo, 5),
        Times.Never);
}
```

Customer의 두 가지 의존성 중 Store만 시간에 따라 변할 수 있는 내부 상태를 포함하고 있다. Product 인스턴스는 불변이다. (Product는 C# 열거형^{enum}이다.) 따라서 Store 인스턴스만 교체했다.

생각해보면 일리가 있다. 이전 테스트에서 5라는 숫자에 테스트 대역을 사용하겠는가? 불변이므로 이 숫자를 수정할 수 없다. 숫자를 포함한 변수가 아니라 숫자 자체에 대해 말하는 것이다. RemoveInventory(Product.Shampoo, 5) 구문에서는 변수조차 사용하지 않는다. 바로 5를 선언하고 Product.Shampoo도 마찬가지다.

이러한 불변 객체를 값 객체$^{value\ object}$ 또는 값^{value}이라고 한다. 주요 특징은 각각의 정체성이 없다는 것이다. 즉, 내용에 의해서만 식별된다. 그 결과, 두 객체가 동일한 내용을 갖고 있다면 어떤 객체를 사용하든 상관없다. 즉, 이러한 인스턴스는 서로 바꿔 사용할 수 있다. 예를 들어 5라는 정수가 두 개 있는 경우 서로 대신해서 쓸 수 있다. 예제의 경우 제품도 마찬가지다. Product.Shampoo 인스턴스를 재사용하거나 몇 개를 선언해도 아무런 차이가 없다. 이러한 인스턴스는 동일한 내용을 가지므로 서로 바꿔서 사용할 수 있다.

값 객체의 개념은 언어에 구애받지 않고 특정 프로그래밍 언어나 프레임워크가 필요하지 않다. '엔티티 대 값 객체: 궁극적인 차이점 목록Entity vs. Value Object: The ultimate list of differences'이라는 제목으로 글을 썼는데, 이 글에서 값 객체에 대해 자세히 알 수 있다 (http://mng.bz/KE9O).

그림 2.4에서는 의존성의 종류를 나타내고 단위 테스트의 두 분파가 각각 어떻게 처리하는지 보여준다. 결국 비공개 의존성은 변경 가능하거나 불변일 수 있다. 불변인 경우 값 객체라고 부른다. 예를 들어 데이터베이스는 공유 의존성이며, 내부 상태는 (테스트 대역으로 대체되지 않은) 모든 자동화된 테스트에서 공유한다. Store 인스턴스는 변경 가능한 비공개 의존성이다. 그리고 Product 인스턴스(또는 예제에서 숫자 5의 인스턴스)는 불변인 비공개 의존성, 즉 값 객체의 예다. 모든 공유 의존성은 변경 가능하지만, 변경 가능한 의존성을 공유하려면 여러 테스트에서 재사용돼야 한다.

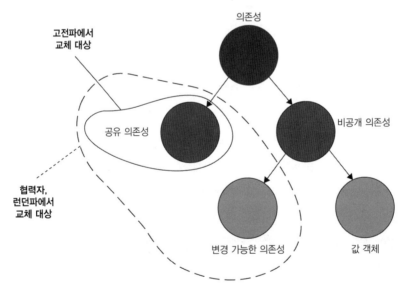

▲ **그림 2.4** 의존성 계층. 고전파에서는 공유 의존성을 테스트 대역으로 교체한다. 런던파에서는 변경 가능한 한 비공개 의존성도 테스트 대역으로 교체할 수 있다.

표 2.1로 두 분파의 차이점을 다시 살펴보자.

	격리 주체	단위의 크기	테스트 대역 사용 대상
런던파	단위	단일 클래스	불변 의존성 외 모든 의존성
고전파	단위 테스트	단일 클래스 또는 클래스 세트	공유 의존성

협력자 대 의존성

협력자(collaborator)는 공유하거나 변경 가능한 의존성이다. 예를 들어, 데이터베이스는 공유 의존성이므로 데이터베이스 접근 권한을 제공하는 클래스는 협력자다. Store도 시간에 따라 상태가 변할 수 있기 때문에 협력자다.

Product와 숫자 5도 역시 의존성이지만 협력자는 아니다. 값 또는 값 객체로 분류된다.

일반적인 클래스는 두 가지 유형의 의존성으로 동작한다. 협력자와 값이다. 다음 메서드 호출을 살펴보자.

customer.Purchase(store, Product.Shampoo, 5)

여기에 세 가지 의존성이 있다. 하나(store)는 협력자고, 나머지 둘(Product.Shampoo, 5)은 아니다.

그리고 의존성에 대해 한 가지만 다시 강조해본다. 모든 프로세스 외부 의존성이 공유 의존성의 범주에 속하는 것은 아니다. 공유 의존성은 거의 항상 프로세스 외부에 있지만, 그 반대는 그렇지 않다(그림 2.5 참조). 프로세스 외부 의존성을 공유하려면 단위 테스트가 서로 통신할 수 있는 수단이 있어야 한다. 의존성 내부 상태를 수정하면 통신이 이뤄진다. 그런 의미에서 프로세스 외부의 불변 의존성은 그런 수단을 제공하지 않는다. 테스트는 내부의 어떤 것도 수정할 수 없기 때문에 서로 실행 컨텍스트에 영향을 줄 수 없다.

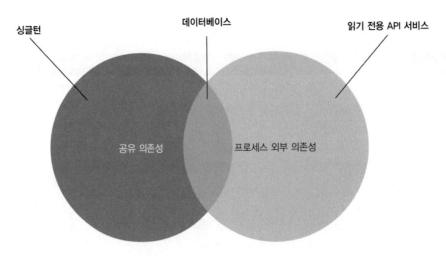

싱글턴   데이터베이스   읽기 전용 API 서비스

공유 의존성   프로세스 외부 의존성

▲ **그림 2.5** 공유 의존성과 프로세스 외부 의존성 간의 관계. 공유이지만 프로세스 외부가 아닌 의존성의 예로, 싱글턴(모든 테스트에서 재사용하는 인스턴스)이나 클래스의 정적 필드 등이 있다. 데이터베이스는 공유이면서 프로세스 외부에 있다. 즉, 주 프로세스 외부에 상주하며 변경이 가능하다. 읽기 전용 API는 프로세스 외부에 있지만 공유되지 않는다. 수정할 수 없고, 이로 인해 서로의 실행 흐름에 영향을 줄 수 없기 때문이다.

예를 들어 조직에서 판매하는 모든 제품에 대한 카탈로그를 반환하는 API가 있다면, API는 카탈로그를 변경하는 기능을 노출하지 않는 한 공유 의존성이 아니다. 이러한 의존성은 휘발성이고 애플리케이션 경계를 벗어나는 것이 사실이지만, 테스트가 반환하는 데이터에 영향을 미칠 수 없기 때문에 공유가 아니다. 그렇다고 이러한 의존성을 테스트 범주에 포함해야 하는 것은 아니다. 대부분의 경우 테스트 속도를 높이려면 테스트 대역으로 교체해야 한다. 그러나 프로세스 외부 의존성이 충분히 빠르고 연결이 안정적이면 테스트에서 그대로 사용하는 것도 괜찮다.

이 책에서 달리 명시하지 않는 한, 공유 의존성과 프로세스 외부 의존성이라는 용어는 서로 바꿀 수 있게 사용한다. 실제 프로젝트에서 프로세스 외부가 아닌 공유 의존성은 거의 없다. 의존성이 프로세스 내부에 있으면 각 테스트에서 별도의 인스턴스를 쉽게 공급할 수 있으므로 테스트 간에 공유할 필요가 없다. 마찬가지로 공유되지 않는 프로세스 외부 의존성은 일반적으로 접할 일이 없다. 이러한 의존성 대부분은 변경 가능하며 테스트로 수정될 수 있다.

이 정의를 토대로 두 분파의 장점을 비교해보자.

2.3 고전파와 런던파의 비교

다시 말하면, 고전파와 런던파 간의 주요 차이는 단위 테스트의 정의에서 격리 문제를 어떻게 다루는지에 있다. 이는 결국 테스트해야 할 단위의 처리와 의존성 취급에 대한 방법으로 넘어간다.

앞에서 말했듯이, 개인적으로는 단위 테스트 고전파를 선호한다. 이는 고품질의 테스트를 만들고 단위 테스트의 궁극적인 목표인 프로젝트의 지속 가능한 성장을 달성하는 데 더 적합하다. 그 이유는 취약성^{fragility}에 있다. 목을 사용하는 테스트는 고전적인 테스트(5장에서 자세히 설명함)보다 불안정한 경향이 있기 때문이다. 지금은 런던파의 주요 장점을 하나씩 살펴보자.

런던파의 접근 방식은 다음과 같은 이점을 제공한다.

- 입자성^{granularity}이 좋다. 테스트가 세밀해서$^{fine-grained}$ 한 번에 한 클래스만 확인한다.
- 서로 연결된 클래스의 그래프가 커져도 테스트하기 쉽다. 모든 협력자는 테스트 대역으로 대체되기 때문에 테스트 작성 시 걱정할 필요가 없다.
- 테스트가 실패하면 어떤 기능이 실패했는지 확실히 알 수 있다. 클래스의 협력자가 없으면 테스트 대상 클래스 외에 다른 것을 의심할 여지가 없다. 물론 테스트 대상 시스템이 값 객체를 사용하는 상황이 있을 수 있으며, 이 값 객체의 변경으로 인해 테스트가 실패하게 된다. 그러나 테스트 내 다른 의존성을 모두 제거했기 때문에 이러한 경우는 흔하지 않다.

2.3.1 한 번에 한 클래스만 테스트하기

좋은 입자성에 관한 요점은 단위 테스트에서 단위를 구성하는 것에 대한 논쟁과 관련이 있다. 런던파는 클래스를 단위로 간주한다. 객체지향 프로그래밍 경력을 가진 개발자들은 보통 클래스를 모든 코드베이스의 기초에 위치한 원자 빌딩 블록$^{atomic\ building\ block}$으로 간주한다. 이로 인해 자연스럽게 클래스를 테스트에서 검증할 원자 단위로도 취급하게 한다. 이런 경향은 이해되기는 하지만 오해의 소지가 있다.

|팁| 테스트는 코드의 단위를 검증해서는 안 된다. 오히려 동작의 단위, 즉 문제 영역에 의미가 있는 것, 이상적으로는 비즈니스 담당자가 유용하다고 인식할 수 있는 것을 검증해야 한다. 동작 단위를 구현하는 데 클래스가 얼마나 필요한지는 상관없다. 단위는 여러 클래스에 걸쳐 있거나 한 클래스에만 있을 수 있고, 심지어 아주 작은 메서드가 될 수도 있다.

그래서 좋은 코드 입자성을 목표로 하는 것은 도움이 되지 않는다. 테스트가 단일 동작 단위를 검증하는 한 좋은 테스트다. 이보다 적은 것을 목표로 삼는다면 사실 단위 테스트를 훼손하는 결과를 가져온다. 이 테스트가 무엇을 검증하는지 정확히 이해하기가 더 어려워지기 때문이다. 테스트는 해결하는 데 도움이 되는 문제에 대한 이야기를 들려줘야 하며, 이 이야기는 프로그래머가 아닌 일반 사람들에게 응집도가 높고 의미가 있어야 한다.

예를 들어 다음은 응집도가 높은 이야기의 예다.

우리집 강아지를 부르면, 바로 나에게 온다.

이제 다음과 비교해보자.

우리집 강아지를 부르면 먼저 왼쪽 앞다리를 움직이고, 이어서 오른쪽 앞다리를 움직이고, 머리를 돌리고, 꼬리를 흔들기 시작한다...

두 번째 이야기는 훨씬 말이 안된다. 저 움직임은 모두 무엇인가? 강아지가 나에게 오고 있는가? 아니면 도망을 가고 있는가? 알 수 없다. 실제 동작(개가 주인에게 오는 것) 대신 개별 클래스(다리, 머리, 꼬리)를 목표로 할 때 테스트가 이렇게 보이기 시작한다. 5장에서는 식별할 수 있는 동작에 관한 주제를 살펴보고, 이 동작을 내부적인 세부 구현과 어떻게 구분짓는지를 알아본다.

2.3.2 상호 연결된 클래스의 큰 그래프를 단위 테스트하기

실제 협력자를 대신해 목을 사용하면 클래스를 쉽게 테스트할 수 있다. 특히 테스트 대상 클래스에 의존성이 있고, 이 의존성에 다시 각각의 의존성이 있고, 이렇게 여러 계층에 걸쳐서 계속되는 식으로 의존성 그래프가 복잡하게 있을 때 쉽게 테스트할 수 있다. 테스트 대역을 쓰면 클래스의 직접적인 의존성을 대체해 그래프를 나눌 수 있으며, 이는 단위 테스트에서 준비해야 할 작업량을 크게 줄일 수 있다. 고전파를 따라 테스트 대상 시스템을 설정하려면 (공유 의존성을 제외하고) 전체 객체 그래프를 다시 생성해야 하는데, 작업이 많을 수 있다.

모두 사실이지만, 이 추리 과정은 잘못된 문제에 초점을 맞추고 있다. 상호 연결된 클래스의 크고 복잡한 그래프를 테스트할 방법을 찾는 대신, 먼저 이러한 클래스 그래프를 갖지 않는 데 집중해야 한다. 대개 클래스 그래프가 커진 것은 코드 설계 문제의 결과다.

테스트에서 이 문제를 지적한 것은 사실 좋은 일이다. 1장에서 봤듯이 코드 조각을 단위 테스트하는 능력은 좋은 부정 지표다. 즉, 비교적 높은 정확도로 저품질을 예측한다. 클래스를 단위 테스트하려면 테스트 준비 단계를 적정선을 넘게 늘려야 해서 이는 틀림없이 문제의 징후가 있다. 목을 사용하는 것은 이 문제를 감추기만 할 뿐, 원인을 해결하지 못한다. 2부에서는 기본적인 코드 설계 문제를 해결하는 방법을 살펴본다.

2.3.3 버그 위치 정확히 찾아내기

런던 스타일 테스트가 있는 시스템에 버그가 생기면, 보통 SUT에 버그가 포함된 테스트만 실패한다. 하지만 고전적인 방식이면, 오작동하는 클래스를 참조하는 클라이언트를 대상으로 하는 테스트도 실패할 수 있다. 즉, 하나의 버그가 전체 시스템에 걸쳐 테스트 실패를 야기하는 파급 효과를 초래한다. 결국 문제의 원인을 찾기가 더 어려워진다. 문제를 파악하고자 테스트를 디버깅하는 데 시간이 걸릴 수 있다.

우려할 만하지만, 큰 문제는 아니다. 테스트를 정기적으로 (이상적으로는 소스 코드가 변경될 때마다) 실행하면 버그의 원인을 알아낼 수 있다. 즉, 마지막으로 한 수정이 무엇인지 알기 때문에 문제를 찾는 것은 그리 어렵지 않다. 또한 실패한 테스트를 모두 볼 필요는 없다. 하나를 고치면 다른 것들도 자동으로 고쳐진다.

게다가 테스트 스위트 전체에 걸쳐 계단식으로 실패하는 데 가치가 있다. 버그가 테스트 하나뿐만 아니라 많은 테스트에서 결함으로 이어진다면, 방금 고장 낸 코드 조각이 큰 가치가 있다는 것을 보여준다. 즉, 전체 시스템이 그것에 의존한다. 이는 코드 작업 시 명심

해야 할 유용한 정보다.

2.3.4 고전파와 런던파 사이의 다른 차이점

고전파와 런던파 사이에 남아있는 두 가지 차이점은 다음과 같다.

- 테스트 주도 개발$^{\text{TDD, Test-Driven Development}}$을 통한 시스템 설계 방식
- 과도한 명세$^{\text{over-specification}}$ 문제

> **테스트 주도 개발**
>
> 테스트 주도 개발은 테스트에 의존해 프로젝트 개발을 추진하는 소프트웨어 개발 프로세스다. 이 프로세스는 세 단계로 구성되며, 각 테스트 케이스마다 반복해서 적용한다.
>
> 1. 추가해야 할 기능과 어떻게 동작해야 하는지를 나타내는 실패 테스트를 작성한다.
> 2. 테스트가 통과할 만큼 충분히 코드를 작성한다. 이 단계에서 코드가 깨끗하거나 명쾌할 필요는 없다.
> 3. 코드를 리팩터링한다. 통과 테스트 보호하에서 코드를 안전하게 정리해 좀 더 읽기 쉽고 유지하기 쉽도록 만들 수 있다.
>
> 이 주제에 대한 좋은 자료로 앞서 책 두 권을 추천했는데, 하나는 켄트 벡(Kent Beck)의 『Test-Driven Development: By Example』이고 다른 하나는 스티브 프리먼과 냇 프라이스의 『Growing Object-Oriented Software, Guided by Tests』이다.

런던 스타일의 단위 테스트는 하향식 TDD로 이어지며, 전체 시스템에 대한 기대치를 설정하는 상위 레벨 테스트부터 시작한다. 목을 사용해 예상 결과를 달성하고자 시스템이 통신해야 하는 협력자를 지정한다. 그런 다음 모든 클래스를 구현할 때까지 클래스 그래프를 다져나간다. 목은 한 번에 한 클래스에 집중할 수 있기 때문에 이 설계 프로세스를 가능하게 한다. 테스트할 때 SUT의 모든 협력자를 차단해 해당 협력자의 구현을 나중으로 미룰 수 있다.

고전파는 테스트에서 실제 객체를 다뤄야 하기 때문에 지침을 똑같이 두지 않는다. 대신 일반적으로 상향식으로 한다. 고전적 스타일에서는 도메인 모델을 시작으로 최종 사용자가 소프트웨어를 사용할 수 있을 때까지 계층을 그 위에 더 둔다.

그러나 고전파와 런던파 간의 가장 중요한 차이점은 과도한 명세 문제, 즉 테스트가 SUT의 구현 세부 사항에 결합되는 것이다. 런던 스타일은 고전 스타일보다 테스트가 구현에 더 자주 결합되는 편이다. 이로 인해 런던 스타일과 목을 전반적으로 아무 데나 쓰는 것에 대해 주로 이의가 제기된다.

목에 관련된 주제로 훨씬 더 많은 내용이 있다. 관련된 내용을 4장부터 조금씩 살펴보자.

2.4 두 분파의 통합 테스트

런던파와 고전파는 통합 테스트의 정의에도 차이가 있다. 격리 문제에 대한 견해에서 차이가 나면서 자연스럽게 다른 의견으로 이어졌다.

런던파는 실제 협력자 객체를 사용하는 모든 테스트를 통합 테스트로 간주한다. 고전 스타일로 작성된 대부분의 테스트는 런던파 지지자들에게 통합 테스트로 느껴질 것이다. 예를 들어, 처음에 고객 구매 기능을 다루는 두 개의 테스트를 소개했던 예제 2.1을 보자. 그 코드는 고전적인 관점에서 보면 전형적인 단위 테스트지만, 런던파를 따르는 사람들에게는 통합 테스트다.

이 책에서는 단위 테스트와 통합 테스트의 고전적인 정의를 사용한다. 다시 말하지만, 단위 테스트는 다음과 같은 특징이 있는 자동화된 테스트다.

- 작은 코드 조각을 검증하고
- 빠르게 수행하고
- 격리된 방식으로 처리한다.

첫 번째 속성과 세 번째 속성의 의미를 명확히 밝혔으니 고전파의 관점에서 다시 정의해본다. 단위 테스트는

- 단일 동작 단위를 검증하고
- 빠르게 수행하고
- 다른 테스트와 별도로 처리한다.

통합 테스트는 이러한 기준 중 하나를 충족하지 않는 테스트다. 예를 들어 공유 의존성 (말하자면, 데이터베이스)에 접근하는 테스트는 다른 테스트와 분리해 실행할 수 없다. 어떤 테스트에서 데이터베이스 상태 변경이 생기면 병렬로 실행할 때 동일한 데이터베이스에 의존하는 다른 모든 테스트의 결과가 변경될 것이다. 이런 간섭을 피하려면 추가 조치를 취해야 할 것이다. 특히 이러한 테스트는 순차적으로 실행해서 각 테스트가 공유 의존성과 함께 작동하려고 기다릴 수 있다.

마찬가지로 프로세스 외부 의존성에 접근하면 테스트가 느려진다. 데이터베이스에 대한 호출은 실행 시간에 수백 밀리초(최대 1초)를 추가한다. 처음에는 밀리초가 미미해 보일 수 있지만, 테스트 스위트가 충분히 커지면 1초가 중요하다.

이론적으로 메모리 내 객체로만 작동하는 테스트를 느리게 작성할 수도 있지만, 그렇게 쉽지는 않다. 동일한 메모리 공간에 있는 객체 간 통신은 별도 프로세스 간 통신보다 훨씬 저렴하다. 테스트가 메모리 내 객체 수백 개와 함께 작동하더라도, 데이터베이스 호출보다 빠르게 실행될 것이다.

마지막으로, 둘 이상의 동작 단위를 검증할 때의 테스트는 통합 테스트다. 이는 종종 테스트 스위트의 실행 속도를 최적화하려는 노력의 결과다. 비슷한 단계를 따르지만 다른 동작 단위를 검증하는 느린 테스트가 두 개 있을 때, 하나로 합치는 것이 타당할 수 있다. 즉, 비슷한 두 동작을 검증하는 하나의 테스트이지만 세밀한 테스트 두 개보다 빠르게 실행할 수 있다. 원래 이 두 테스트는 이미 (느려서) 통합 테스트였기 때문에 일반적으로 결정적인 특징은 아니다.

또한 다른 팀이 개발한 모듈이 둘 이상 있을 때 통합 테스트로 어떻게 작동하는지 검증할 수 있다. 이는 또한 여러 동작 단위를 한 번에 검증하는 제3의 테스트 유형에 해당한다. 그러나 다시 말하지만, 이러한 통합은 통상적으로 프로세스 외부 의존성을 필요로 하므로 테스트는 하나뿐만 아니라 세 가지 기준 모두를 충족시키지 못할 것이다.

통합 테스트는 시스템 전체를 검증해 소프트웨어 품질을 기여하는 데 중요한 역할을 한다. 3부에서 통합 테스트를 자세히 살펴본다.

2.4.1 통합 테스트의 일부인 엔드 투 엔드 테스트

간단히 말해 통합 테스트는 공유 의존성, 프로세스 외부 의존성뿐 아니라 조직 내 다른 팀이 개발한 코드 등과 통합해 작동하는지도 검증하는 테스트다. 엔드 투 엔드 테스트^{end-to-end test}라는 개념도 따로 있다. 엔드 투 엔드 테스트는 통합 테스트의 일부다. 엔드 투 엔드 테스트도 코드가 프로세스 외부 종속성과 함께 어떻게 작동하는지 검증한다. 엔드 투 엔드 테스트와 통합 테스트 간의 차이점은 엔드 투 엔드 테스트가 일반적으로 의존성을 더 많이 포함한다는 것이다.

가끔 경계가 흐리지만, 일반적으로 통합 테스트는 프로세스 외부 의존성을 한두 개만 갖고 작동한다. 반면에 엔드 투 엔드 테스트는 프로세스 외부 의존성을 전부 또는 대다수 갖고 작동한다. 따라서 엔드 투 엔드라는 명칭은 모든 외부 애플리케이션을 포함해 시스템을 최종 사용자의 관점에서 검증하는 것을 의미한다(그림 2.6 참조).

또한 UI^{User Interface}(사용자 인터페이스) 테스트, GUI^{Graphic User Interface}(그래픽 사용자 인터페이스) 테스트, 기능 테스트^{functional test}와 같은 용어도 사용한다. 용어들이 잘 정의돼 있지 않지만, 일반적으로 모두 동의어다.

애플리케이션이 데이터베이스, 파일 시스템, 결제 게이트웨이라는 세 가지 프로세스 외부 의존성으로 작동한다고 가정하자. 일반적인 통합 테스트는 데이터베이스와 파일 시스템만 포함하고, 결제 게이트웨이는 테스트 대역으로 대체한다. 데이터베이스와 파일 시스템은 완전히 제어할 수 있기 때문에 테스트에서 필요한 상태로 쉽게 가져올 수 있는 반면, 결제 게이트웨이의 제어 권한은 그렇지 않다. 실제 결제 게이트웨이를 사용하면 결제 처리 부서에 연락해서 특수 테스트 계정을 설정해야 할 수도 있다. 또한 과거 테스트 실행에서 남긴 모든 결제 비용을 수동으로 정리하고자 때때로 해당 계정을 확인해야 할 수도 있다.

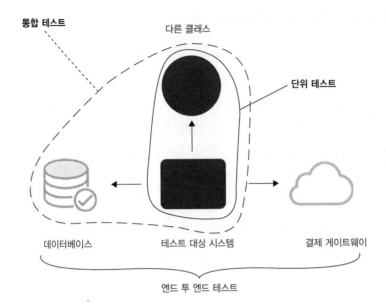

통합 테스트 ······ 다른 클래스

단위 테스트

데이터베이스   테스트 대상 시스템   결제 게이트웨이

엔드 투 엔드 테스트

▲ **그림 2.6** 엔드 투 엔드 테스트는 일반적으로 프로세스 외부 의존성을 모두(또는 거의 대부분) 포함한다. 통합 테스트는 이러한 의존성을 한 가지(또는 두 가지)만 확인한다. 즉, 데이터베이스나 파일 시스템과 같이 자동으로 설정하기 쉬운 의존성이 해당한다.

엔드 투 엔드 테스트는 유지 보수 측면에서 가장 비용이 많이 들기 때문에 모든 단위 테스트와 통합 테스트를 통과한 후 빌드 프로세스 후반에 실행하는 것이 좋다. 또한 개인 개발자 머신이 아닌 빌드 서버에서만 실행할 수도 있다.

엔드 투 엔드 테스트를 하더라도 모든 프로세스 외부 의존성을 처리하지 못할 수도 있다. 일부 의존성의 테스트 버전이 없거나 해당 의존성을 필요한 상태로 자동으로 가져오는 것이 불가능할 수 있다. 따라서 여전히 테스트 대역을 사용할 필요가 있고, 통합 테스트와 엔드 투 엔드 테스트 사이에 뚜렷한 경계가 없다는 사실을 강조한다.

요약

- 이 장에서는 단위 테스트의 정의를 다듬었다.
  - 단일 동작 단위를 검증하고

- ▫ 빠르게 수행하고
- ▫ 다른 테스트와 별도로 처리한다.
- ■ 격리 문제를 주로 논의하고 있는데, 이 논쟁으로 고전파(디트로이트)와 런던파(목 추종자)라는 두 개의 단위 테스트 분파로 나뉘었다. 이러한 의견 차이는 무엇이 단위를 의미하는지에 대한 관점과 테스트 대상 시스템(SUT)의 의존성 처리 방식에 영향을 미친다.
  - ▫ 런던파는 테스트 대상 단위를 서로 분리해야 한다고 한다. 테스트 대상 단위는 코드의 단위, 보통 단일 클래스다. 불변 의존성을 제외한 모든 의존성을 테스트 대역으로 대체해야 한다.
  - ▫ 고전파는 단위가 아니라 단위 테스트를 서로 분리해야 한다고 한다. 또한 테스트 대상 단위는 코드 단위가 아니라 동작 단위다. 따라서 공유 의존성만 테스트 대역으로 대체해야 한다. 공유 의존성은 테스트가 서로 실행 흐름에 영향을 미치는 수단을 제공하는 의존성이다.
- ■ 런던파는 더 나은 입자성의 이점, 상호 연결된 클래스의 큰 그래프에 대한 테스트 용이성 그리고 테스트 실패 후 버그가 있는 기능을 쉽게 찾을 수 있는 편의성 등을 제공한다.
- ■ 런던파의 장점이 처음에는 매력적으로 보인다. 그러나 몇 가지 문제가 있다. 먼저 테스트 대상 클래스에 대한 초점이 잘못됐다. 테스트는 코드 단위가 아니라 동작 단위를 검증해야 한다. 더욱이 코드 조각을 단위 테스트할 수 없다는 것은 코드 설계에 문제가 있다는 사실을 알려주는 강한 징후다. 테스트 대역을 사용한다고 해도 이 문제를 해결하는 게 아니라 오히려 숨길 뿐이다. 마지막으로 테스트 실패 후 어떤 기능에 버그가 있는지 판단하는 것이 도움은 되지만, 종종 버그의 원인을 알고 있기 때문에 그리 큰 문제는 아니다. 즉, 바로 마지막에 수정한 것이 버그의 원인일 것이다.
- ■ 런던파 테스트의 가장 큰 문제는 과잉 명세, 즉 SUT 세부 구현에 결합된 테스트 문제다.
- ■ 통합 테스트는 단위 테스트 기준 중 하나 이상을 충족하지 못하는 테스트다. 엔드

투 엔드 테스트는 통합 테스트의 일부다. 최종 사용자의 관점에서 시스템을 검증한다. 엔드 투 엔드 테스트는 애플리케이션과 함께 작동하는 프로세스 외부 의존성의 전부 또는 대부분에 직접 접근한다.

- 고전적인 스타일을 다룬 명저로 켄트 벡[Kent Beck]의 『Test-Driven Development: By Example』을 추천한다. 런던 스타일에 대한 자세한 내용은 스티브 프리먼과 냇 프라이스의 『Growing Object-Oriented Software, Guided by Tests』를 참조하라. 의존성 작업에 대한 자세한 내용을 알고 싶다면 스티븐 반 듀르센[Steven van Deursen]과 마크 시먼[Mark Seemann]의 『Dependency Injection: Principles, Practices, Patterns』를 추천한다.

3
단위 테스트 구조

1부의 나머지 장에서는 몇 가지 기본 주제를 다시 설명한다. 일반적으로 준비[arrange], 실행[act], 검증[assert] 패턴(AAA 패턴)으로 작성된 단위 테스트의 구조를 살펴볼 것이다. 또한 단위 테스트 프레임워크(xUnit)를 소개하고, 왜 xUnit을 선택했는지 설명한다.

그러면서 단위 테스트 명명법을 소개한다. 이 주제에 대해서는 대립되는 조언이 상당히 많지만, 안타깝게도 대부분은 단위 테스트를 개선하는 데 충분하지 않다. 이 장에서는 그다지 유용하지 않은 명명 사례를 소개하고 왜 좋은 선택이 아닌지 살펴본다. 이러한 관행 대신, 테스트를 작성한 프로그래머뿐만 아니라 문제 영역에 익숙한 다른 사람도 쉽게 읽을 수 있는 방식의 테스트 명명법을 간단하고 따라 하기 쉽게 설명할 것이다.

마지막으로, 단위 테스트 프로세스를 간소화하는 데 도움이 되는 프레임워크의 몇 가지 기능을 이야기해본다. 이 정보가 C#과 .NET에 국한될 것이라고 생각하지 말라. 대부분의 단위 테스트 프레임워크는 프로그래밍 언어에 관계없이 비슷한 기능을 나타낸다. 따라서 하나만 배우면 다른 프레임워크로 작업하는 데도 별다른 어려움이 없을 것이다.

3.1 단위 테스트를 구성하는 방법

이 절에서는 준비, 실행, 검증 패턴을 사용해 단위 테스트를 구성하는 방법, 피해야 할 함정 그리고 테스트를 가능한 한 읽기 쉽게 만드는 방법 등을 알아본다.

3.1.1 AAA 패턴 사용

AAA 패턴은 각 테스트를 준비, 실행, 검증이라는 세 부분으로 나눌 수 있다. (이 패턴을 '3A 패턴'이라고도 한다.) 두 숫자의 합을 계산하는 메서드만 있는 `Calculator` 클래스를 살펴보자.

```
public class Calculator
{
    public double Sum(double first, double second)
    {
        return first + second;
    }
}
```

다음 예제는 클래스의 동작을 검증하는 테스트다. 이 테스트는 AAA 패턴을 따른다.

예제 3.1 calculator 내 Sum 메서드를 다루는 테스트

```
public class CalculatorTests    ◀── 응집도 있는 테스트 세트를 위한 클래스 컨테이너
{
    [Fact]    ◀── 테스트를 나타내는 xUnit 속성
    public void Sum_of_two_numbers()    ◀── 단위 테스트 이름
    {
        // 준비
        double first = 10;
        double second = 20;                    준비 구절
        var calculator = new Calculator();
```

```
        // 실행
        double result = calculator.Sum(first, second);   ◀── 실행 구절

        // 검증
        Assert.Equal(30, result);   ◀── 검증 구절
    }
}
```

AAA 패턴은 스위트 내 모든 테스트가 단순하고 균일한 구조를 갖는 데 도움이 된다. 이러한 일관성이 이 패턴의 가장 큰 장점 중 하나다. 일단 익숙해지면 모든 테스트를 쉽게 읽을 수 있고 이해할 수 있다. 결국 전체 테스트 스위트의 유지 보수 비용이 줄어든다. 구조는 다음과 같다.

- 준비 구절에서는 테스트 대상 시스템[SUT, System Under Test]과 해당 의존성을 원하는 상태로 만든다.
- 실행 구절에서는 SUT에서 메서드를 호출하고 준비된 의존성을 전달하며 (출력이 있으면) 출력 값을 캡처한다.
- 검증 구절에서는 결과를 검증한다. 결과는 반환 값이나 SUT와 협력자의 최종 상태, SUT가 협력자에 호출한 메서드 등으로 표시될 수 있다.

Given–When–Then 패턴

AAA와 유사한 Given–When–Then 패턴에 대해 들어봤을 것이다. 이 패턴도 테스트를 세 부분으로 나눈다.

- Given – 준비 구절에 해당
- When – 실행 구절에 해당
- Then – 검증 구절에 해당

테스트 구성 측면에서 두 가지 패턴 사이에 차이는 없다. 유일한 차이점은 프로그래머가 아닌 사람에게 Given–When–Then 구조가 더 읽기 쉽다는 것이다. 그러므로 Given–When–Then은 비기술자들과 공유하는 테스트에 더 적합하다.

테스트를 작성할 때는 준비 구절부터 시작하는 것이 자연스럽다. 그다음 다른 두 구절을 작성한다. 이 방법은 대부분의 경우에 효과적이지만, 검증 구절로 시작하는 것도 가능한

옵션이다. 테스트 주도 개발[TDD, Test-Driven Development]을 실천할 때, 즉 기능을 개발하기 전에 실패할 테스트를 만들 때는 아직 기능이 어떻게 동작할지 충분히 알지 못한다. 따라서 먼저 기대하는 동작으로 윤곽을 잡은 다음, 이러한 기대에 부응하기 위한 시스템을 어떻게 개발할지 아는 것이 좋다.

직관적이지는 않지만, 이것이 문제를 해결하는 방식이다. 특정 동작이 무엇을 해야 하는지에 대한 목표를 생각하면서 시작한다. 그다음이 실제 문제 해결이다. 다른 것을 하기 전에 검증문을 작성하는 것은 단지 사고 과정의 형식이다. 그러나 다시 말하지만, 이 지침은 TDD를 실천할 때, 즉 제품 코드 전에 테스트를 작성할 때만 적용될 수 있다. 테스트 전에 제품 코드를 작성한다면 테스트를 작성할 시점에 실행에서 무엇을 예상하는지 이미 알고 있으므로 준비 구절부터 시작하는 것이 좋다.

3.1.2 여러 개의 준비, 실행, 검증 구절 피하기

때로는 준비, 실행 또는 검증 구절이 여러 개 있는 테스트를 만날 수 있다. 보통 그림 3.1과 같이 나타난다.

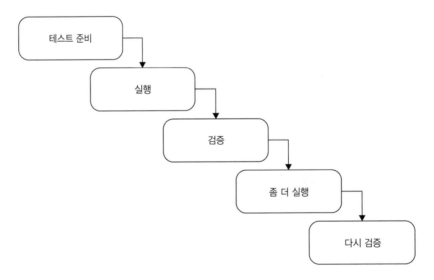

▲ **그림 3.1** 여러 개의 준비, 실행, 검증 구절은 테스트가 너무 많은 것을 한 번에 검증한다는 의미다. 이러한 테스트는 여러 테스트로 나눠서 해결한다.

검증 구절(어쩌면 준비 구절)로 구분된 여러 개의 실행 구절을 보면, 여러 개의 동작 단위를 검증하는 테스트를 뜻한다. 그리고 2장에서 본 바와 같이 이러한 테스트는 더 이상 단위 테스트가 아니라 통합 테스트다. 이러한 테스트 구조는 피하는 것이 좋다. 실행이 하나면 테스트가 단위 테스트 범주에 있게끔 보장하고, 간단하고, 빠르며, 이해하기 쉽다. 일련의 실행과 검증이 포함된 테스트를 보면 리팩터링하라. 각 동작을 고유의 테스트로 도출하라.

통합 테스트에서는 실행 구절을 여러 개 두는 것이 괜찮을 때도 있다. 앞 장에서 살펴봤듯이, 통합 테스트는 느릴 수 있다. 속도를 높이는 한 가지 방법은 여러 개의 통합 테스트를 여러 실행과 검증이 있는 단일한 테스트로 묶는 것이다. 시스템 상태의 흐름이 자연스럽다면, 즉 실행이 동시에 후속 실행을 위한 준비로 제공될 때 특히 유용하다.

그러나 다시 말하지만, 이 최적화 기법은 통합 테스트에만 적용할 수 있다. 그것도, 전부가 아니라 이미 느리고 더 느려지게 하고 싶지 않은 테스트들만이다. 단위 테스트나 충분히 빠른 통합 테스트에서는 이러한 최적화가 필요하지 않다. 항상 다단계 단위 테스트를 여러 개의 테스트로 나누는 것이 더 좋다.

3.1.3 테스트 내 if 문 피하기

준비, 실행, 검증 구절이 여러 차례 나타나는 것과 비슷하게, if 문이 있는 단위 테스트를 만날 수 있다. 이것도 안티 패턴이다. 단위 테스트든 통합 테스트든 테스트는 분기가 없는 간단한 일련의 단계여야 한다.

if 문은 테스트가 한 번에 너무 많은 것을 검증한다는 표시다. 그러므로 이러한 테스트는 반드시 여러 테스트로 나눠야 한다. 여러 AAA 구절과 달리, 통합 테스트에도 예외는 없다. 테스트에 분기가 있어서 얻는 이점은 없다. 단지 추가 유지비만 불어난다. if 문은 테스트를 읽고 이해하는 것을 더 어렵게 만든다.

3.1.4 각 구절은 얼마나 커야 하는가?

AAA 패턴으로 시작할 때 보통 하는 질문은 다음과 같다. 각 구절의 크기가 얼마나 되는가? 테스트가 끝난 후에 정리하는 종료^{teardown} 구절은 어떻게 하는가? 테스트 구절의 크기에 따라 각기 다른 지침이 있다.

준비 구절이 가장 큰 경우

일반적으로 준비 구절이 세 구절 중 가장 크며, 실행과 검증을 합친 만큼 클 수도 있다. 그러나 이보다 훨씬 크면, 같은 테스트 클래스 내 비공개 메서드 또는 별도의 팩토리 클래스로 도출하는 것이 좋다. 준비 구절에서 코드 재사용에 도움이 되는 두 가지 패턴으로 오브젝트 마더^{Object Mother}와 테스트 데이터 빌더^{Test Data Builder}가 있다.

실행 구절이 한 줄 이상인 경우를 경계하라

실행 구절은 보통 코드 한 줄이다. 실행 구절이 두 줄 이상인 경우 SUT의 공개 API에 문제가 있을 수 있다.

이 문제는 예를 들어 설명하는 것이 좋기 때문에 2장에서 예제를 가져왔다. 고객이 상점에서 구매하는 예제다.

예제 3.2 한 줄로 된 실행 구절

```
[Fact]
public void Purchase_succeeds_when_enough_inventory()
{
    // 준비
    var store = new Store();
    store.AddInventory(Product.Shampoo, 10);
    var customer = new Customer();

    // 실행
    bool success = customer.Purchase(store, Product.Shampoo, 5);

    // 검증
    Assert.True(success);
    Assert.Equal(5, store.GetInventory(Product.Shampoo));
}
```

이 테스트의 실행 구절은 단일 메서드 호출이며 잘 설계된 클래스 API임을 보여준다.

이제 예제 3.3 버전과 비교해보자. 이 실행 구절은 두 줄로 돼 있다. SUT에 문제가 있다는 신호다. 구매를 마치려면 두 번째 메서드를 호출해야 하므로, 캡슐화가 깨지게 된다.

예제 3.3 두 줄로 된 실행 구절

```
[Fact]
public void Purchase_succeeds_when_enough_inventory()
{
    // 준비
    var store = new Store();
    store.AddInventory(Product.Shampoo, 10);
    var customer = new Customer();

    // 실행
    bool success = customer.Purchase(store, Product.Shampoo, 5);
    store.RemoveInventory(success, Product.Shampoo, 5);

    // 검증
    Assert.True(success);
    Assert.Equal(5, store.GetInventory(Product.Shampoo));
}
```

예제 3.3의 실행 구절로 알 수 있는 내용은 다음과 같다.

- 첫 번째 줄에서는 고객이 상점에서 샴푸 다섯 개를 얻으려고 한다.
- 두 번째 줄에서는 재고가 감소되는데, Purchase() 호출이 성공을 반환하는 경우에만 수행된다.

새 버전의 문제점은 단일 작업을 수행하는 데 두 개의 메서드 호출이 필요하다는 것이다. 테스트 자체는 문제가 되지 않는다. 테스트는 구매 프로세스라는 동일한 동작 단위를 검증한다. Customer 클래스의 API에 문제가 있으며, 클라이언트에게 메서드 호출을 더 강요해서는 안 된다.

비즈니스 관점에서 구매가 정상적으로 이뤄지면 고객의 제품 획득과 매장 재고 감소라는 두 가지 결과가 만들어진다. 이러한 결과는 같이 만들어야 하고, 이는 다시 단일한 공개 메서드가 있어야 한다는 뜻이다. 그렇게 하지 않으면 클라이언트 코드가 첫 번째 메서드를 호출하고 두 번째 메서드를 호출하지 않을 때 모순이 생긴다. 고객은 제품을 얻을 수 있지만, 재고 수량은 줄어들지 않을 것이다.

이러한 모순을 불변 위반invariant violation이라고 하며, 잠재적 모순으로부터 코드를 보호하는 행위를 캡슐화encapsulation라고 한다. 데이터베이스에 모순이 생기면 큰 문제가 된다. 단순히 애플리케이션을 재시작해서는 상태를 돌려놓을 수 없다. 데이터베이스의 손상된 데이터를 처리하고, 어쩌면 고객에게 연락해서 상황별로 처리해야 할 수도 있다. 애플리케이션이 재고를 수정하지 않고 영수증을 발행하면 어떻게 될지 상상해보라. 조만간 부족한 재고에 대해 클레임이 생길 수 있고 심지어 비용을 청구할 수도 있다.

해결책은 코드 캡슐화를 항상 지키는 것이다. 이전 예제에서 Purchase 메서드의 한 부분으로 고객이 매입한 재고를 제거하고, 클라이언트 코드에 의존하지 않아야 했다. 불변을 지키는 한, 불변 위반을 초래할 수 있는 잠재적인 행동을 제거해야 한다.

실행 구절을 한 줄로 하는 지침은 비즈니스 로직을 포함하는 대부분 코드에 적용되지만, 유틸리티나 인프라 코드는 덜 적용된다. 그러므로 절대 두 줄 이상 두지 말라고 할 수 없다. 각각의 사례에서 캡슐화 위반이 있을 수 있는지 살펴보자.

3.1.5 검증 구절에는 검증문이 얼마나 있어야 하는가

마지막으로 검증 구절이 있다. 테스트당 하나의 검증을 갖는 지침을 들어봤을 것이다. 이전 장에서 다뤘던 전제, 즉 가능한 한 가장 작은 코드를 목표로 하는 전제에 기반을 두고 있다.

이미 알고 있듯이 이 전제는 올바르지 않다. 단위 테스트의 단위는 동작의 단위이지 코드의 단위가 아니다. 단일 동작 단위는 여러 결과를 낼 수 있으며, 하나의 테스트로 그 모든 결과를 평가하는 것이 좋다.

그렇기는 해도 검증 구절이 너무 커지는 것은 경계해야 한다. 제품 코드에서 추상화가 누락됐을 수 있다. 예를 들어 SUT에서 반환된 객체 내에서 모든 속성을 검증하는 대신 객체 클래스 내에 적절한 동등 멤버equality member를 정의하는 것이 좋다.[1] 그러면 단일 검증문

---

1   동등 멤버는 C#의 Equals() 메서드, == 연산자와 같이 동등 비교가 가능한 멤버 메서드 또는 연산자를 통칭한다. – 옮긴이

으로 객체를 기대값과 비교할 수 있다.

3.1.6 종료 단계는 어떤가

준비, 실행, 검증 이후의 네 번째 구절로 종료 구절을 따로 구분하기도 한다. 예를 들면 테스트에 의해 작성된 파일을 지우거나 데이터베이스 연결을 종료하고자 이 구절을 사용할 수 있다. 종료는 일반적으로 별도의 메서드로 도출돼, 클래스 내 모든 테스트에서 재사용된다. AAA 패턴에는 이 단계를 포함하지 않는다.

대부분의 단위 테스트는 종료 구절이 필요 없다. 단위 테스트는 프로세스 외부에 종속적이지 않으므로 처리해야 할 사이드 이펙트를 남기지 않는다. 종료는 통합 테스트의 영역이다. 3부에서는 통합 테스트 후 올바르게 정리하는 법을 자세히 설명한다.

3.1.7 테스트 대상 시스템 구별하기

SUT는 테스트에서 중요한 역할을 하는데, 애플리케이션에서 호출하고자 하는 동작에 대한 진입점을 제공한다. 이전 장에서 다뤘듯이, 동작은 여러 클래스에 걸쳐 있을 만큼 클 수도 있고 단일 메서드로 작을 수도 있다. 그러나 진입점은 오직 하나만 존재할 수 있다(동작을 수행할 하나의 클래스다).

따라서 SUT를 의존성과 구분하는 것이 중요하다. 특히 SUT가 꽤 많은 경우, 테스트 대상을 찾는 데 시간을 너무 많이 들일 필요가 없다. 그렇게 하기 위해 테스트 내 SUT 이름을 sut로 하라. 다음 예제에서 Calulator 인스턴스 이름을 바꾸고 난 후의 CalculatorTests를 볼 수 있다.

예제 3.4 의존성과 SUT 구별하기

```
public class CalculatorTests
{
    [Fact]
    public void Sum_of_two_numbers()
    {
        // 준비
        double first = 10;
```

```
        double second = 20;
        var sut = new Calculator();    ◄── Calculator를 이제 sut라고 한다.

        // 실행
        double result = sut.Sum(first, second);

        // 검증
        Assert.Equal(30, result);
    }
}
```

3.1.8 준비, 실행, 검증 주석 제거하기

의존성에서 SUT를 떼어내는 것이 중요하듯이, 테스트 내에서 특정 부분이 어떤 구절에 속해 있는지 파악하는 데 시간을 많이 들이지 않도록 세 구절을 서로 구분하는 것 역시 중요하다. 이를 위한 한 가지 방법은 각 구절을 시작하기 전에 주석(// 준비, // 실행, // 검증)을 다는 것이다. 다른 방법은 다음 예제와 같이 빈 줄로 분리하는 것이다.

예제 3.5 빈 줄로 각 구절을 구분한 Calculator

```
public class CalculatorTests
{
    [Fact]
    public void Sum_of_two_numbers()
    {
        double first = 10;
        double second = 20;              준비
        var sut = new Calculator();

        double result = sut.Sum(first, second);   ◄── 실행

        Assert.Equal(30, result);   ◄── 검증
    }
}
```

빈 줄로 구절을 구분하면 대부분의 단위 테스트에서 효과적이며, 간결성과 가독성 사이

에서 균형을 잡을 수 있다. 그러나 대규모 테스트에서는 잘 작동하지 않는다. 대규모 테스트에서는 준비 단계에 빈 줄을 추가해 설정 단계를 구분할 수도 있다. 통합 테스트에는 복잡한 설정을 포함하는 경우가 많다. 그러므로

- AAA 패턴을 따르고 준비 및 검증 구절에 빈 줄을 추가하지 않아도 되는 테스트라면 구절 주석들을 제거하라.
- 그렇지 않으면 구절 주석을 유지하라.

3.2 xUnit 테스트 프레임워크 살펴보기

이 절에서는 .NET에서 사용할 수 있는 단위 테스트 도구와 해당 기능을 간략히 설명하며, xUnit(https://github.com/xunit/xunit)을 단위 테스트 프레임워크로 사용하고 있다. (비주얼 스튜디오에서 xUnit 테스트를 실행하려면 NuGet으로 xunit.runner.visualstudio 패키지를 설치해야 한다.[2]) 이 프레임워크는 .NET에서만 작동하지만, 모든 객체지향 언어(자바, C++, 자바스크립트 등)에 단위 테스트 프레임워크가 있으며 모든 프레임워크는 매우 비슷하다. 그중 하나라도 써봤다면 다른 프레임워크를 쓰는 데 별다른 어려움이 없을 것이다.

.NET만 생각해볼 때, 몇 가지 대안으로 NUnit(https://github.com/nunit/nunit)이나 기본으로 제공하는 Microsoft MSTest 등을 선택할 수 있다. xUnit을 선호하지만, NUnit을 사용할 수도 있다. 이 두 프레임워크는 기능 면에서 거의 비슷하다. 그러나 MSTest는 권장하지 않는다. xUnit과 NUnit의 수준보다 유연하지 않기 때문이다. 그리고 확실치 않지만, 마이크로소프트 직원들조차 MSTest를 사용하지 않는다. 예를 들어 ASP.NET Core 팀은 xUnit을 사용한다.

xUnit을 선호하는 까닭은 NUnit보다 더 깨끗하고 간결하기 때문이다. 예를 들어, 지금까지 다룬 테스트에는 [Fact] 이외의 프레임워크 관련 특성이 없다는 것을 알 수 있다. [Fact] 특성은 메서드를 단위 테스트로 표시해 단위 테스트 프레임워크에서 이를 실행하게

---

2   다양한 환경을 지원하고자 xUnit 패키지도 다양하다. 따라서 독자의 프로젝트에 맞게 적절한 패키지를 설치하는 것이 좋다. 자세한 내용은 https://xunit.net을 참고해 시작하는 것을 추천한다. – 옮긴이

끔 알려준다. 모든 공개 클래스에 단위 테스트가 있을 수 있기 때문에 [TestFixture] 특성
은 없다. 또한 [SetUp] 특성과 [TearDown] 특성도 없다. 테스트 간에 구성 로직을 공유해야
하면 생성자 내에 배치할 수 있다. 그리고 무언가를 정리해야 하면 다음 예제와 같이
IDisposable 인터페이스를 구현하면 된다.

예제 3.6 모든 테스트에 공유하는 준비 및 종료 로직

```
public class CalculatorTests : IDisposable
{
    private readonly Calculator _sut;

    public CalculatorTests()                클래스 내
    {                                        각 테스트 이전에
        _sut = new Calculator();             호출
    }

    [Fact]
    public void Sum_of_two_numbers()
    {
        /* ... */
    }

    public void Dispose()
    {                                        클래스 내
        _sut.CleanUp();                      각 테스트 이후에
    }                                        호출
}
```

보다시피 xUnit 제작자는 프레임워크를 단순하게 하고자 중요한 발걸음을 내디뎠다.
이전에 추가 구성([TestFixture] 또는 [SetUp] 등)이 필요했던 많은 개념이 이제 컨벤션^{convention}
과 내장 언어 구조에 의존하게 됐다.

특히 [Fact] 특성은 테스트가 아니라 사실이라고 하기 때문에 마음에 든다. 이전 장에서
언급했던 경험에 바탕을 둔 방법으로 '각 테스트는 이야기가 있어야 한다.'는 점을 강조한
다. 이 이야기는 문제 영역에 대한 개별적이고 원자적^{atomic}인 사실이나 시나리오이며, 테
스트가 통과하는 것은 이 사실 또는 시나리오가 실제 사실이라는 증거다. 테스트가 실패하

면 이야기가 더 이상 유효하지 않아 테스트를 다시 작성해야 하거나 시스템 자체를 수정해야 한다.

단위 테스트를 작성할 때는 이렇게 사고방식을 갖는 것이 좋으며, 테스트가 제품 코드의 기능을 무조건 나열하면 안 된다. 오히려 애플리케이션 동작에 대해 고수준의 명세가 있어야 한다. 이상적으로 이 명세는 프로그래머뿐만 아니라 비즈니스 담당자에게도 의미가 있어야 한다.

3.3 테스트 간 테스트 픽스처 재사용

테스트에서 언제 어떻게 코드를 재사용하는지 아는 것이 중요하다. 준비 구절에서 코드를 재사용하는 것이 테스트를 줄이면서 단순화하기 좋은 방법이고, 이 절에서는 올바른 방법을 알아본다.

앞서, 테스트 픽스처를 준비하기 위해 코드를 너무 많이 작성해야 한다고 자주 서술했다. 이러한 준비는 별도의 메서드나 클래스로 도출한 후 테스트 간에 재사용하는 것이 좋다. 재사용하는 방법은 두 가지가 있는데, 그중 하나만 유용하다. 다른 하나는 유지비를 증가시킨다.

테스트 픽스처

테스트 픽스처라는 단어는 다음과 같이 두 가지 공통된 의미가 있다.

1. 테스트 픽스처는 테스트 실행 대상 객체다. 이 객체는 정규 의존성, 즉 SUT로 전달되는 인수다. 데이터베이스에 있는 데이터나 하드 디스크의 파일일 수도 있다. 이러한 객체는 각 테스트 실행 전에 알려진 고정 상태로 유지하기 때문에 동일한 결과를 생성한다. 따라서 픽스처라는 단어가 나왔다.

2. 다른 정의는 NUnit 테스트 프레임워크에서 비롯된다. NUnit에서 [TestFixture]는 테스트가 포함된 클래스를 표시하는 특성이다.

이 책에서는 첫 번째 정의를 사용한다.

테스트 픽스처를 재사용하는 첫 번째 (올바르지 않은) 방법은 다음과 같이 테스트 생성자

(또는 NUnit을 사용하는 경우 [SetUp] 특성으로 표시된 메서드)에서 픽스처를 초기화하는 것이다.

예제 3.7 테스트 생성자에서 초기화 코드 추출

```
public class CustomerTests
{
    private readonly Store _store;      ◄─── 공통 테스트 픽스처
    private readonly Customer _sut;

    public CustomerTests()
    {
        _store = new Store();
        _store.AddInventory(Product.Shampoo, 10);
        _sut = new Customer();
    }

    [Fact]
    public void Purchase_succeeds_when_enough_inventory()
    {
        bool success = _sut.Purchase(_store, Product.Shampoo, 5);
        Assert.True(success);
        Assert.Equal(5, _store.GetInventory(Product.Shampoo));
    }

    [Fact]
    public void Purchase_fails_when_not_enough_inventory()
    {
        bool success = _sut.Purchase(_store, Product.Shampoo, 15);
        Assert.False(success);
        Assert.Equal(10, _store.GetInventory(Product.Shampoo));
    }
}
```

클래스 내
각 테스트 이전에
호출

예제 3.7에서 두 테스트는 공통된 구성 로직이 있다. 실제로 준비 구절이 동일하므로 CustomerTests의 생성자로 완전히 추출할 수 있었고 예제와 같이 작성했다. 테스트에는 더 이상 준비 구절이 있지 않다.

이 방법으로 테스트 코드의 양을 크게 줄일 수 있으며, 테스트에서 테스트 픽스처 구성을 전부 또는 대부분 제거할 수 있다. 그러나 이 기법은 두 가지 중요한 단점이 있다.

- 테스트 간 결합도가 높아진다.
- 테스트 가독성이 떨어진다.

이러한 단점을 자세히 살펴보자.

3.3.1 테스트 간의 높은 결합도는 안티 패턴이다

예제 3.7의 새 버전에서는 모든 테스트가 서로 결합돼 있다. 즉, 테스트의 준비 로직을 수정하면 클래스의 모든 테스트에 영향을 미친다. 예를 들어,

```
_store.AddInventory(Product.Shampoo, 10);
```

위 코드를 다음과 같이 수정하면

```
_store.AddInventory(Product.Shampoo, 15);
```

상점의 초기 상태에 대한 가정을 무효화하므로 쓸데없이 테스트가 실패하게 된다.

이는 중요한 지침을 위반한다. 테스트를 수정해도 다른 테스트에 영향을 주어서는 안된다. 이 지침은 2장에서 다룬 바와 같이, 테스트는 서로 격리돼 실행해야 한다는 것과 비슷하다. 그래도 완전히 같지는 않다. 여기서는 테스트의 독립적인 수정이지, 독립적인 실행이 아니다. 둘 다 잘 설계된 테스트의 중요한 특성이다.

이 지침을 따르려면 테스트 클래스에 공유 상태를 두지 말아야 한다. 다음 두 가지의 비공개 필드를 이러한 공유 상태의 예로 들 수 있다.

```
private readonly Store _store;
private readonly Customer _sut;
```

3.3.2 테스트 가독성을 떨어뜨리는 생성자 사용

준비 코드를 생성자로 추출할 때의 또 다른 단점은 테스트 가독성을 떨어뜨리는 것이다. 테스트만 보고는 더 이상 전체 그림을 볼 수 없다. 테스트 메서드가 무엇을 하는지 이해하려

면 클래스의 다른 부분도 봐야 한다.

준비 로직이 별로 없더라도(예: 픽스처의 인스턴스화만 있을 때) 테스트 메서드로 바로 옮기는 것이 좋다. 그렇지 않으면 단순히 인스턴스를 만드는 것일까? 아니면 다른 무언가가 환경 설정을 하는 것일까? 독립적인 테스트는 이러한 불확실성을 두지 않는다.

3.3.3 더 나은 테스트 픽스처 재사용법

테스트 픽스처를 재사용할 때 생성자 사용이 최선의 방법은 아니다. 두 번째 방법은 다음 예제와 같이 테스트 클래스에 비공개 팩토리 메서드^{private factory method}를 두는 것이다.

예제 3.8 비공개 팩토리 메서드로 도출한 공통 초기화 코드

```
public class CustomerTests
{
    [Fact]
    public void Purchase_succeeds_when_enough_inventory()
    {
        Store store = CreateStoreWithInventory(Product.Shampoo, 10);
        Customer sut = CreateCustomer();
        bool success = sut.Purchase(store, Product.Shampoo, 5);
        Assert.True(success);
        Assert.Equal(5, store.GetInventory(Product.Shampoo));
    }

    [Fact]
    public void Purchase_fails_when_not_enough_inventory()
    {
        Store store = CreateStoreWithInventory(Product.Shampoo, 10);
        Customer sut = CreateCustomer();
        bool success = sut.Purchase(store, Product.Shampoo, 15);
        Assert.False(success);
        Assert.Equal(10, store.GetInventory(Product.Shampoo));
    }

    private Store CreateStoreWithInventory(Product product, int quantity)
    {
        Store store = new Store();
```

```
        store.AddInventory(product, quantity);
        return store;
    }

    private static Customer CreateCustomer()
    {
        return new Customer();
    }
}
```

공통 초기화 코드를 비공개 팩토리 메서드로 추출해 테스트 코드를 짧게 하면서, 동시에 테스트 진행 상황에 대한 전체 맥락을 유지할 수 있다. 게다가 비공개 메서드를 충분히 일반화하는 한 테스트가 서로 결합되지 않는다. 테스트에 픽스처를 어떻게 생성할지 지정할 수 있다.

예를 들어, 다음 줄에서는

```
Store store = CreateStoreWithInventory(Product.Shampoo, 10);
```

팩토리 메서드를 통해 상점에 샴푸 열 개를 추가하라고 테스트에 명시돼 있다. 이는 매우 읽기 쉽고 재사용이 가능하다. 생성된 상점의 특성을 이해하려고 팩토리 메서드 내부를 알아볼 필요가 없기 때문에 가독성이 좋다. 다른 테스트에서도 이 메서드를 사용할 수 있기 때문에 재사용도 가능하다.

사실 이 예제에서는 준비 로직이 매우 간단하므로 팩토리 메서드를 둘 필요가 없다. 단지 시연으로만 보도록 하자.

테스트 픽스처 재사용 규칙에 한 가지 예외가 있다. 테스트 전부 또는 대부분에 사용되는 생성자에 픽스처를 인스턴스화할 수 있다. 이는 데이터베이스와 작동하는 통합 테스트에 종종 해당한다. 이러한 모든 테스트는 데이터베이스 연결이 필요하며, 이 연결을 한 번 초기화한 다음 어디에서나 재사용할 수 있다. 그러나 기초 클래스[base class]를 둬서 개별 테스트 클래스가 아니라 클래스 생성자에서 데이터베이스 연결을 초기화하는 것이 더 합리적이다. 기초 클래스의 공통 초기화 코드 예로 다음 예제를 참조하자.

```
public class CustomerTests : IntegrationTests
{
    [Fact]
    public void Purchase_succeeds_when_enough_inventory()
    {
        /* 여기서 _database 사용 */
    }
}

public abstract class IntegrationTests : IDisposable
{
    protected readonly Database _database;

    protected IntegrationTests()
    {
        _database = new Database();
    }

    public void Dispose()
    {
        _database.Dispose();
    }
}
```

CustomerTests가 생성자 없이 작성됐다는 것을 알 수 있다. IntegrationTests 기초 클래스 상속을 통해 _database 인스턴스에 접근한다.

3.4 단위 테스트 명명법

테스트에 표현력이 있는 이름을 붙이는 것이 중요하다. 올바른 명칭은 테스트가 검증하는 내용과 기본 시스템의 동작을 이해하는 데 도움이 된다.

그렇다면, 단위 테스트 이름을 어떻게 정해야 하는가? 지난 10년 동안 많은 명명 규칙을 시도해왔다. 가장 유명하지만 가장 도움이 되지 않는 방법 중 하나가 다음과 같은 관습이다.

[테스트 대상 메서드]_[시나리오]_[예상 결과]

- 테스트 대상 메서드: 테스트 중인 메서드의 이름

- 시나리오: 메서드를 테스트하는 조건

- 예상 결과: 현재 시나리오에서 테스트 대상 메서드에 기대하는 것

동작 대신 구현 세부 사항에 집중하게끔 부추기기 때문에 분명히 도움이 되지 않는다.

간단하고 쉬운 영어 구문이 훨씬 더 효과적이며, 엄격한 명명 구조에 얽매이지 않고 표현력이 뛰어나다. 간단한 문구로 고객이나 도메인 전문가에게 의미 있는 방식으로 시스템 동작을 설명할 수 있다. 쉬운 영어 제목이 있는 테스트 예로, 예제 3.5를 다시 한 번 살펴보자.

```
public class CalculatorTests
{
    [Fact]
    public void Sum_of_two_numbers()
    {
        double first = 10;
        double second = 20;
        var sut = new Calculator();

        double result = sut.Sum(first, second);

        Assert.Equal(30, result);
    }
}
```

테스트 이름(Sum_of_two_numbers)을 [테스트 대상 메서드]_[시나리오]_[예상 결과] 규칙으로 다시 쓰면 어떻게 될까? 아마 다음과 같을 것이다.

```
public void Sum_TwoNumbers_ReturnsSum()
```

테스트 대상 메서드는 Sum이고, 시나리오에는 숫자 두 개가 포함되며, 예상 결과는 이 두 수의 합이다. 이 새 이름은 프로그래머의 눈에는 논리적으로 보이지만, 테스트 가독성에

실제로 도움이 되는가? 전혀 그렇지 않다. 관련 지식이 충분하지 않은 사람에게는 그리스어로 보인다. 생각해보자. Sum은 왜 테스트 이름으로 두 번이나 나타나는가? 그리고 Returns 표현은 어떤가? 합계는 어디로 반환되는가? 알 수 없다.

혹자는 프로그래머가 아닌 사람들에게 이름을 어떻게 생각하는지는 중요하지 않다고 말할 수도 있다. 결국 단위 테스트는 도메인 전문가가 아니라 프로그래머를 위해 프로그래머가 작성한다. 그리고 프로그래머는 수수께끼 같은 이름을 잘 판독한다. 그들의 임무다!

이는 사실이지만 어느 정도까지만 그렇다. 수수께끼 같은 이름은 프로그래머든 아니든 모두가 이해하는 데 부담이 된다. 테스트가 정확히 무엇을 검증하는지, 비즈니스 요구 사항과 어떤 관련이 있는지 파악하려면 머리를 더 써야 한다. 별것 아닌 것처럼 보일지도 모르지만, 시간이 지날수록 정신적으로 부담이 가중된다. 전체 테스트 스위트의 유지비가 천천히 늘어난다. 기능의 구체적인 내용을 잊어버린 채 테스트를 작성하거나 동료가 작성한 테스트를 이해하려고 할 때 특히 그렇다. 다른 사람의 코드를 읽는 것은 이미 충분히 어렵다. 따라서 어떤 것이든 이해하는 데 도움이 된다면 상당히 유용한 것이다.

두 가지 버전을 다시 살펴보자.

```
public void Sum_of_two_numbers()
public void Sum_TwoNumbers_ReturnsSum()
```

쉬운 영어로 작성한 위의 이름이 읽기에 훨씬 간결하다. 이는 테스트 대상 동작에 대한 현실적인 설명이다.

3.4.1 단위 테스트 명명 지침

표현력 있고 읽기 쉬운 테스트 이름을 지으려면 다음 지침을 따르자.

- 엄격한 명명 정책을 따르지 않는다. 복잡한 동작에 대한 높은 수준의 설명을 이러한 정책의 좁은 상자 안에 넣을 수 없다. 표현의 자유를 허용하자.
- 문제 도메인에 익숙한 비개발자들에게 시나리오를 설명하는 것처럼 테스트 이름을 짓자. 도메인 전문가나 비즈니스 분석가가 좋은 예다.

- 단어를 밑줄^{underscore}(_) 표시로 구분한다. 그러면 특히 긴 이름에서 가독성을 향상시키는 데 도움이 된다.

테스트 클래스 CalculatorTests의 이름을 지을 때 밑줄 표시를 사용하지 않았다. 보통 클래스 이름은 그리 길지 않아서 밑줄 표시가 없어도 잘 읽을 수 있다.

또 테스트 클래스 이름을 지정할 때 [클래스명]Tests 패턴을 사용하지만, 테스트가 해당 클래스만 검증하는 것으로 제한하는 것은 아니다. 단위 테스트에서 단위는 동작의 단위지, 클래스의 단위가 아닌 것을 명심하자. 이 단위는 하나 이상의 클래스에 걸쳐 있을 수 있으며, 실제 테스트 크기에 영향을 주지 않는다. 그래도 어딘가에서는 시작해야 한다. [클래스명]Tests에서 클래스는 동작 단위로 검증할 수 있는 진입점 또는 API로 여기자.

3.4.2 예제: 지침에 따른 테스트 이름 변경

테스트 하나를 예로 들어서 방금 설명한 지침으로 천천히 이름을 개선해보자. 다음 예제는 과거 배송일이 유효하지 않다는 것을 검증하는 테스트다. 테스트 이름은 가독성에 도움이 되지 않는 엄격한 명명 정책으로 작성됐다.

예제 3.10 엄격한 정책으로 명명된 테스트

```
[Fact]
public void IsDeliveryValid_InvalidDate_ReturnsFalse()
{
    DeliveryService sut = new DeliveryService();
    DateTime pastDate = DateTime.Now.AddDays(-1);
    Delivery delivery = new Delivery
    {
        Date = pastDate
    };
    bool isValid = sut.IsDeliveryValid(delivery);
    Assert.False(isValid);
}
```

이 테스트는 DeliveryService가 잘못된 날짜의 배송을 올바르게 식별하는지 검증한다.

테스트 이름을 쉬운 영어로 어떻게 다시 작성할까? 다음은 괜찮은 첫 시도다.

```
public void Delivery_with_invalid_date_should_be_considered_invalid()
```

새로운 버전에서 두 가지가 눈에 띈다.

- 이제 이름이 프로그래머가 아닌 사람들에게 납득되고, 마찬가지로 프로그래머도 더 쉽게 이해할 수 있다.
- SUT의 메서드 이름(IsDeliveryValid)은 더 이상 테스트명에 포함되지 않는다.

두 번째 요점은 테스트 이름을 쉬운 영어로 다시 썼기에 지나치기 쉽다. 그러나 중요하고 이 자체만으로도 지침으로 삼을 수 있다.

테스트명 내 테스트 대상 메서드

테스트 이름에 SUT의 메서드 이름을 포함하지 말라.

코드를 테스트하는 것이 아니라 애플리케이션 동작을 테스트하는 것이라는 점을 명심하자. 따라서 테스트 대상 메서드의 이름이 중요하지 않다. 앞에서 언급했듯이 SUT는 단지 진입점, 동작을 호출하는 수단일 뿐이다. 테스트 대상 메서드의 이름을 IsDeliveryCorrect로 변경할 수 있으며, SUT의 동작에는 아무런 영향을 미치지 않는다. 반면 원래 명명 규칙을 따르면 테스트 이름을 바꿔야 한다. 동작 대신 코드를 목표로 하면 해당 코드의 구현 세부 사항과 테스트 간의 결합도가 높아진다는 것을 다시 한 번 보여주는데, 이는 테스트 스위트의 유지 보수성에 부정적인 영향을 미친다. 이 문제를 더 자세히 살펴보려면 5장을 참조하자.

이 지침의 유일한 예외는 유틸리티 코드를 작업할 때다. 유틸리티 코드는 비즈니스 로직이 없고, 코드의 동작이 단순한 보조 기능에서 크게 벗어나지 않으므로 비즈니스 담당자에게는 아무런 의미가 없다. 여기는 SUT 메서드 이름을 사용해도 괜찮다.

다시 본론으로 돌아가자. 새 테스트명이 좋은 출발이지만, 더 좋아질 수 있다. 배송 날짜가 무효하다는 것은 정확히 무슨 뜻인가? 예제 3.10의 테스트에서 무효한 날짜는 과거의 어느 날짜임을 알 수 있다. 이는 의미가 있다. 배송 날짜를 미래에서만 선택할 수 있어야 하기 때문이다.

그러면 테스트 이름에 반영해보자.

```
public void Delivery_with_past_date_should_be_considered_invalid()
```

나아지기는 했지만 여전히 이상적이지 않다. 그리고 너무 장황하다. considered라는 단어를 제거해도 의미가 퇴색되지 않는다.

```
public void Delivery_with_past_date_should_be_invalid()
```

should be 문구는 또 다른 일반적인 안티 패턴이다. 이 장의 앞부분에서 하나의 테스트는 동작 단위에 대해 단순하고 원자적인 사실이라고 했다. 사실을 서술할 때는 소망이나 욕구가 들어가지 않는다. 여기에 따라 테스트 이름을 짓자. *should be*를 다음과 같이 *is*로 바꿔보자.

```
public void Delivery_with_past_date_is_invalid()
```

마지막으로 기초 영문법을 지켜야 한다. 관사를 붙이면 테스트를 완벽하게 읽을 수 있다. 관사 a를 테스트 이름에 추가하자.

```
public void Delivery_with_a_past_date_is_invalid()
```

정말 잘했다. 이 최종 버전은 사실에 대해 단도직입적으로 설명했으므로, 테스트 대상인 애플리케이션 동작의 관점 중 하나를 설명한다. 이 경우에는 배송 가능 여부를 결정하는 관점이다.

3.5 매개변수화된 테스트 리팩터링하기

보통 테스트 하나로는 동작 단위를 완전하게 설명하기에 충분하지 않다. 이 단위는 일반적으로 여러 구성 요소를 포함하며, 각 구성 요소는 자체 테스트로 캡처해야 한다. 동작이 충분히 복잡하면, 이를 설명하는 데 테스트 수가 급격히 증가할 수 있으며 관리하기 어려워질 수 있다. 다행히도 대부분의 단위 테스트 프레임워크는 매개변수화된 테스트[parameterized test]를 사용해 유사한 테스트를 묶을 수 있는 기능을 제공한다(그림 3.2 참조).

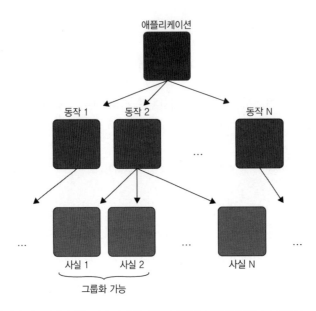

▲ **그림 3.2** 일반적인 애플리케이션은 여러 가지 동작을 나타낸다. 동작의 복잡도가 클수록, 충분히 설명하려면 더 많은 사실이 필요하다. 각 사실을 테스트로 표현한다. 매개변수화된 테스트를 사용하면 유사한 사실을 단일한 테스트 메서드로 묶을 수 있다.

이 절에서는 먼저 별도의 테스트에 기술된 각 동작 구성 요소를 살펴본 다음 이 테스트들을 그룹핑하는 방법을 시연한다.

가장 빠른 배송일이 오늘로부터 이틀 후가 되도록 작동하는 배송 기능이 있다고 가정하자. 분명히 테스트 하나로는 충분하지 않다. 지난 배송일을 확인하는 테스트 외에 오늘 날짜, 내일 날짜 그리고 그 이후의 날짜까지 확인하는 테스트도 필요하다.

작성했던 테스트를 Delivery_with_a_past_date_is_invalid로 하자. 다음 메서드 세 개를 추가해보자.

```
public void Delivery_for_today_is_invalid()
public void Delivery_for_tomorrow_is_invalid()
public void The_soonest_delivery_date_is_two_days_from_now()
```

하지만 이로 인해 네 가지의 테스트 메서드가 나왔지만, 유일한 차이점은 배송 날짜뿐이다.

더 좋은 방법은 테스트 코드의 양을 줄이고자 이러한 테스트를 하나로 묶는 것이다. xUnit에 있는(대부분의 다른 테스트 프레임워크도 마찬가지로) 매개변수화된 테스트라는 기능으로 묶을 수 있다. 다음 예제가 어떻게 그룹화하는지 보여준다. 각각의 [InlineData] 특성은 시스템에 대한 별도의 사실을 나타낸다. 이 자체로 테스트 케이스에 해당한다.

예제 3.11 몇 가지 사실을 포괄하는 테스트

```
public class DeliveryServiceTests
{
    [InlineData(-1, false)]          [InlineData] 특성은 테스트 메서드에
    [InlineData(0, false)]           입력 값 집합을 보낸다.
    [InlineData(1, false)]           각 라인은 동작에 대해
    [InlineData(2, true)]            별개의 사실을 나타낸다.
    [Theory]
    public void Can_detect_an_invalid_delivery_date(
        int daysFromNow,            특성에서 명시된
        bool expected)              입력 값을 넘기는 매개변수
    {
        DeliveryService sut = new DeliveryService();
        DateTime deliveryDate = DateTime.Now
            .AddDays(daysFromNow);
        Delivery delivery = new Delivery
        {
            Date = deliveryDate
        };                                          매개변수 사용

        bool isValid = sut.IsDeliveryValid(delivery);

        Assert.Equal(expected, isValid);
    }
}
```

|팁| [Fact] 특성 대신 [Theory] 특성을 사용했다. 이론은 동작에 대한 사실의 묶음이다.

각 사실은 이제 별도의 테스트가 아니라 [InlineData] 라인으로 표현한다. 또 테스트 이

름에서 더 이상 구성된 날짜가 올바른지 또는 잘못됐는지에 대해 언급할 필요가 없으므로 좀 더 일반적으로 바꿨다.

매개변수화된 테스트를 사용하면 테스트 코드의 양을 크게 줄일 수 있지만, 비용이 발생한다. 이제 테스트 메서드가 나타내는 사실을 파악하기가 어려워졌다. 그리고 매개변수가 많을수록 더 어렵다. 절충안으로 긍정적인 테스트 케이스는 고유한 테스트로 도출하고, 가장 중요한 부분을 잘 설명하는 이름을 쓰면 좋다. 다음 예제와 같이 유효한 배송 날짜와 유효하지 않은 배송 날짜를 구별하는 요소를 결정하는 것이 그렇다.

예제 3.12 긍정적인 시나리오와 부정적인 시나리오를 검증하는 두 가지 테스트

```
public class DeliveryServiceTests
{
    [InlineData(-1)]
    [InlineData(0)]
    [InlineData(1)]
    [Theory]
    public void Detects_an_invalid_delivery_date(int daysFromNow)
    {
        /* ... */
    }

    [Fact]
    public void The_soonest_delivery_date_is_two_days_from_now()
    {
        /* ... */
    }
}
```

이러한 방법으로 부정적인 테스트 케이스를 단순하게 할 수 있는데, 테스트 메서드에서 예상되는 불^{boolean} 매개변수를 제거할 수 있기 때문이다. 그리고 물론 긍정적인 테스트 메서드도 매개변수화된 테스트로 바꿔서 여러 날짜를 테스트해볼 수 있다.

보다시피, 테스트 코드의 양과 그 코드의 가독성은 서로 상충된다. 경험상 입력 매개변수만으로 테스트 케이스를 판단할 수 있다면 긍정적인 테스트 케이스와 부정적인 테스트 케이스 모두 하나의 메서드로 두는 것이 좋다. 그렇지 않으면 긍정적인 테스트 케이스를 도출하라. 그리고 동작이 너무 복잡하면 매개변수화된 테스트를 조금도 사용하지 말라. 긍정적인 테스트 케이스와 부정적인 테스트 케이스 모두 각각 고유의 테스트 메서드로 나타내라.

3.5.1 매개변수화된 테스트를 위한 데이터 생성

(적어도 .NET에서는) 매개변수화된 테스트를 사용하는 데 주의해야 할 점이 있다. 예제 3.11에서는 daysFromNow 매개변수를 테스트 메서드의 입력으로 사용했다. 왜 실제 날짜와 시간이 아닐까? 안타깝게도 다음 코드는 작동하지 않는다.

```csharp
[InlineData(DateTime.Now.AddDays(-1), false)]
[InlineData(DateTime.Now, false)]
[InlineData(DateTime.Now.AddDays(1), false)]
[InlineData(DateTime.Now.AddDays(2), true)]
[Theory]
public void Can_detect_an_invalid_delivery_date(
    DateTime deliveryDate,
    bool expected)
{
    DeliveryService sut = new DeliveryService();
    Delivery delivery = new Delivery
    {
        Date = deliveryDate
    };

    bool isValid = sut.IsDeliveryValid(delivery);

    Assert.Equal(expected, isValid);
}
```

C#에서는 모든 특성의 내용을 컴파일할 때 평가한다. 컴파일러가 이해할 수 있는 값만 사용해야 한다. 즉, 다음과 같다.

- 상수
- 리터럴^{literal}
- typeOf() 표현식

DateTime.Now 호출은 .NET 런타임에 의존하고 있으므로 허용되지 않는다.

이 문제를 극복할 수 있는 방법이 있다. xUnit에는 테스트 메서드에 공급할 사용자 정의 데이터를 생성하는 데 사용할 수 있는 기능이 있다. 다음 예제는 이 기능을 사용해서 어떻게 이전 테스트를 다시 작성하는지를 보여준다.

예제 3.13 매개변수화된 테스트를 위한 복잡한 데이터 생성

```
[Theory]
[MemberData(nameof(Data))]
public void Can_detect_an_invalid_delivery_date(
    DateTime deliveryDate,
    bool expected)
{
    /* ... */
}

public static List<object[]> Data()
{
    return new List<object[]>
    {
        new object[] { DateTime.Now.AddDays(-1), false },
        new object[] { DateTime.Now, false },
        new object[] { DateTime.Now.AddDays(1), false },
        new object[] { DateTime.Now.AddDays(2), true }
    };
}
```

[MemberData]는 입력 데이터 컬렉션을 생성하는 정적 메서드 이름을 받는다(컴파일러는 nameOf(Data)를 "Data" 리터럴로 변환함). 컬렉션의 각 요소는 deliveryDate와 expected라는 두 개의 입력 매개변수로 매핑되는 컬렉션이다. 이 기능을 사용하면 컴파일러의 제한을 극복하고 매개변수화된 테스트에서 모든 유형의 매개변수를 사용할 수 있다.

3.6 검증문 라이브러리를 사용한 테스트 가독성 향상

테스트 가독성을 높이기 위한 방법을 하나 더 소개하면, 검증문 라이브러리를 사용하는 것을 들 수 있다. 개인적으로 Fluent Assertions(https://fluentassertions.com)를 선호하지만, .NET에는 다른 라이브러리도 있다.

검증문 라이브러리를 사용하는 주요 이점은 검증문을 재구성해 가독성을 높이는 방법이다. 다음은 이전 테스트 중 하나다.

```
[Fact]
public void Sum_of_two_numbers()
{
    var sut = new Calculator();
    double result = sut.Sum(10, 20);
    Assert.Equal(30, result);
}
```

이제 다음 코드와 같이 자연스럽게 검증문을 수정해서 비교해보자.

```
[Fact]
public void Sum_of_two_numbers()
{
    var sut = new Calculator();
    double result = sut.Sum(10, 20);
    result.Should().Be(30);
}
```

두 번째 테스트의 검증문은 쉬운 영어로 읽을 수 있다. 이는 정확히 코드를 읽고 싶은 방식이다. 인간으로서 우리는 이야기 형태로 정보를 흡수하는 것을 선호한다. 모든 이야기는 다음과 같은 특정 패턴을 따른다.

[주어] [행동] [목적어].

예를 들어,

```
Bob opened the door.
```

여기서 Bob이 주어이고, opened가 행동이며, the door가 목적어에 해당한다. 코드에도 같은 규칙이 적용된다. result.Should().Be(30)은 이야기 패턴을 따르기 때문에 Assert.Equal(30, result)보다 더 잘 읽힌다. result가 주어이고, should be가 행동이며, 30이 목적어인 단순한 이야기다.

> |참고| 이러한 가독성의 이점으로 인해 객체지향 프로그래밍(OOP, Object-Oriented Programming) 패러다임은 일부 성공했다. OOP를 쓰면 이야기처럼 읽을 수 있는 방식으로 코드를 구성할 수 있다.

Fluent Assertions 라이브러리는 숫자, 문자열, 컬렉션, 날짜 및 시간 등에 대해 검증할 수 있는 수많은 헬퍼 메서드^{helper method}를 제공한다. 유일한 단점은 (개발에서만 해당되고 제품으로 나가지는 않을지라도) 프로젝트에 의존성을 추가해야 한다는 것이다.

요약

- 모든 단위 테스트는 AAA 패턴(준비, 실행, 검증)을 따라야 한다. 테스트 내 준비나 실행 또는 검증 구절이 여러 개 있으면, 테스트가 여러 동작 단위를 한 번에 검증한다는 표시다. 이 테스트가 단위 테스트라면 각 동작에 하나씩 여러 개의 테스트로 나눠야 한다.
- 실행 구절이 한 줄 이상이면 SUT의 API에 문제가 있다는 뜻이다. 클라이언트가 항상 이러한 작업을 같이 수행해야 하고, 이로 인해 잠재적으로 모순으로 이어질 수 있다. 이러한 모순을 불변 위반이라고 한다. 잠재적인 불변 위반으로부터 코드를 보호하는 것을 캡슐화라고 한다.
- SUT의 이름을 sut로 지정해 SUT를 테스트에서 구별하자. 구절 사이에 빈 줄을 추가하거나 준비, 실행, 검증 구절 주석을 각각 앞에 둬서 구분하라.
- 테스트 픽스처 초기화 코드는 생성자에 두지 말고 팩토리 메서드를 도입해서 재사용하자. 이러한 재사용은 테스트 간 결합도를 상당히 낮게 유지하고 가독성을 향상시킨다.

- 엄격한 테스트 명명 정책을 시행하지 말라. 문제 도메인에 익숙한 비개발자들에게 시나리오를 설명하는 것처럼 각 테스트의 이름을 지정하자. 테스트 이름에서 밑줄 표시로 단어를 구분하고, 테스트 대상 메서드 이름을 넣지 말자.
- 매개변수화된 테스트로 유사한 테스트에 필요한 코드의 양을 줄일 수 있다. 단점은 테스트 이름을 더 포괄적으로 만들수록 테스트 이름을 읽기 어렵게 하는 것이다.
- 검증문 라이브러리를 사용하면, 쉬운 영어처럼 읽도록 검증문에서 단어 순서를 재구성해 테스트 가독성을 더욱 향상시킬 수 있다.

Part 2

개발자에게 도움이 되는 테스트 만들기

이제 단위 테스트가 무엇인지 알았으므로 좋은 테스트를 만드는 핵심 요소와 더 가치 있는 테스트를 위한 리팩터링 방법을 배울 준비가 됐다. 4장에서는 좋은 단위 테스트를 구성하는 4대 요소를 알아본다. 이 4대 요소는 기초로서 공통 기준틀을 설정하며, 앞으로 다룰 테스트 기법이나 단위 테스트 등을 분석하는 데 이 기준틀을 사용한다.

5장에서는 4장에서 설정한 기준틀을 사용해 목을 사용하는 사례와 테스트 취약성과의 관계를 알아본다.

6장에서는 위 기준틀을 사용해 단위 테스트의 세 가지 유형을 검토한다. 어떤 유형이 테스트를 가장 우수한 품질로 만드는지 살펴보고 그 이유를 설명한다.

7장에서는 4장에서 6장까지의 지식을 실용적으로 다루며, 복잡하고 과장된 테스트를 가능한 한 적은 유지비로 최대한 가치 있게 리팩터링하는 방법을 알아본다.

4

좋은 단위 테스트의 4대 요소

이제 핵심을 파고들고 있다. 1장에서는 다음과 같이 좋은 단위 테스트 스위트의 특성을 살펴봤다.

- 개발 주기에 통합돼 있다. 실제로 사용하는 테스트에만 가치가 있다. 그렇지 않으면 작성해도 의미가 없다.
- 코드베이스의 가장 중요한 부분만을 대상으로 한다. 모든 실행 코드에 똑같이 신경 쓸 필요가 없다. 애플리케이션의 핵심(도메인 모델)을 다른 것과 구별하는 것이 중요하다. 이 주제는 7장에서 다룬다.
- 최소한의 유지비로 최대 가치를 끌어낸다. 이 마지막 특성을 달성하려면 다음 두 가지를 할 수 있어야 한다.

□ 가치 있는 테스트 (그리고 더 나아가, 낮은 가치의 테스트) 식별

□ 가치 있는 테스트 작성

1장에서 알아본 바와 같이 가치 있는 테스트를 식별하는 것과 가치 있는 테스트를 작성하는 것은 별개의 기술이다. 가치 있는 테스트를 작성하려면 가치 있는 테스트를 식별할 수 있어야 한다. 따라서 이 장에서는 가치 있는 테스트를 식별하는 방법을 알아본다. 스위트의 모든 테스트를 분석할 수 있는 범용 기준틀을 소개한 후 이 기준틀로 대중적인 단위 테스트 개념인 테스트 피라미드와 블랙박스 및 화이트박스 테스트를 살펴본다.

그럼 시작해보자.

4.1 좋은 단위 테스트의 4대 요소 자세히 살펴보기

좋은 단위 테스트에는 다음 네 가지 특성이 있다.

- 회귀 방지
- 리팩터링 내성
- 빠른 피드백
- 유지 보수성

이 네 가지 특성이 기본이다. 이 특성으로 어떤 자동화된 테스트(단위 테스트, 통합 테스트, 엔드 투 엔드 테스트 등)도 분석할 수 있다. 각각의 테스트는 각 특성을 어느 정도 보여준다. 이 절에서는 처음 두 특성을 정의하고, 4.2절에서는 두 특성 간의 본질적인 연관성을 설명한다.

4.1.1 첫 번째 요소: 회귀 방지

좋은 단위 테스트의 첫 번째 특성인 회귀 방지로 시작하자. 1장에서 봤듯이 회귀는 소프트웨어 버그다. 코드를 수정한 후 (일반적으로 새 기능을 출시한 후) 기능이 의도한 대로 작동하지 않는 경우다.

이러한 회귀는 (아무리 좋게 봐도) 귀찮다. 그렇지만 최악의 상황은 아니다. 최악인 것은 개발할 기능이 많을수록, 새로운 릴리스에서 기능이 하나라도 고장 날 가능성이 높다는 점이다. 프로그래밍을 하는 삶에 있어 불행한 사실은 코드가 자산이 아니라 책임이라는 점이다. 코드베이스가 커질수록 잠재적인 버그에 더 많이 노출된다. 그렇기 때문에 회귀에 대해 효과적인 보호를 개발하는 것이 중요하다. 이러한 보호가 없다면 프로젝트가 오랫동안 성장할 수 없으며 점점 더 많은 버그가 쌓일 것이다.

회귀 방지 지표에 대한 테스트 점수가 얼마나 잘 나오는지 평가하려면 다음 사항을 고려해야 한다.

- 테스트 중에 실행되는 코드의 양
- 코드 복잡도
- 코드의 도메인 유의성

일반적으로 실행되는 코드가 많을수록 테스트에서 회귀가 나타날 가능성이 높다. 물론 이 테스트에 관련된 일련의 검증이 있다고 가정하면 단지 코드를 실행하기만 원하지는 않는다. 이 코드가 예외를 발생시키지 않고 실행된다는 것을 아는 데 도움은 되지만, 코드가 생성하는 결과가 유효한지도 확인해야 한다.

코드의 양뿐만 아니라 복잡도와 도메인 유의성도 중요하다. 복잡한 비즈니스 로직을 나타내는 코드가 보일러플레이트 코드^{boilerplate code}보다 훨씬 더 중요하다. 비즈니스에 중요한 기능에서 발생한 버그가 가장 큰 피해를 입히기 때문이다.

반면에 단순한 코드를 테스트하는 것은 가치가 거의 없다. 이러한 코드는 짧고, 비즈니스 로직을 많이 담고 있지도 않다. 단순한 코드를 다루는 테스트는 실수할 여지가 많지 않기 때문에 회귀 오류가 많이 생기지 않는다. 단순한 코드의 예로 다음과 같이 속성 한 줄이 있다.

```
public class User
{
    public string Name { get; set; }
}
```

게다가 여러분의 코드 외에 작성하지 않은 코드(예: 라이브러리, 프레임워크 그리고 프로젝트에서 쓰는 외부 시스템)도 중요하다. 이 코드는 작성한 코드만큼이나 소프트웨어 작동에 영향을 미친다. 최상의 보호를 위해서는 테스트가 해당 라이브러리, 프레임워크, 외부 시스템을 테스트 범주에 포함시켜서 소프트웨어가 이러한 의존성에 대해 검증이 올바른지 확인한다.

> |**팁**| 회귀 방지 지표를 극대화하려면 테스트가 가능한 한 많은 코드를 실행하는 것을 목표로 해야 한다.

4.1.2 두 번째 요소: 리팩터링 내성

좋은 단위 테스트의 두 번째 특성은 리팩터링 내성이다. 이는 테스트를 '빨간색'(실패)으로 바꾸지 않고 기본 애플리케이션 코드를 리팩터링할 수 있는지에 대한 척도다.

> |**정의**| 리팩터링은 식별할 수 있는 동작을 수정하지 않고 기존 코드를 변경하는 것을 의미한다. 그 의도는 코드의 비기능적 특징을 개선하는 것으로 가독성을 높이고 복잡도를 낮추는 것이다. 몇 가지 예를 들자면, 메서드 이름을 바꾸는 것이나 코드 조각을 새로운 클래스로 추출하는 것을 생각해볼 수 있다.

이러한 상황을 상상해보자. 새로운 기능을 개발했으며 모든 것이 잘 작동한다. 기능이 제 역할을 하고 있으며, 모든 테스트가 통과하고 있다. 이제 코드를 정리하기로 결정했다. 여기에 리팩터링을 조금 하고 저기를 조금 고치면 모든 것이 전보다 훨씬 좋아 보인다. 단 하나, 테스트가 실패하고 있다는 것만 빼면 말이다. 리팩터링으로 정확히 무엇이 고장 났는지를 자세히 살펴봤지만, 알고 보니 아무것도 고장 나지 않았다. 기능은 예전과 같이 완벽하게 작동한다. 문제는 기반 코드를 수정하면 테스트가 빨간색으로 바뀌게끔 작성됐다는 것이다. 그리고 실제로 기능이 작동하지 않는지는 상관없다.

이러한 상황을 거짓 양성$^{false\ positive}$이라고 한다. 거짓 양성은 허위 경보다. 실제로 기능이 의도한 대로 작동하지만 테스트는 실패를 나타내는 결과다. 이러한 거짓 양성은 일반적으로 코드를 리팩터링할 때, 즉 구현을 수정하지만 식별할 수 있는 동작은 유지할 때 발생한다. 따라서 좋은 단위 테스트의 한 가지 특성으로 이름 붙이자면 '리팩터링 내성'이라 할 수 있다.

리팩터링 내성 지표에서 테스트 점수가 얼마나 잘 나오는지 평가하려면 테스트에서 얼마나 많이 거짓 양성이 발생하는지 살펴봐야 한다. 적을수록 좋다.

왜 그렇게 거짓 양성을 신경 쓰는가? 전체 테스트 스위트에 치명적인 영향을 줄 수 있기 때문이다. 1장에서 이미 언급했지만, 단위 테스트의 목표는 프로젝트 성장을 지속 가능하게 하는 것이다. 테스트가 지속 가능한 성장을 하게 하는 메커니즘은 회귀 없이 주기적으로 리팩터링하고 새로운 기능을 추가할 수 있는 것이다. 여기에는 두 가지 장점이 있다.

- 기존 기능이 고장 났을 때 테스트가 조기 경고를 제공한다. 이러한 조기 경고 덕분에 결함이 있는 코드가 운영 환경에 배포되기 훨씬 전에 문제를 해결할 수 있다. 운영 환경이었으면 문제를 처리하는 데 훨씬 더 많은 노력이 필요했을 것이다.
- 코드 변경이 회귀로 이어지지 않을 것이라고 확신하게 된다. 이러한 확신이 없으면 리팩터링을 하는 데 주저하게 되고 코드베이스가 나빠질 가능성이 훨씬 높아진다.

거짓 양성은 이 두 가지 이점을 모두 방해한다.

- 테스트가 타당한 이유 없이 실패하면, 코드 문제에 대응하는 능력과 의지가 희석된다. 시간이 흐르면서 그러한 실패에 익숙해지고 그만큼 신경을 많이 쓰지 않는다. 이내 타당한 실패도 무시하기 시작해 기능이 고장 나도 운영 환경에 들어가게 된다.
- 반면에 거짓 양성이 빈번하면 테스트 스위트에 대한 신뢰가 서서히 떨어지며, 더 이상 믿을 만한 안전망으로 인식하지 않는다. 즉, 허위 경보로 인식이 나빠진다. 이렇게 신뢰가 부족해지면 리팩터링이 줄어든다. 회귀를 피하려고 코드 변경을 최소한으로 하기 때문이다.

고된 작업 이야기

다채로운 역사가 있는 프로젝트에 참여한 적이 있었다. 그 프로젝트는 그리 오래되지 않았고, 아마 2~3년 정도 됐을 것이다. 하지만 그 기간 동안 관리자는 프로젝트가 가고자 하는 방향을 크게 바꿨고, 이에 따라 개발 방향도 바뀌었다. 이 변화 과정에서 문제가 발생했다. 코드베이스에는 아무도 감히 삭제하거나 리팩터링할 수 없는 코드가 대량으로 쌓였다. 회사는 코드에서 제공하는 기능이 더 이상 필요하지 않았지만, 일부 기능이 새로운 기능에서 사용되고 있으므로 예전 코드를 완전히 제거할 수는 없었다.

프로젝트의 테스트 커버리지는 좋았다. 누군가 오래된 기능을 리팩터링하고 다른 곳에서 여전히 사용되고 있는 부분을 분리하려고 할 때마다 테스트는 실패했다. 오래된 테스트(오래전에 사용하지 않도록 설정한 테스트)뿐만 아니라 새로운 테스트도 마찬가지였다. 몇몇 실패는 타당했지만, 대부분은 거짓 양성이었다.

처음에는 개발자들이 테스트 실패를 처리하려고 노력했다. 그러나 대다수가 허위 경보였기 때문에 개발자는 실패를 무시하고 실패한 테스트를 비활성화하는 지경에 이르렀다. '오래된 테스트 때문이면 테스트를 비활성화하라. 나중에 다시 살펴보겠다.'가 일반적인 태도였다.

주요 버그가 운영 환경에 들어가기 전까지는 모든 것이 한동안 잘 작동했다. 테스트 중 하나가 버그를 정확하게 식별했지만, 아무도 듣지 않았다. 테스트는 다른 모든 버그와 함께 비활성화됐다. 그 사건 이후 개발자들은 더 이상 이전 코드에 손을 대지 않았다.

이 이야기는 깨지기 쉬운 테스트가 있는 프로젝트 대다수에 해당하는 전형적인 사례다. 처음에는 개발자들이 테스트 실패를 액면 그대로 받아들이고 이에 따라 처리한다. 얼마 후, 사람들은 항상 "늑대"라고 외치는 테스트에 질려서 점점 무시하기 시작한다. 결국 개발자가 모든 거짓 양성과 함께 실패를 무시했기 때문에 실제 버그가 운영 환경에 릴리스되는 순간이 온다.

하지만 리팩터링을 중단해서 이러한 상황을 피하고 싶지는 않다. 올바른 대응은 테스트 스위트를 다시 살펴보고 안정성을 높이기 시작하는 것이다. 7장에서 이 주제를 다룬다.

4.1.3 무엇이 거짓 양성의 원인인가?

그렇다면 무엇이 거짓 양성의 원인인가? 그리고 어떻게 피할 수 있을까?

테스트에서 발생하는 거짓 양성의 수는 테스트 구성 방식과 직접적인 관련이 있다. 테스트와 테스트 대상 시스템(SUT)의 구현 세부 사항이 많이 결합할수록 허위 경보가 더 많이 생긴다. 거짓 양성이 생길 가능성을 줄이는 방법은 해당 구현 세부 사항에서 테스트를 분리하는 것뿐이다. 테스트를 통해 SUT가 제공하는 최종 결과(관련된 절차[1]가 아니라 식별할 수 있는 동작)를 검증하는지 확인해야 한다. 테스트는 최종 사용자의 관점에서 SUT를 검증해야 하고 최종 사용자에게 의미 있는 결과만 확인해야 한다. 다른 모든 것은 무시해야 한다(자세한 내용은 5장 참조).

테스트를 구성하기에 가장 좋은 방법은 문제 영역에 대해 이야기하는 것이다. 이러한 테스트가 실패하면, 이야기와 실제 애플리케이션 동작이 서로 분리되는 것을 의미한다. 이는 테스트 실패 유형 중 유일하게 도움이 되는 유형이다. 이러한 실패는 항상 적시에 발생하며 무엇이 잘못됐는지 빨리 이해하는 데 도움이 된다. 다른 모든 실패는 중요한 것으로부터 주의를 돌리려는 소음일 뿐이다.

다음 예를 살펴보자. 여기서 MessageRenderer 클래스는 머리글, 본문, 바닥글을 포함하는 메시지의 HTML 표현을 생성한다.

예제 4.1 메시지의 HTML 표현 생성

```
public class Message
{
    public string Header { get; set; }
    public string Body { get; set; }
    public string Footer { get; set; }
}

public interface IRenderer
{
    string Render(Message message);
}

public class MessageRenderer : IRenderer
{
    public IReadOnlyList<IRenderer> SubRenderers { get; }
```

---

1   어떠한 목표를 달성하는 데 필요한 세부적인 단계 – 옮긴이

```
    public MessageRenderer()

    {
        SubRenderers = new List<IRenderer>
        {
            new HeaderRenderer(),
            new BodyRenderer(),
            new FooterRenderer()
        };
    }

    public string Render(Message message)
    {
        return SubRenderers
            .Select(x => x.Render(message))
            .Aggregate("", (str1, str2) => str1 + str2);
    }
}
```

MessageRenderer 클래스에 여러 하위 렌더링 클래스가 있고, 메시지의 일부에 대한 실제 작업을 위임한다. 그런 다음 결과를 HTML 문서로 결합한다. 하위 렌더링 클래스는 원본 문자열을 HTML 태그로 조정한다. 예를 들면 다음과 같다.

```
public class BodyRenderer : IRenderer
{
    public string Render(Message message)
    {
        return $"<b>{message.Body}</b>";
    }
}
```

MessageRenderer를 어떻게 테스트할 수 있을까? 한 가지 가능한 방법은 이 클래스가 따르는 알고리즘을 분석하는 것이다.

```
[Fact]
public void MessageRenderer_uses_correct_sub_renderers()
{
    var sut = new MessageRenderer();

    IReadOnlyList<IRenderer> renderers = sut.SubRenderers;

    Assert.Equal(3, renderers.Count);
    Assert.IsAssignableFrom<HeaderRenderer>(renderers[0]);
    Assert.IsAssignableFrom<BodyRenderer>(renderers[1]);
    Assert.IsAssignableFrom<FooterRenderer>(renderers[2]);
}
```

이 테스트는 하위 렌더링 클래스가 예상하는 모든 유형이고 올바른 순서로 나타나는지 여부를 확인한다. 여기서 MessageRenderer가 메시지를 처리하는 방식도 정확해야 한다고 가정한다. 처음에는 테스트가 좋아 보이지만, MessageRenderer의 식별할 수 있는 동작을 실제로 확인하는가? 하위 렌더링 클래스를 재배열하거나 그중 하나를 새 것으로 교체하면 어떻게 될까? 버그로 이어지는가?

반드시 그렇지는 않다. 하위 렌더링 클래스의 구성을 변경해도 HTML 문서가 동일하게 유지될 수 있다. 예를 들어 BodyRenderer를 동일한 작업을 수행하는 BoldRenderer로 바꿀 수 있다. 또는 모든 하위 렌더링 클래스를 제거하고 MessageRenderer에서 직접 렌더링을 구현할 수도 있다.

최종 결과가 바뀌지 않을지라도, 테스트를 수행하면 빨간색으로 변할 것이다. 이는 테스트가 SUT가 생성한 결과가 아니라 SUT의 구현 세부 사항과 결합했기 때문이다. 이 테스트는 똑같이 적용할 수 있는 다른 구현을 고려하지 않고 특정 구현만 예상해서 알고리즘을 검사한다(그림 4.1 참조).

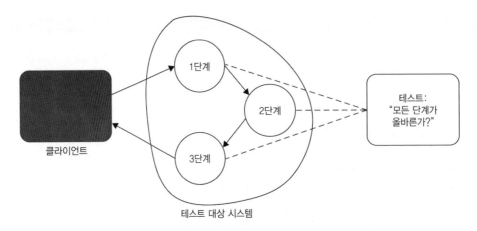

클라이언트

1단계

2단계

3단계

테스트:
"모든 단계가
올바른가?"

테스트 대상 시스템

▲ **그림 4.1** SUT 알고리즘과 결합된 테스트. 이러한 테스트는 특정 구현(결과 전달을 위해 SUT가 수행해야 할 특정 단계)을 예상하므로 깨지기 쉽다. SUT의 구현을 리팩터링하면 모두 테스트 실패로 이어진다.

MessageRenderer 클래스의 상당 부분을 리팩터링하면 테스트가 실패한다. 말하자면, 리팩터링 과정은 애플리케이션의 식별할 수 있는 동작에 영향을 주지 않으면서 구현을 변경하는 것이다. 그리고 변경할 때마다 빨간색으로 변하는 것은 바로 테스트가 구현 세부 사항에 관계돼 있기 때문이다.

따라서 SUT의 구현 세부 사항과 결합된 테스트는 리팩터링 내성이 없다. 이러한 테스트는 앞에서 설명한 모든 단점을 보여준다.

- 회귀 발생 시 조기 경고를 제공하지 않는다. 대부분 잘못된 것이므로 이러한 경고는 무시하게 된다.
- 리팩터링에 대한 능력과 의지를 방해한다. 당연하다. 버그를 찾을 때 테스트가 어느 방향인지 알려줄 수 없다면 누가 리팩터링하고 싶겠는가?

다음 예제는 겪어본 테스트 중 가장 심각하게 깨지기 쉬운 예를 보여준다. 여기서 테스트는 MessageRenderer 클래스의 소스 코드를 읽고 '올바른' 구현과 비교한다.

예제 4.3 MessageRenderer 클래스의 소스 코드 검증

```
[Fact]
public void MessageRenderer_is_implemented_correctly()
```

```
    {
        string sourceCode = File.ReadAllText(@"[path]\MessageRenderer.cs");
        Assert.Equal(@"
public class MessageRenderer : IRenderer
{
    public IReadOnlyList<<IRenderer> SubRenderers { get; }

    public MessageRenderer()
    {
        SubRenderers = new List<<IRenderer>
        {
            new HeaderRenderer(),
            new BodyRenderer(),
            new FooterRenderer()
        };
    }

    public string Render(Message message) { /* ... */ }
}", sourceCode);
}
```

물론 이 테스트는 터무니없이 단편적이다. MessageRenderer 클래스에서 아주 작은 부분
이라도 수정하면 실패한다. 이전에 살펴본 테스트와 다르지 않다. 둘 다 SUT의 식별할 수
있는 동작을 고려하지 않고 특정한 구현만 고집한다. 그리고 구현을 변경할 때마다 둘 다
빨간색으로 바뀐다. 그러나 틀림없이 예제 4.3의 테스트가 예제 4.2의 테스트보다 더 자주
실패할 것이다.

4.1.4 구현 세부 사항 대신 최종 결과를 목표로 하기

앞에서 언급한 바와 같이, 테스트를 깨지지 않게 하고 리팩터링 내성을 높이는 방법은 SUT
의 구현 세부 사항과 테스트 간의 결합도를 낮추는 것뿐이다. 즉, 코드의 내부 작업과 테스
트 사이를 가능한 한 멀리 떨어뜨리고 최종 결과를 목표로 하는 것이다. 그러면 이제 한번
해보자. 예제 4.2를 훨씬 더 안정되게 리팩터링하는 것이다.

먼저 다음 사항을 확인해야 한다. MessageRenderer에서 얻는 최종 결과는 무엇인가? 메

시지의 HTML 표현이다. 그리고 클래스에서 얻을 수 있는 관찰 가능한 결과이기 때문에 이를 확인하는 것이 마땅하다. 이 HTML 표현이 그대로 유지되는 한 정확히 어떻게 생성되는지는 걱정할 필요가 없다. 이러한 구현 세부 사항은 상관없다. 다음 코드는 테스트의 새 버전이다.

예제 4.4 MessageRenderer에서 생성하는 결과 검증

```
[Fact]
public void Rendering_a_message()
{
    var sut = new MessageRenderer();
    var message = new Message
    {
        Header = "h",
        Body = "b",
        Footer = "f"
    };
    string html = sut.Render(message);
    Assert.Equal("<h1>h</h1><b>b</b><i>f</i>", html);
}
```

이 테스트는 MessageRenderer를 블랙박스로 취급하고 식별할 수 있는 동작에만 신경 쓴다. 결과적으로 테스트는 리팩터링 내성이 부쩍 늘었다. 즉 HTML 출력을 똑같이 지키는 한, SUT의 변경 사항은 테스트에 영향을 미치지 않는다(그림 4.2).

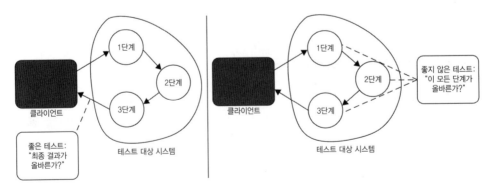

▲ 그림 4.2 구현 세부 사항이 아닌 SUT의 식별할 수 있는 동작과 결합된 왼쪽의 테스트. 이러한 테스트는 리팩터링 내성이 있다. 거짓 양성은 거의 발생하지 않는다.

이 테스트는 원래 버전보다 크게 개선됐다. 최종 사용자에게 의미 있는 유일한 결과, 즉 브라우저에 메시지가 표시되는 방식을 검증해 비즈니스 요구 사항에 들어맞는다. 이 테스트는 항상 적시에 실패하고 고객에게 영향을 줄 수 있는 애플리케이션 동작의 변경을 알려 주므로 개발자가 주의를 기울여야 한다. 이 테스트에 거짓 양성은 거의 없을 것이다.

왜 완전히 없는 것이 아니고 거의 없는 것일까? `MessageRenderer`에 여전히 테스트가 실패하는 변경 사항이 있을 수 있기 때문이다. 예를 들어 `Render()` 메서드에 새 매개변수를 도입하면 컴파일 오류가 발생할 수 있다. 기술적으로 이러한 오류도 거짓 양성으로 간주한다. 결국 애플리케이션 동작 변경으로 인해 테스트가 실패하는 것은 아니다.

그러나 이런 종류의 거짓 양성은 해결하기 쉽다. 컴파일러를 따라 `Render()` 메서드를 호출하는 모든 테스트에 새 매개변수를 추가하라. 좋지 않은 거짓 양성은 컴파일 오류를 내지 않는 것이다. 이러한 거짓 양성은 처리하기가 까다롭다. 타당한 버그를 가리키는 것처럼 보여서 조사하는 데 시간을 많이 들여야 하기 때문이다.

4.2 첫 번째 특성과 두 번째 특성 간의 본질적인 관계

앞에서 언급했듯이 좋은 단위 테스트의 처음 두 요소(회귀 방지와 리팩터링 내성) 사이에는 본질적인 관계가 있다. 둘 다 정반대의 관점에서도 테스트 스위트의 정확도에 기여한다. 이 두 가지 특성은 시간이 흐르면서 프로젝트에 영향을 다르게 미치는 경향이 있다. 프로젝트가 시작된 직후에는 회귀 방지를 훌륭히 갖추는 것이 중요한 데 반해, 리팩터링 내성은 바로 필요하지 않다.

이 절에서 다룰 내용은 다음과 같다.

- 테스트 정확도 극대화
- 거짓 양성과 거짓 음성의 중요성

4.2.1 테스트 정확도 극대화

잠시 뒤로 물러서서 테스트 결과를 넓은 관점으로 살펴보자. 코드 정확도와 테스트 결과에 대해서는 그림 4.3과 같이 네 가지 결과가 있을 수 있다. 테스트는 통과하거나 실패할 수 있다(표의 행). 그리고 기능이 잘 작동할 수도 있고 고장 날 수도 있다(표의 열).

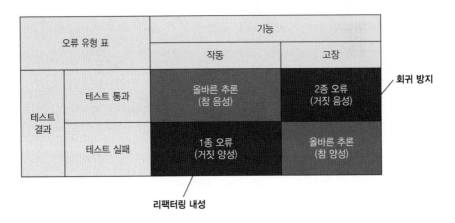

▲ **그림 4.3** 회귀 방지와 리팩터링 내성 간의 관계. 회귀 방지는 거짓 음성(2종 오류)에서 보호한다. 리팩터링 내성은 거짓 양성(1종 오류)의 수를 최소화한다.

테스트가 통과하고 기본 기능이 의도한 대로 잘 작동하는 상황은 올바른 추론이다. 테스트는 시스템의 상태를 올바르게 유추했다(버그 없음). 작동 기능과 통과 테스트의 조합에 대한 용어로 '참 음성'이라고 한다.

마찬가지로 기능이 고장 나서 테스트가 실패해도 올바른 추론이다. 기능이 제대로 작동하지 않으면 테스트가 실패할 것으로 예상하기 때문이다. 이것이 단위 테스트의 핵심이다. 이 상황에 해당하는 용어는 '참 양성'이다.

그러나 테스트에서 오류가 발생하지 않으면 문제가 된다. 이는 오른쪽 상단 사분면에 속하고 '거짓 음성'이다. 거짓 음성을 피하는 데 좋은 테스트의 첫 번째 특성인 회귀 방지가 도움이 된다. 회귀 방지가 훌륭한 테스트는 2종 오류인 거짓 음성의 수를 최소화하는 데 도움이 된다.

반면에 기능은 올바르지만 테스트가 여전히 실패로 표시되는 대칭적인 상황이 있다. 이는 '거짓 양성', 즉 허위 경보다. 거짓 양성을 피하는 데 두 번째 특성인 리팩터링 내성이 도움이 된다.

여기서 언급한 모든 용어(거짓 양성, 1종 오류 등)는 통계학에 뿌리를 두고 있지만, 테스트 스위트를 분석하는 데도 적용할 수 있다. 이해하기 좋은 한 가지 방법은 독감 검사를 생각해보는 것이다. 독감 검사는 검사를 받는 사람이 독감에 걸렸을 때 긍정^{positive}이다. 독감에 걸리는 것과 관련해서 긍정적인 것은 없기 때문에 긍정이라는 용어가 약간 혼란스럽기는 하다. 그러나 테스트는 전체적으로 상황을 보지 않는다. 테스트의 맥락에서 긍정은 어떤 조건이 이제 사실임을 의미한다. 이러한 조건은 테스트가 반응하도록 작성자가 설정한 조건이다. 여기서는 독감의 존재가 조건에 해당한다. 반대로 독감이 없으면 독감 검사는 부정^{nagative}이 된다.

이제 독감 테스트가 얼마나 정확한지 평가할 때 거짓 양성 또는 거짓 음성과 같은 용어가 나타난다. 거짓 양성과 거짓 음성의 확률은 독감 테스트의 수준을 나타낸다. 즉, 확률이 낮을수록 테스트가 더 정확하다.

이 정확도는 좋은 단위 테스트의 처음 두 개의 특성에 대한 것이다. 회귀 방지와 리팩터링 내성은 테스트 스위트의 정확도를 극대화하는 것을 목표로 한다. 정확도 지표는 다음 두 가지 요소로 구성된다.

- 테스트가 버그 있음을 얼마나 잘 나타내는가(거짓 음성(회귀 방지 영역) 제외).
- 테스트가 버그 없음을 얼마나 잘 나타내는가(거짓 양성(리팩터링 내성 영역) 제외).

거짓 양성과 거짓 음성을 생각해보는 다른 방법으로 소음 대비 신호 비율 측면에서 볼 수 있다. 그림 4.4의 공식에서 볼 수 있듯이, 테스트 정확도를 향상시키는 방법은 두 가지가 있다. 첫 번째는 분자, 즉 신호를 증가시키는 것이다. 이는 회귀를 더 잘 찾아내는 테스트로 개선하는 것이다. 두 번째는 분모, 즉 소음을 줄이는 것이다. 이는 허위 경보를 발생시키지 않는 테스트로 개선하는 것이다.

$$테스트\ 정확도 = \frac{신호(발견된\ 버그\ 수)}{소음(허위\ 경보\ 발생\ 수)}$$

▲ **그림 4.4** 가능한 한 소음(허위 경보)이 적은 강한 신호(버그를 찾을 수 있음)를 생성하면 테스트가 정확해진다.

둘 다 매우 중요하다. 경보가 허위로 울리지 않더라도 버그를 찾을 수 없는 테스트는 소용이 없다. 마찬가지로 코드에서 모든 버그를 찾을 수 있더라도 소음이 많이 발생하면 테스트의 정확도는 0에 가까워진다. 이렇게 찾아도 온통 쓸데없는 정보가 돼버린다.

4.2.2 거짓 양성과 거짓 음성의 중요성: 역학 관계

단기적으로는 거짓 양성도 거짓 음성만큼 나쁘지 않다. 프로젝트가 시작될 때, 잘못된 경고를 받는 것은 경고를 전혀 받지 않아 버그가 운영 환경에 들어갈 위험을 감수하는 것에 비해 별일이 아니다. 그러나 프로젝트가 성장함에 따라 거짓 양성은 테스트 스위트에 점점 더 큰 영향을 미치기 시작한다(그림 4.5).

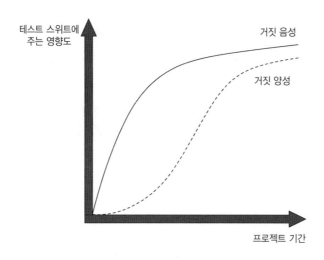

▲ **그림 4.5** 거짓 양성(허위 경보)은 초기에 그다지 부정적인 영향을 미치지 않는다. 그러나 프로젝트에 거짓 음성(알려지지 않은 버그)이 중요한 만큼 거짓 양성도 점점 더 중요해진다.

초기에는 왜 거짓 양성이 중요하지 않은가? 리팩터링은 바로 중요하지는 않으며, 시간이 지나면서 점차 중요해진다. 프로젝트 초기에는 코드 정리를 많이 할 필요가 없다. 새로 작성된 코드는 완벽하고 반짝반짝하다. 개발자의 기억 속에 아직 생생하기 때문에 테스트에서 잘못된 경보가 발생하더라도 쉽게 리팩터링을 할 수 있다.

그러나 시간이 흐를수록 코드베이스는 나빠진다. 점점 복잡해지고 체계적이지 않게 된다. 따라서 이러한 경향을 줄이려면 정기적으로 리팩터링을 해야 한다. 그렇지 않으면 새로운 기능에 드는 비용이 결국 엄청나게 커진다.

리팩터링이 점점 더 필요해짐에 따라 테스트에서 리팩터링 내성도 점점 더 중요해진다. 앞에서 설명했듯이 이 테스트에서 계속 "늑대"라고 울리면 리팩터링을 할 수 없고, 존재하지 않는 버그에 대해 경고를 계속 받게 된다. 이러한 테스트는 신뢰를 빠르게 잃고, 신뢰할 수 있는 피드백의 자료로 여기지 않게 된다.

(특히 프로젝트 후반에) 거짓 양성으로부터 코드를 보호하는 것이 중요해도, 이렇게 거짓 양성을 신경 쓰는 개발자는 거의 없다. 대부분은 좋은 단위 테스트의 첫 번째 특성인 회귀 방지에만 중점을 두는 경향이 있는데, 회귀 방지는 프로젝트 성장을 유지하는 데 도움이 되고, 가치가 있으며, 매우 정확한 테스트 스위트를 구축하기에 충분하지 않다.

물론 그 이유는 후반까지 가는 프로젝트가 훨씬 적다는 데 있으며, 이는 다시 대부분의 프로젝트는 작고 또한 프로젝트가 너무 커지기 전에 개발이 끝나기 때문이다. 따라서 프로젝트에 가득히 쌓이고 모든 리팩터링 작업을 방해하는 잘못된 경보보다 눈에 띄지 않는 버그 문제에 직면한다. 그래서 사람들은 버그에 따라 최적화한다. 중대형 프로젝트에서 작업하면, 거짓 음성(알려지지 않은 버그)과 거짓 양성(허위 경보)에 대해 똑같이 주의를 기울여야 한다.

4.3 세 번째 요소와 네 번째 요소: 빠른 피드백과 유지 보수성

이 절에서는 좋은 단위 테스트의 특성 중 남은 두 가지 요소를 살펴본다.

- 빠른 피드백
- 유지 보수성

2장에서 살펴봤듯이, 빠른 피드백은 단위 테스트의 필수 속성이다. 테스트 속도가 빠를수록 테스트 스위트에서 더 많은 테스트를 수행할 수 있고 더 자주 실행할 수 있다.

테스트가 빠르게 실행되면 코드에 결함이 생기자마자 버그에 대해 경고하기 시작할 정도로 피드백 루프를 대폭 줄여서, 버그를 수정하는 비용을 거의 0까지 줄일 수 있다. 반면에 느린 테스트는 피드백을 느리게 하고 잠재적으로 버그를 뒤늦게 눈에 띄게 해서 버그 수정 비용이 증가한다. 오래 걸리는 테스트는 자주 실행하지 못하기 때문에 잘못된 방향으로 가면서 시간을 더 많이 낭비하게 된다.

마지막으로, 좋은 단위 테스트의 네 번째 특성인 유지 보수성 지표는 유지비를 평가한다. 이 지표는 다음 두 가지 주요 요소로 구성된다.

- 테스트가 얼마나 이해하기 어려운가: 이 구성 요소는 테스트의 크기와 관련이 있다. 테스트는 코드 라인이 적을수록 더 읽기 쉽다. 작은 테스트는 필요할 때 변경하는 것도 쉽다. 물론 단지 라인 수를 줄이려고 테스트 코드를 인위적으로 압축하지 않는다고 가정할 때다. 테스트 코드의 품질은 제품 코드만큼 중요하다. 테스트를 작성할 때 절차를 생략하지 말라. 테스트 코드를 '일급 시민first-class citizen'으로 취급하라.
- 테스트가 얼마나 실행하기 어려운가: 테스트가 프로세스 외부 종속성으로 작동하면, 데이터베이스 서버를 재부팅하고 네트워크 연결 문제를 해결하는 등 의존성을 상시 운영하는 데 시간을 들여야 한다.

4.4 이상적인 테스트를 찾아서

좋은 단위 테스트의 4대 특성을 다시 보면 다음과 같다.

- 회귀 방지
- 리팩터링 내성
- 빠른 피드백
- 유지 보수성

이 네 가지 특성을 곱하면 테스트의 가치가 결정된다. 여기서 곱셈은 수학적인 의미의 곱셈이다. 즉, 어떤 특성이라도 0이 되면 전체가 0이 된다.

가치 추정치 = [0..1] * [0..1] * [0..1] * [0..1]

> |**팁**| 가치가 있으려면 테스트는 네 가지 범주 모두에서 점수를 내야 한다.

물론 이러한 특성을 정확하게 측정하는 것은 불가능하다. 테스트에 붙여서 수치를 정확히 얻을 수 있는 코드 분석 도구는 없다. 그러나 네 가지 특성과 관련해서 테스트가 어디쯤 있는지는 비교적 정확하게 평가할 수 있다. 이 평가는 테스트의 가치 추정치를 제시하며, 이 추정치로 테스트 스위트에 테스트를 계속 둘지 여부를 결정할 수 있다.

테스트 코드를 포함한 모든 코드는 책임^{liability}이다. 최소 필수값에 대해 상당히 높은 임계치를 설정하고 이 임계치를 충족하는 테스트만 테스트 스위트에 남겨라. 소수의 매우 가치 있는 테스트는 다수의 평범한 테스트보다 프로젝트가 계속 성장하는 데 훨씬 더 효과적이다.

몇 가지 예를 들어본다. 먼저 이상적인 테스트를 만들 수 있는지부터 알아보자.

4.4.1 이상적인 테스트를 만들 수 있는가?

이상적인 테스트는 네 가지 특성 모두에서 최대 점수를 받는 테스트다. 각 속성마다 최솟값과 최댓값을 각각 0과 1로 했을 때 이상적인 테스트는 모두 1을 얻어야 한다.

안타깝게도 그런 이상적인 테스트를 만드는 것은 불가능하다. 처음 세 가지 특성인 회귀 방지, 리팩터링 내성, 빠른 피드백은 상호 배타적이기 때문이다. 세 가지 특성 모두 최대로 하는 것은 불가능하다. 셋 중 하나를 희생해야 나머지 둘을 최대로 할 수 있다.

더욱이 곱셈 원리(이전 절의 가치 추정치 계산) 때문에 균형을 유지하는 것이 더욱 까다롭다. 다른 특성에 집중하려고 하나의 특성을 그냥 버릴 수는 없다. 앞에서 언급했듯이, 네 가지 범주 중 하나에서 0점을 받는 테스트는 가치가 없다. 따라서 특성 중 어느 것도 크게 줄지 않는 방식으로 최대한 크게 해야 한다. 두 특성을 최대로 하는 것을 목표로 해서 한 가지 특성을 희생해 결국 가치가 0에 가까워진 테스트를 몇 가지 예로 살펴보자.

4.4.2 극단적인 사례 1: 엔드 투 엔드 테스트

첫 번째 예는 엔드 투 엔드 테스트다. 2장에서 살펴봤듯이, 엔드 투 엔드 테스트는 최종 사용자의 관점에서 시스템을 살펴본다. 일반적으로 UI, 데이터베이스, 외부 애플리케이션을 포함한 모든 시스템 구성 요소를 거치게 된다.

엔드 투 엔드 테스트는 많은 코드를 테스트하므로 회귀 방지를 훌륭히 해낸다. 실제로 모든 유형의 테스트 중에서 엔드 투 엔드 테스트가 직접 작성한 코드뿐만 아니라 외부 라이브러리, 프레임워크, 서드파티 애플리케이션 등과 같이 직접 작성하지 않았지만 프로젝트에서 사용하는 코드를 가장 많이 수행한다.

또한 엔드 투 엔드 테스트는 거짓 양성에 면역이 돼 리팩터링 내성도 우수하다. 리팩터링은 (올바르게 했다면) 식별할 수 있는 동작을 변경하지 않으므로 엔드 투 엔드 테스트에 영향을 미치지 않는다. 이러한 테스트의 또 다른 장점으로, 어떤 특정 구현도 강요하지 않는다. 엔드 투 엔드 테스트는 최종 사용자의 관점에서 기능이 어떻게 동작하는지만 볼 수 있으며, 구현 세부 사항을 최대한 제거했다.

그러나 이러한 이점에도 엔드 투 엔드 테스트에는 큰 단점이 있다. 그것은 바로 느린 속도다. 엔드 투 엔드 테스트에만 의존하는 모든 시스템은 피드백을 빨리 받기가 어려울 것이다. 그리고 많은 개발 팀의 큰 걸림돌이다. 이는 엔드 투 엔드 테스트만으로 코드베이스를 다루기가 불가능한 까닭이다.

그림 4.6은 처음 세 가지 단위 테스트 지표와 관련해 엔드 투 엔드 테스트의 위치를 나타낸다. 이러한 테스트는 회귀 오류와 거짓 양성에 대한 방지를 훌륭히 해내지만 속도가 떨어진다.

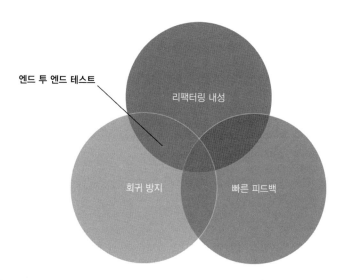

▲ 그림 4.6 엔드 투 엔드 테스트는 회귀 오류와 거짓 양성에 대한 보호를 훌륭히 해내지만, 빠른 피드백의 지표에서 실패했다.

4.4.3 극단적인 사례 2: 간단한 테스트

세 번째 특성을 희생해서 나머지 두 속성을 극대화하는 또 다른 예로 '간단한 테스트^{trivial} test'가 있다. 다음 예제에서 보듯이, 너무나도 단순해서 고장이 없을 것 같은 작은 코드 조각을 다룬다.

예제 4.5 간단한 코드를 다루는 간단한 테스트

```
public class User
{
    public string Name { get; set; }    ◀─── 이 한 줄은 버그가 있을 것 같지 않다.
}

[Fact]
public void Test()
{
    var sut = new User();

    sut.Name = "John Smith";
```

```
    Assert.Equal("John Smith", sut.Name);
}
```

엔드 투 엔드 테스트와 달리, 간단한 테스트는 매우 빠르게 실행되고 빠른 피드백을 제공한다. 또한 거짓 양성이 생길 가능성이 상당히 낮기 때문에 리팩터링 내성도 우수하다. 그러나 기반 코드에 실수할 여지가 많지 않기 때문에 간단한 테스트는 회귀를 나타내지 않을 것이다.

심지어 간단한 테스트는 이름만 바꿀 뿐 '동어 반복 테스트tautology test'를 불러온다. 이러한 테스트는 항상 통과하거나 검증이 무의미하기 때문에 어떤 것도 테스트한다고 할 수 없다.

그림 4.7은 간단한 테스트가 어느 위치인지 보여준다. 간단한 테스트는 우수한 리팩터링 내성과 빠른 피드백을 제공하지만 회귀 방지가 없다.

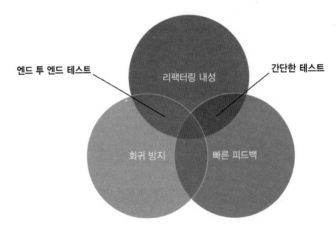

▲ **그림 4.7** 간단한 테스트는 우수한 리팩터링 내성과 빠른 피드백을 제공하지만 회귀 방지가 없다.

4.4.4 극단적인 사례 3: 깨지기 쉬운 테스트

마찬가지로 실행이 빠르고 회귀를 잡을 가능성이 높지만 거짓 양성이 많은 테스트를 작성하기가 매우 쉽다. 이러한 테스트를 '깨지기 쉬운 테스트brittle test'라고 한다. 이는 리팩터링을 견디지 못하고, 해당 기능이 고장 났는지 여부와 관계없이 빨간색으로 바뀐다.

이미 예제 4.2에서 깨지기 쉬운 테스트의 예를 봤다. 다음은 다른 예다.

```
public class UserRepository
{
    public User GetById(int id)
    {
        /* ... */
    }

    public string LastExecutedSqlStatement { get; set; }
}

[Fact]
public void GetById_executes_correct_SQL_code()
{
    var sut = new UserRepository();

    User user = sut.GetById(5);

    Assert.Equal(
        "SELECT * FROM dbo.[User] WHERE UserID = 5",
        sut.LastExecutedSqlStatement);
}
```

이 테스트는 데이터베이스에서 사용자를 가져올 때 UserRepository 클래스가 올바른 SQL 문을 생성하는지 확인한다. 이 테스트가 버그를 잡을 수 있는가? 가능하다. 예를 들어, 개발자가 SQL 코드 생성을 엉망으로 할 수 있고 UserID 대신 ID로 잘못 사용할 수 있으므로 테스트가 실패해서 이를 지적한다. 그러나 이 테스트가 리팩터링 내성이 좋은가? 절대 그렇지 않다. 다음과 같이 SQL 문을 여러 가지 형태로 변형해도 결과는 모두 같다.

```
SELECT * FROM dbo.[User] WHERE UserID = 5
SELECT * FROM dbo.User WHERE UserID = 5
SELECT UserID, Name, Email FROM dbo.[User] WHERE UserID = 5
SELECT * FROM dbo.[User] WHERE UserID = @UserID
```

기능이 계속 작동하지만 SQL 스크립트를 위와 같이 변경하면 예제 4.6의 테스트는 빨간색으로 바뀐다. 이는 테스트가 SUT의 내부 구현 세부 사항에 결합되는 예다. 이 테스트는 무엇보다 '어떻게'에 중점을 두고 있기 때문에 더 이상의 리팩터링은 막으면서 SUT 구현 세부 사항에 스며들고 있다.

그림 4.8은 깨지기 쉬운 테스트가 세 번째 부분에 해당하는 것을 보여준다. 이러한 테스트는 빠르게 실행되고 회귀 방지를 훌륭히 해내지만 리팩터링 내성은 거의 없다.

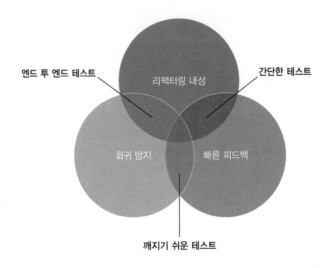

▲ **그림 4.8** 깨지기 쉬운 테스트는 빠르게 실행되고 회귀 방지를 훌륭히 해내지만, 리팩터링 내성은 거의 없다.

4.4.5 이상적인 테스트를 찾아서: 결론

좋은 단위 테스트의 처음 세 가지 특성(회귀 방지, 리팩터링 내성, 빠른 피드백)은 상호 배타적이다. 이 세 가지 특성 중 두 가지를 극대화하는 테스트를 만들기는 매우 쉽지만, 나머지 특성한 가지를 희생해야만 가능하다. 이러한 테스트는 곱셈 규칙으로 인해 가치가 0에 가까워진다. 안타깝게도 세 가지 특성 모두 완벽한 점수를 얻어서 이상적인 테스트를 만드는 것은 불가능하다(그림 4.9).

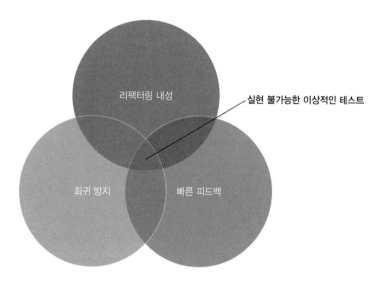

▲ **그림 4.9** 세 가지 특성이 모두 완벽한 점수를 가진 이상적인 테스트를 만드는 것은 불가능하다.

네 번째 특성인 유지 보수성은 엔드 투 엔드 테스트를 제외하고 처음 세 가지 특성과 상관관계가 없다. 엔드 투 엔드 테스트는 관련된 모든 의존성을 설정해야 하므로 일반적으로 크기가 더 크다. 또한 이러한 의존성을 계속 운영하려면 추가적인 노력이 더 들게 된다. 따라서 엔드 투 엔드 테스트는 유지비 측면에서 더 비싼 경향이 있다.

좋은 테스트를 만드는 특성 간에 균형을 이뤄내는 것은 쉽지 않다. 처음 세 가지 범주에서 점수를 모두 최대로 낼 수 없고, 유지 보수 관점을 계속 지켜야 테스트가 꽤 짧아지고 간결해진다. 따라서 절충해야 한다. 더구나 어떤 특성도 0이 되지 않는 식으로 절충해야 한다. 부분적으로 그리고 전략적으로 희생해야 한다.

그럼 어떻게 희생을 할까? 회귀 방지, 리팩터링 내성, 빠른 피드백의 상호 배타성 때문에 세 가지 특성 모두를 양보할 만큼 서로 조금씩 인정하는 것이 최선의 전략이라고 생각할 수 있다.

그러나 실제로는 리팩터링 내성을 포기할 수 없다. 엔드 투 엔드 테스트만 쓰거나 테스트가 상당히 빠르지 않은 한, 리팩터링 내성을 최대한 많이 갖는 것을 목표로 해야 한다. 따라서 테스트가 얼마나 버그를 잘 찾아내는지(회귀 방지)와 얼마나 빠른지(빠른 피드백) 사이의 선택으로 절충이 귀결된다. 이 선택은 회귀 방지와 빠른 피드백 사이에서 자유롭게 움직일 수 있는 '슬라이더slider'를 떠올리며 이해할 수 있다. 한 특성에서 얻는 것이 많을수록 다른 특성에서 더 잃게 된다(그림 4.10 참조).

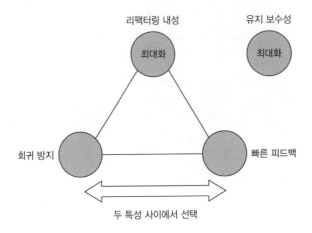

▲ 그림 4.10 최상의 테스트는 유지 보수성과 리팩터링 내성을 최대로 갖기 때문에 항상 이 두 특성을 최대화하도록 노력해야 한다. 따라서 회귀 방지와 빠른 피드백 사이의 선택으로 절충이 귀결된다.

리팩터링 내성을 포기할 수 없는 이유는 테스트가 이 특성을 갖고 있는지 여부는 대부분 이진 선택이기 때문이다. 즉, 테스트에 리팩터링 내성이 있거나 없거나 둘 중 하나다. 그 사이에 중간 단계는 거의 없다. 따라서 리팩터링 내성을 조금만 인정할 수는 없다. 결국 리팩터링 내성을 완전히 포기해야 할 것이다. 반면에 회귀 방지와 빠른 피드백에 대한 지표는 조절이 가능하다. 다음 절에서는 어느 한 가지를 선택할 때 어떤 절충이 가능한지 살펴본다.

| **팁**| 테스트 스위트를 탄탄하게 만들려면 테스트의 불안정성(거짓 양성)을 제거하는 것이 최우선 과제다.

CAP 정리

좋은 단위 테스트의 처음 세 가지 특성 간의 상충 관계는 CAP 정리(CAP theorem)와 유사하다. CAP 정리는 분산 데이터 저장소가 다음 세 가지 보증 모두를 동시에 제공할 수 없음을 나타낸다.

- 일관성(consistency): 모든 읽기가 가장 최근의 쓰기 또는 오류를 수신하는 것을 의미한다.
- 가용성(availability): 모든 요청이 (시스템 내 전체 노드 중단은 제외하고) 응답을 수신하는 것을 의미한다.
- 분할 내성(partition tolerance): 네트워크 분할(네트워크 노드 간 연결 끊김)에도 시스템이 계속 작동함을 의미한다.

두 가지 비슷한 점이 있다.

- 첫째, 세 가지 중 두 가지를 선택하는 절충안을 선택해야 한다.
- 둘째, 대규모 분산 시스템의 분할 내성도 타협할 수 없다. 예를 들어, 아마존 웹 사이트와 같은 대규모 애플리케이션은 단일 머신에서 작동할 수 없다. 분할 내성을 희생하면서 일관성과 가용성을 선호하는 옵션은 고려하지 않는다. 아마존의 경우 아무리 큰 서버일지라도 서버 한 대에 저장하기에는 데이터가 너무 많다.

그렇다면 결국 선택은 일관성과 가용성 간의 절충으로 귀결된다. 시스템 일부는 가용성을 높이고자 일관성을 약간 양보하는 것이 좋다. 예를 들어, 제품 카탈로그를 표시할 때 카탈로그 일부가 오래돼도 일반적으로 괜찮다. 이 시나리오에서는 가용성이 우선순위가 높다. 반면에 제품 설명을 업데이트할 때는 가용성보다 일관성이 중요하다. 병합 충돌을 피하려면 네트워크 노드는 해당 설명의 최신 버전에 대한 합의가 필요하다.

4.5 대중적인 테스트 자동화 개념 살펴보기

앞에서 보여준 좋은 단위 테스트의 네 가지 특성은 기초에 해당한다. 기존에 잘 알려진 모든 테스트 자동화 개념은 이 네 가지 특성으로 거슬러 올라갈 수 있다. 이 절에서는 테스트 피라미드와 화이트박스 테스트 대 블랙박스 테스트라는 두 가지 개념을 살펴보기로 한다.

4.5.1 테스트 피라미드 분해

테스트 피라미드는 테스트 스위트에서 테스트 유형 간의 일정한 비율을 일컫는 개념이다 (그림 4.11).

- 단위 테스트
- 통합 테스트
- 엔드 투 엔드 테스트

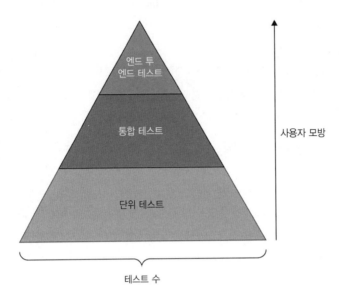

▲ **그림 4.11** 테스트 피라미드는 단위 테스트, 통합 테스트, 엔드 투 엔드 테스트의 일정한 비율을 내세운다.

테스트 피라미드는 종종 세 가지 유형의 테스트가 있는 피라미드로 표현한다. 피라미드 각 층의 너비는 테스트 스위트에서 해당 테스트가 얼마나 보편적인지를 나타낸다. 즉, 넓을 수록 해당 테스트는 많아진다. 층의 높이는 이러한 테스트가 최종 사용자의 동작을 얼마나 유사하게 흉내 내는지 나타내는 척도다. 엔드 투 엔드 테스트가 가장 위에 있고, 이는 사용자 경험에 가장 가깝게 흉내 내는 것을 의미한다. 피라미드 내 테스트 유형에 따라 빠른 피드백과 회귀 방지 사이에서 선택을 한다. 피라미드 상단의 테스트는 회귀 방지에 유리한 반면, 하단은 실행 속도를 강조한다(그림 4.12).

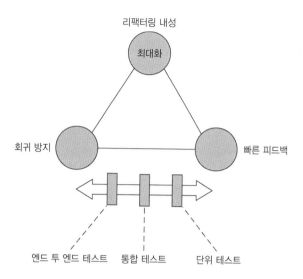

▲ **그림 4.12** 피라미드의 테스트는 빠른 피드백과 회귀 방지 사이에서 선택한다. 엔드 투 엔드 테스트는 회귀 방지에 유리하고, 단위 테스트는 빠른 피드백을 강조하며, 통합 테스트는 그 중간에 있다.

어느 계층도 리팩터링 내성을 포기하지 않는다. 당연히 엔드 투 엔드 테스트와 통합 테스트가 단위 테스트보다 리팩터링 내성 지표가 더 높지만, 제품 코드에서 분리했을 때의 사이드 이펙트만큼일 뿐이다. 단위 테스트조차도 리팩터링 내성을 양보해서는 안 된다. 모든 테스트는 거짓 양성을 가능한 한 적게 하는 것을 목표로 해야 한다. 심지어 제품 코드로 직접 작업할 때도 그래야 한다. (그 방법은 다음 장에서 다룬다.)

테스트 유형 간의 정확한 비율은 각 팀과 프로젝트마다 다를 것이다. 그러나 일반적으로 피라미드 형태를 유지해야 한다. 즉 엔드 투 엔드 테스트가 가장 적고, 단위 테스트가 가장 많으며, 통합 테스트는 중간 어딘가에 있어야 한다.

엔드 투 엔드 테스트가 적어야 하는 이유는 4.4절에서 설명한 곱셈 규칙에 있다. 엔드 투 엔드 테스트는 빠른 피드백 지표에서 매우 낮은 점수를 받는다. 또 유지 보수성이 결여돼 있는데, 이는 크기가 더 큰 편이라 관련 프로세스 외부 의존성을 유지하는 데 노력을 더 들여야 한다. 따라서 엔드 투 엔드 테스트는 가장 중요한 기능(버그를 내고 싶지 않은 기능)에 적용할 때와 단위 테스트나 통합 테스트와 동일한 수준으로 보호할 때만 적용된다. 다른 용도로 엔드 투 엔드 테스트를 쓰는 것은 최소 필수값의 임계치를 넘으면 안 된다. 보통 단위 테스트가 더 안정적이므로 더 많이 있다.

테스트 피라미드에는 예외가 있다. 예를 들어 모든 애플리케이션이 비즈니스 규칙이나 기타 복잡도가 거의 없는 기본적인 CRUD(생성^{Create}, 읽기^{Read}, 수정^{Update}, 삭제^{Delete}) 작업이라면, 테스트 '피라미드'는 단위 테스트와 통합 테스트의 수가 같고 엔드 투 엔드 테스트가 없는 직사각형처럼 보일 것이다.

단위 테스트는 알고리즘이나 비즈니스 복잡도가 없는 환경에서는 유용하지 않으므로 간단한 테스트 수준까지 빠르게 내려간다. 반면 통합 테스트는 그 가치가 잘 지켜진다. 코드가 아무리 단순하더라도 데이터베이스와 같이 다른 하위 시스템과 통합돼 잘 작동하는지 확인하는 것이 중요하다. 결국 단위 테스트는 더 적어지고 통합 테스트가 더 많아질 수 있다. 아주 단순한 예에서는 통합 테스트가 단위 테스트보다 훨씬 더 많을 수 있다.

테스트 피라미드의 또 다른 예외는 프로젝트 외부 의존성(예: 데이터베이스) 하나만 연결하는 API다. 엔드 투 엔드 테스트를 더 많이 두는 것이 이러한 애플리케이션에 적합한 옵션일 수 있다. 사용자 인터페이스가 없으므로 엔드 투 엔드 테스트가 상당히 빠르게 실행된다. 단일 외부 의존성(데이터베이스)으로만 작동하기 때문에 유지비도 크지 않다. 기본적으로 엔드 투 엔드 테스트는 이러한 환경에서는 통합 테스트와 구별할 수 없다. 유일한 차이는 진입점이다. 엔드 투 엔드 테스트는 최종 사용자를 완전히 모방하도록 애플리케이션을 어딘가에 호스팅해야 하지만, 통합 테스트는 일반적으로 동일한 프로세스에서 애플리케이션을 호스팅한다. 8장에서 통합 테스트를 살펴볼 때 테스트 피라미드를 다시 다룬다.

4.5.2 블랙박스 테스트와 화이트박스 테스트 간의 선택

또 다른 잘 알려진 테스트 자동화 개념으로 블랙박스 테스트 대 화이트박스 테스트가 있다. 이 절에서는 다음 두 가지 방식을 각각 언제 사용하는지 살펴본다.

- 블랙박스 테스트$^{black-box\ testing}$는 시스템의 내부 구조를 몰라도 시스템의 기능을 검사할 수 있는 소프트웨어 테스트 방법이다. 일반적으로 명세와 요구 사항, 즉 애플리케이션이 어떻게 해야 하는지가 아니라 무엇을 해야 하는지를 중심으로 구축된다.

- 화이트박스 테스트^{white-box testing}는 정반대다. 애플리케이션의 내부 작업을 검증하는 테스트 방식이며, 테스트는 요구 사항이나 명세가 아닌 소스 코드에서 파생된다.

이 두 가지 방법 모두 장단점이 있다. 화이트박스 테스트가 더 철저한 편이다. 소스 코드를 분석하면 외부 명세에만 의존할 때 놓칠 수 있는 많은 오류를 발견할 수 있다. 반면에 화이트박스 테스트는 테스트 대상 코드의 특정 구현과 결합돼 있기 때문에 깨지기 쉽다. 이러한 테스트는 거짓 양성을 많이 내고 리팩터링 내성 지표가 부족하다. 또한 비즈니스 담당자에게 의미가 있는 동작으로 유추할 수 없는데, 화이트박스 테스트가 취약하고 가치를 많이 부여하지 않는다는 강력한 신호다. 블랙박스 테스트는 이와 정반대의 장단점을 제공한다(표 4.1).

▼ **표 4.1** 화이트박스 테스트와 블랙박스 테스트의 장단점

	회귀 방지	리팩터링 내성
화이트박스 테스트	좋음	나쁨
블랙박스 테스트	나쁨	좋음

4.4.5절에서 언급했지만, 리팩터링 내성은 타협할 수 없다. 즉, 테스트는 리팩터링 내성이 있거나 아예 없다. 따라서 화이트박스 테스트 대신 블랙박스 테스트를 기본으로 선택하라. 모든 테스트(단위 테스트, 통합 테스트, 엔드 투 엔드 테스트)가 시스템을 블랙박스로 보게 만들고 문제 영역에 의미 있는 동작을 확인하라. 테스트를 통해 비즈니스 요구 사항으로 거슬러 올라갈 수 없다면, 이는 테스트가 깨지기 쉬움을 나타낸다. 이 테스트를 재구성하거나 삭제하라. 기존 테스트 스위트로 두지 말라. 유일한 예외는 알고리즘 복잡도가 높은 유틸리티 코드를 다루는 경우다(7장에서 자세히 설명).

테스트를 작성할 때는 블랙박스 테스트가 바람직하지만, 테스트를 분석할 때는 화이트박스 방법을 사용할 수 있다. 코드 커버리지 도구를 사용해서 어떤 코드 분기를 실행하지 않았는지 확인한 다음 코드 내부 구조에 대해 전혀 모르는 것처럼 테스트하라. 이러한 화이트박스 방법과 블랙박스 방법의 조합이 가장 효과적이다.

요약

- 좋은 단위 테스트에는 단위 테스트, 통합 테스트, 엔드 투 엔드 테스트 등 자동화된 테스트를 분석하는 데 사용할 수 있는 네 가지 기본 특성이 있다.
  - 회귀 방지
  - 리팩터링 내성
  - 빠른 피드백
  - 유지 보수성
- 회귀 방지는 테스트가 얼마나 버그(회귀)의 존재를 잘 나타내는지에 대한 척도다. 테스트가 코드를 더 많이 실행할수록 (여러분의 코드와 프로젝트에서 사용한 라이브러리 및 프레임워크 코드 모두) 테스트에서 버그가 드러날 확률이 더 높아진다.
- 리팩터링 내성은 테스트가 거짓 양성을 내지 않고 애플리케이션 코드 리팩터링을 유지할 수 있는 정도를 의미한다.
- 거짓 양성은 허위 경보다. 즉, 테스트가 실패했다고 나타내지만 그 기능은 의도한 대로 작동한다. 거짓 양성은 테스트 스위트에 치명적인 영향을 줄 수 있다.
  - 허위 경보에 익숙해지고 주의를 기울이지 않기 때문에 코드 문제에 대응하려는 능력과 의지가 희석된다.
  - 테스트를 신뢰할 수 있는 안전망으로 인식하는 것이 줄어들고 테스트 스위트에 대한 신뢰를 잃게 된다.
- 거짓 양성은 테스트 대상 시스템의 내부 구현 세부 사항과 테스트 간의 강결합의 결과다. 결합도를 낮추려면 테스트는 SUT가 수행한 단계가 아니라 SUT가 만든 최종 결과를 검증해야 한다.
- 회귀 방지와 리팩터링 내성은 테스트 정확도에 기여한다. 테스트는 가능한 한(리팩터링 내성 영역) 적은 소음(거짓 양성)으로 강한 신호(버그를 찾을 수 있음, 회귀 방지 영역)를 발생시키기 때문에 정확하다.
- 거짓 양성은 프로젝트 초기에 부정적인 영향을 미치지는 않지만 프로젝트가 성장함에 따라 점점 더 중요해진다. 즉, 거짓 음성(알려지지 않은 버그)만큼 중요하다.

- 빠른 피드백은 테스트가 얼마나 빨리 실행되는지에 대한 척도다.
- 유지 보수성은 두 가지 요소로 구성된다.
  - 테스트 이해 난이도. 테스트가 작을수록 읽기 쉽다.
  - 테스트 실행 난이도. 테스트에 관련된 프로세스 외부 의존성은 적을수록 쉽게 운영할 수 있다.
- 테스트의 가치 추정치는 네 가지 특성 각각에서 얻은 점수의 곱이다. 따라서 특성 중 하나라도 0이면, 테스트 가치도 0이 된다.
- 처음 세 가지 특성(회귀 방지, 리팩터링 내성, 빠른 피드백)은 상호 배타적이기 때문에 네 가지 특성 모두 최대 점수를 받는 것은 불가능하다. 테스트는 세 가지 특성 중 두 가지만 최대화할 수 있다.
- 리팩터링 내성은 타협할 수 없다. 테스트에 이 속성이 있는지 여부는 대부분 이진 선택, 즉 리팩터링 내성을 갖고 있거나 갖고 있지 않거나 둘 중 하나이기 때문이다. 특성 간의 절충은 회귀 방지와 빠른 피드백 사이의 선택으로 귀결된다.
- 테스트 피라미드는 단위 테스트, 통합 테스트, 엔드 투 엔드 테스트의 일정한 비율을 일컫는다. 엔드 투 엔드 테스트가 가장 적고, 단위 테스트가 가장 많으며, 통합 테스트는 그 중간 정도라 할 수 있다.
- 피라미드에서는 테스트 유형마다 빠른 피드백과 회귀 방지 사이에서 다른 선택을 한다. 엔드 투 엔드 테스트는 회귀 방지를 선호하는 데 반해, 단위 테스트는 빠른 피드백을 선호한다.
- 테스트를 작성할 때는 블랙박스 테스트 방법을 사용하라. 테스트를 분석할 때는 화이트박스 방법을 사용하라.

5

목과 테스트 취약성

5장에서 다루는 내용

- 목과 스텁 구분
- 식별할 수 있는 동작과 구현 세부 사항 정의
- 목과 테스트 취약성 간의 관계 이해
- 리팩터링 내성 저하 없이 목 사용하기

4장에서는 구체적인 테스트와 단위 테스트 방법을 분석하는 데 사용할 수 있는 기준틀을 소개했다. 이 장에서는 이 기준틀이 실제로 적용되는 것을 볼 수 있다. 이를 사용해 목에 대한 주제를 분석해본다.

테스트에서 목을 사용하는 것은 논란의 여지가 있는 주제다. 어떤 사람들은 목이 훌륭한 도구이며 대부분의 테스트에 적용해야 한다고 주장한다. 다른 사람들은 목이 테스트 취약성을 초래하며 사용하지 말아야 한다고 주장한다. 속담에도 있듯이 진실은 어딘가에 있다. 이 장에서는 목이 취약한 테스트, 즉 리팩터링 내성이 부족한 테스트를 초래하는 것을 살펴본다. 그러나 목을 적용할 수 있는 경우가 있고, 심지어 목 사용이 바람직한 경우도 있다.

이 장은 2장에서 살펴본 단위 테스트의 런던파와 고전파에 대한 논쟁을 집중적으로 다

른다. 요컨대 분파 간 의견 차이는 테스트 격리 문제에 대한 견해에서 비롯된다. 런던파는
테스트 대상 코드 조각을 서로 분리하고 불변 의존성을 제외한 모든 의존성에 테스트 대역
을 써서 격리하자고 한다.

고전파는 단위 테스트를 분리해서 병렬로 실행할 수 있게 하자고 한다. 테스트 간에 공
유하는 의존성에 대해서만 테스트 대역을 사용한다.

목과 테스트 취약성 사이에는 깊고 불가피한 관련이 있다. 다음 절에서는 어떻게 관련
있는지 그 기초를 차근차근 설명한다. 또한 리팩터링 내성 저하 없이 목을 사용하는 방법을
살펴본다.

5.1 목과 스텁 구분

2장에서 목은 테스트 대상 시스템(SUT)과 그 협력자 사이의 상호 작용을 검사할 수 있는 테
스트 대역이라고 했다. 테스트 대역에 또 다른 유형이 있는데, 바로 스텁^{stub}이다. 여기서는
목이 무엇이고 스텁과 어떻게 다른지 자세히 살펴보자.

5.1.1 테스트 대역 유형

테스트 대역은 모든 유형의 비운영용 가짜 의존성을 설명하는 포괄적인 용어다. 이 용어는
영화 산업의 '스턴트 대역'이라는 개념에서 비롯됐다. 테스트 대역의 주 용도는 테스트를 편
리하게 하는 것이다. 테스트 대상 시스템으로 실제 의존성 대신 전달되므로 설정이나 유지
보수가 어려울 수 있다.

제라드 메스자로스$^{Gerard\ Meszaros}$에 따르면, 테스트 대역에는 더미^{dummy}, 스텁, 스파이
^{spy}, 목, 페이크^{fake}라는 다섯 가지가 있다.[1] 여러 가지 유형에 겁먹을 수 있지만, 실제로는
목과 스텁의 두 가지 유형으로 나눌 수 있다(그림 5.1).

---

1 『xUnit 테스트 패턴』(에이콘출판, 2010) 참조

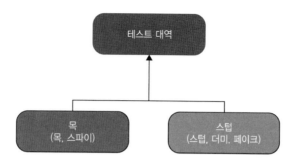

▲ **그림 5.1** 테스트 대역의 모든 변형은 목과 스텁의 두 가지 유형으로 나눌 수 있다.

이 두 유형의 차이점은 다음과 같다.

- 목은 외부로 나가는 상호 작용을 모방하고 검사하는 데 도움이 된다. 이러한 상호 작용은 SUT가 상태를 변경하기 위한 의존성을 호출하는 것에 해당한다.
- 스텁은 내부로 들어오는 상호 작용을 모방하는 데 도움이 된다. 이러한 상호 작용은 SUT가 입력 데이터를 얻기 위한 의존성을 호출하는 것에 해당한다(그림 5.2).

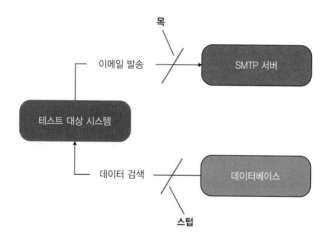

▲ **그림 5.2** 이메일 발송은 SMTP 서버에 사이드 이펙트를 초래하는 상호 작용, 즉 외부로 나가는 상호 작용이다. 목은 이러한 상호 작용을 모방하는 테스트 대역에 해당한다. 데이터베이스에서 데이터를 검색하는 것은 내부로 들어오는 상호 작용이다. 사이드 이펙트를 일으키지 않는다. 해당 테스트 대역은 스텁이다.

다섯 가지 변형의 나머지 차이점은 미미한 구현 세부 사항이다. 예를 들어 스파이는 목과 같은 역할을 한다. 스파이는 수동으로 작성하는 반면, 목은 목 프레임워크의 도움을 받아 생성된다. 가끔 '직접 작성한 목$^{handwritten\ mock}$'이라고 부르기도 한다.

한편 스텁, 더미, 페이크의 차이는 얼마나 똑똑한지에 있다. 더미는 널^{null} 값이나 가짜 문자열과 같이 단순하고 하드코딩된 값이다. SUT의 메서드 시그니처를 만족시키기 위해 사용하고 최종 결과를 만드는 데 영향을 주지 않는다. 스텁은 더 정교하다. 시나리오마다 다른 값을 반환하게끔 구성할 수 있도록 필요한 것을 다 갖춘 완전한 의존성이다. 마지막으로 페이크는 대다수의 목적에 부합하는 스텁과 같다. 차이점은 생성에 있다. 페이크는 보통 아직 존재하지 않는 의존성을 대체하고자 구현한다.

(외부로 나가는 상호 작용과 내부로 들어오는 상호 작용 외에) 목과 스텁의 차이점에도 유의하라. 목은 SUT와 관련 의존성 간의 상호 작용을 모방하고 검사하는 반면, 스텁은 모방만 한다. 이는 중요한 차이점이다. 왜 중요한지는 곧 알게 될 것이다.[2]

5.1.2 도구로서의 목과 테스트 대역으로서의 목

목이라는 용어는 부담이 크기 때문에 상황에 따라 다른 의미가 있을 수 있다. 2장에서 목은 사람들이 종종 테스트 대역의 의미로 사용한다고 했지만, 테스트 대역의 일부일 뿐이다. 그러나 목이라는 용어는 또 다른 의미가 있다. 목 라이브러리$^{mocking\ library}$의 클래스도 목으로 참고할 수 있다. 이 클래스는 실제 목을 만드는 데 도움이 되지만, 그 자체로는 목이 아니다. 다음 예제가 그 예다.

예제 5.1 목 라이브러리에서 Mock 클래스를 사용해 목을 생성

```
[Fact]
public void Sending_a_greetings_email()
{
    var mock = new Mock<IEmailGateway>();      ◀── Mock(도구)으로 mock(목) 생성
    var sut = new Controller(mock.Object);

    sut.GreetUser("user@email.com");
```

---

2 목과 스텁에 관한 자세한 내용은 마틴 파울러의 글 '목은 스텁이 아니다'(https://martinfowler.com/articles/mocksArent Stubs.html)를 참조한다. – 옮긴이

```
    mock.Verify(
        x => x.SendGreetingsEmail(
            "user@email.com"),       테스트 대역으로 하는
        Times.Once);                 SUT의 호출을 검사
}
```

예제 5.1의 테스트는 목 라이브러리(Moq)에 있는 Mock 클래스를 사용한다. 이 클래스는 테스트 대역(목)을 만들 수 있는 도구다. 다시 말해 Mock 클래스(또는 Mock<IEmailGateway>)는 도구로서의 목인 데 반해, 해당 클래스의 인스턴스인 mock은 테스트 대역으로서의 목이다. 도구로서의 목을 사용해 목과 스텁, 이 두 가지 유형의 테스트 대역을 생성할 수 있기 때문에 도구로서의 목과 테스트 대역으로서의 목을 혼동하지 않는 것이 중요하다.

다음 예제의 테스트에서도 Mock 클래스를 사용하지만 해당 클래스의 인스턴스는 목이 아니라 스텁이다.

예제 5.2 Mock 클래스를 사용해 스텁을 생성

```
[Fact]
public void Creating_a_report()
{
    var stub = new Mock<IDatabase>();    ◄── Mock(도구)을 사용해 스텁 생성
    stub.Setup(x => x.GetNumberOfUsers())
        .Returns(10);                     준비한 응답 설정
    var sut = new Controller(stub.Object);

    Report report = sut.CreateReport();

    Assert.Equal(10, report.NumberOfUsers);
}
```

이 테스트 대역은 내부로 들어오는 상호 작용, 즉 SUT에 입력 데이터를 제공하는 호출을 모방한다. 반면 이전 예제(예제 5.1)에서 SendGreetingsEmail()에 대한 호출은 외부로 나가는 상호 작용이고 그 목적은 사이드 이펙트를 일으키는 것(이메일 발송)뿐이다.

5.1.3 스텁으로 상호 작용을 검증하지 말라

5.1.1절에서 언급했듯이 목은 SUT에서 관련 의존성으로 나가는 상호 작용을 모방하고 검사하는 반면, 스텁은 내부로 들어오는 상호 작용만 모방하고 검사하지 않는다. 이 두 가지의 차이는 스텁과의 상호 작용을 검증하지 말라는 지침에서 비롯된다. SUT에서 스텁으로의 호출은 SUT가 생성하는 최종 결과가 아니다. 이러한 호출은 최종 결과를 산출하기 위한 수단일 뿐이다. 즉, 스텁은 SUT가 출력을 생성하도록 입력을 제공한다.

> |참고| 스텁과의 상호 작용을 검증하는 것은 취약한 테스트를 야기하는 일반적인 안티 패턴이다.

4장에서 살펴봤듯이, 테스트에서 거짓 양성을 피하고 리팩터링 내성을 향상시키는 방법은 구현 세부 사항이 아니라 최종 결과(이상적으로 비개발자들에게 의미가 있어야 함)를 검증하는 것뿐이다.

```
mock.Verify(x => x.SendGreetingsEmail("user@email.com"))
```

예제 5.1 내의 위 구문은 실제 결과에 부합하며, 해당 결과는 도메인 전문가에게 의미가 있다. 즉, 인사 메일을 보내는 것은 비즈니스 담당자가 시스템에 하길 원하는 것이다. 그리고 예제 5.2에서 GetNumberOfUsers()를 호출하는 것은 전혀 결과가 아니다. 이는 SUT가 보고서 작성에 필요한 데이터를 수집하는 방법에 대한 내부 구현 세부 사항이다. 따라서 이러한 호출을 검증하는 것은 테스트 취약성으로 이어질 수 있다. 결과가 올바르다면 SUT가 최종 결과를 어떻게 생성하는지는 중요하지 않다. 다음 예제는 그렇게 깨지기 쉬운 테스트의 예에 해당한다.

예제 5.3 스텁으로 상호 작용 검증

```
[Fact]
public void Creating_a_report()
{
    var stub = new Mock<IDatabase>();
    stub.Setup(x => x.GetNumberOfUsers()).Returns(10);
```

```
    var sut = new Controller(stub.Object);

    Report report = sut.CreateReport();

    Assert.Equal(10, report.NumberOfUsers);
    stub.Verify(
        x => x.GetNumberOfUsers(),        | 스텁으로 상호 작용 검증
        Times.Once);
}
```

최종 결과가 아닌 사항을 검증하는 이러한 관행을 과잉 명세^{overspecification}라고 부른다. 과잉 명세는 상호 작용을 검사할 때 가장 흔하게 발생한다. 스텁과의 상호 작용을 확인하는 것은 쉽게 발견할 수 있는 결함이다. 테스트가 스텁과의 상호 작용을 확인해서는 안 되기 때문이다. 목은 더 복잡하다. 목을 쓰면 무조건 테스트 취약성을 초래하는 것은 아니지만, 대다수가 그렇다. 이 장의 뒷부분에서 왜 그런지 알게 될 것이다.

5.1.4 목과 스텁 함께 쓰기

때로는 목과 스텁의 특성을 모두 나타내는 테스트 대역을 만들 필요가 있다. 예를 들면, 다음과 같이 런던 스타일 단위 테스트를 설명하는 데 사용했던 2장의 테스트가 있다.

예제 5.4 목이자 스텁인 storeMock

```
[Fact]
public void Purchase_fails_when_not_enough_inventory()
{
    var storeMock = new Mock<IStore>();
    storeMock
        .Setup(x => x.HasEnoughInventory(      | 준비된 응답을 설정
            Product.Shampoo, 5))
        .Returns(false);
    var sut = new Customer();

    bool success = sut.Purchase(
        storeMock.Object, Product.Shampoo, 5);
```

```
Assert.False(success);
storeMock.Verify(
    x => x.RemoveInventory(Product.Shampoo, 5),          SUT에서 수행한
    Times.Never);                                          호출을 검사
}
```

이 테스트는 두 가지 목적으로 storeMock을 사용한다. 준비된 응답을 반환하고 SUT에서 수행한 메서드 호출을 검증한다. 그러나 이는 두 가지의 서로 다른 메서드다. 테스트는 HasEnoughInventory()에서 응답을 설정한 다음 RemoveInventory()에 대한 호출을 검증한다. 따라서 스텁과의 상호 작용을 검증하지 말라는 규칙은 여기서도 위배되지 않는다.

테스트 대역은 목이면서 스텁이지만, 여전히 목이라고 부르지 스텁이라고 부르지는 않는다. 이름을 하나 골라야 하기도 하고, 목이라는 사실이 스텁이라는 사실보다 더 중요하기 때문에 대체로 목이라고 한다.

5.1.5 목과 스텁은 명령과 조회에 어떻게 관련돼 있는가?

목과 스텁의 개념은 명령 조회 분리^{CQS, Command Query Separation}[3] 원칙과 관련이 있다. CQS 원칙에 따르면 모든 메서드는 명령이거나 조회여야 하며, 이 둘을 혼용해서는 안 된다. 그림 5.3에서 볼 수 있듯이 명령은 사이드 이펙트를 일으키고 어떤 값도 반환하지 않는 메서드(void 반환)다. 사이드 이펙트의 예로는 객체 상태 변경, 파일 시스템 내 파일 변경 등이 있다. 조회는 그 반대로, 사이드 이펙트가 없고 값을 반환한다.

---

3 CQRS(Command Query Responsibility Separation)와 유사하지만, 엄밀히 말하면 CQRS는 CQS에서 확장된 개념이다. CQS는 메서드 단위에서 분리하는 반면, CQRS는 객체나 시스템 단위에서 분리하는 점이 다르다. 자세한 내용은 https://cqrs.wordpress.com/documents/cqrs-introduction/을 참조한다. – 옮긴이

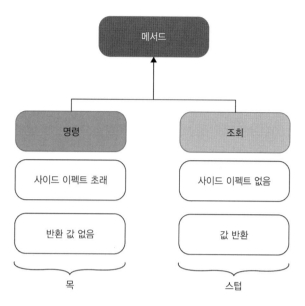

▲ **그림** 5.3 명령 조회 분리(CQS) 원칙에서 명령은 목에 해당하는 반면, 조회는 스텁과 일치한다.

이 원칙을 따르고자 할 경우, 메서드가 사이드 이펙트를 일으키면 해당 메서드의 반환 타입이 void인지 확인하라. 그리고 메서드가 값을 반환하면 사이드 이펙트가 없어야 한다. 다시 말해, 질문을 할 때 답이 달라져서는 안 된다.[4] 이렇게 명확하게 분리하면 코드를 읽기 쉽다. 구현 세부 사항에 대해 자세히 설명하지 않고 시그니처만 봐도 메서드가 무엇을 하는지 알 수 있다.

물론 항상 CQS 원칙을 따를 수 있는 것은 아니다. 사이드 이펙트를 초래하고 값을 반환하는 것이 적절한 메서드는 있기 마련이다. 전형적인 예로 stack.Pop()이 있다. 이 메서드는 스택에서 최상위 요소를 제거해 호출자에게 반환한다. 그래도 가능할 때마다 CQS 원칙을 따르는 것이 좋다.

명령을 대체하는 테스트 대역은 목이다. 마찬가지로 조회를 대체하는 테스트 대역은 스텁이다. 예제 5.1과 예제 5.2의 두 가지 테스트를 다시 살펴보자. (아래에 관련 부분만 발췌했다.)

---

4 멱등성이 보장돼야 한다는 의미와 같다. – 옮긴이

```
var mock = new Mock<IEmailGateway>();
mock.Verify(x => x.SendGreetingsEmail("user@email.com"));

var stub = new Mock<IDatabase>();
stub.Setup(x => x.GetNumberOfUsers()).Returns(10);
```

SendGreetingsEmail()은 이메일을 보내는 사이드 이펙트가 있는 명령이다. 이 명령을 대체하는 테스트 대역이 목이다. 반면 GetNumberOfUsers()는 값을 반환하고 데이터베이스 상태를 변경하지 않는 조회다. 해당 테스트의 테스트 대역은 스텁이다.

5.2 식별할 수 있는 동작과 구현 세부 사항

5.1절에서는 목이 무엇인지 살펴봤다. 목과 테스트 취약성 간의 연관성을 찾기 위한 다음 단계로, 이러한 취약성을 일으키는 원인을 알아보자.

4장에서 살펴봤듯이, 테스트 취약성은 좋은 단위 테스트의 두 번째 특성인 리팩터링 내성에 해당한다. (되짚어보면, 네 가지 특성은 회귀 방지, 리팩터링 내성, 빠른 피드백, 유지 보수성이다.) 단위 테스트에 리팩터링 내성 지표가 있는지 여부는 대부분 이진 선택이므로 리팩터링 내성 지표가 가장 중요하다. 따라서 테스트가 단위 테스트 영역에 있고 엔드 투 엔드 테스트 범주로 바뀌지 않는 한 리팩터링 내성을 최대한 활용하는 것이 좋다. 엔드 투 엔드 테스트 범주로 넘어가면, 리팩터링 내성이 가장 뛰어나도 일반적으로 유지 보수하기가 훨씬 까다롭다.

4장에서 테스트에 거짓 양성이 있는 (그리고 결국 리팩터링 내성에 실패하는) 주요 이유는 코드의 구현 세부 사항과 결합돼 있기 때문이라는 것을 알았다. 이러한 강결합을 피하는 방법은 코드가 생성하는 최종 결과(식별할 수 있는 동작)를 검증하고 구현 세부 사항과 테스트를 가능한 한 떨어뜨리는 것뿐이다. 즉, 테스트는 '어떻게'가 아니라 '무엇'에 중점을 둬야 한다. 그렇다면 구현 세부 사항은 정확히 무엇이며 식별할 수 있는 동작과 어떻게 다른가?

5.2.1 식별할 수 있는 동작은 공개 API와 다르다

모든 제품 코드는 2차원으로 분류할 수 있다.

- 공개 API^{Application Programming Interface} 또는 비공개 API
- 식별할 수 있는 동작 또는 구현 세부 사항

각 차원의 범주는 겹치지 않는다. 즉, 메서드는 공개 API와 비공개 API 둘 다에 속할 수 없다. 마찬가지로, 코드는 내부 구현 세부 사항이거나 시스템의 식별할 수 있는 동작이지만 둘 다는 아니다.

대부분의 프로그래밍 언어는 코드베이스의 공개 API와 비공개 API를 구별할 수 있는 간단한 메커니즘을 제공한다. 예를 들어 C#에서는 클래스의 어떤 멤버라도 private 키워드로 표시할 수 있으며, 해당 멤버는 클라이언트 코드에 숨겨져 클래스의 비공개 API가 된다. 클래스도 마찬가지다. private이나 internal 키워드를 써서 쉽게 비공개로 만들 수 있다.

식별할 수 있는 동작과 내부 구현 세부 사항에는 미묘한 차이가 있다. 코드가 시스템의 식별할 수 있는 동작이려면 다음 중 하나를 해야 한다.

- 클라이언트가 목표를 달성하는 데 도움이 되는 연산^{operation}을 노출하라. 연산은 계산을 수행하거나 사이드 이펙트를 초래하거나 둘 다 하는 메서드다.
- 클라이언트가 목표를 달성하는 데 도움이 되는 상태^{state}를 노출하라. 상태는 시스템의 현재 상태다.

구현 세부 사항은 이 두 가지 중 아무것도 하지 않는다.

코드가 식별할 수 있는 동작인지 여부는 해당 클라이언트가 누구인지, 그리고 해당 클라이언트의 목표가 무엇인지에 달려 있다. 식별할 수 있는 동작이 되려면 코드가 이러한 목표 중 하나에라도 직접적인 관계가 있어야 한다. 클라이언트라는 단어는 코드가 있는 위치에 따라 다른 것을 의미할 수 있다. 흔한 예로 동일한 코드베이스, 외부 애플리케이션, 또는 사용자 인터페이스 등의 클라이언트 코드가 있다.

이상적으로 시스템의 공개 API는 식별할 수 있는 동작과 일치해야 하며, 모든 구현 세부 사항은 클라이언트 눈에 보이지 않아야 한다. 이러한 시스템은 API 설계가 잘돼 있다(그림 5.4).

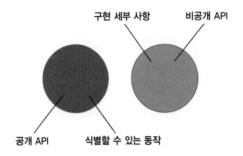

▲ **그림 5.4** 잘 설계된 API에서 식별할 수 있는 동작은 공개 API와 일치하는 반면, 모든 구현 세부 사항은 비공개 API 뒤에 숨어있다.

그러나 종종 시스템의 공개 API가 식별할 수 있는 동작의 범위를 넘어 구현 세부 사항을 노출하기 시작한다. 이러한 시스템의 구현 세부 사항은 공개 API로 유출된다(그림 5.5).

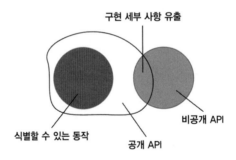

▲ **그림 5.5** 공개 API가 식별할 수 있는 동작의 범위를 넘어서면 시스템은 구현 세부 사항을 유출한다.

5.2.2 구현 세부 사항 유출: 연산의 예

구현 세부 사항이 공개 API로 유출되는 코드의 예를 살펴보자. 예제 5.5에는 Name 속성과 NormalizeName() 메서드로 구성된 공개 API가 있는 User 클래스가 있다. 이 클래스에는 사용자 이름이 50자를 초과해서는 안 되며 초과하면 잘라야 한다는 불변 속성이 있다.

```csharp
public class User
{
    public string Name { get; set; }

    public string NormalizeName(string name)
    {
        string result = (name ?? "").Trim();

        if (result.Length > 50)
            return result.Substring(0, 50);

        return result;
    }
}

public class UserController
{
    public void RenameUser(int userId, string newName)
    {
        User user = GetUserFromDatabase(userId);

        string normalizedName = user.NormalizeName(newName);
        user.Name = normalizedName;

        SaveUserToDatabase(user);
    }
}
```

UserController는 클라이언트 코드이며 RenameUser 메서드에서 User 클래스를 사용한다. 이미 짐작했겠지만, 이 메서드의 목표는 사용자 이름을 변경하는 것이다.

그렇다면 User 클래스의 API가 잘 설계되지 않은 이유는 무엇일까? 속성과 메서드를 다시 한 번 살펴보라. 둘 다 공개다. 따라서 클래스 API를 잘 설계하려면 해당 멤버가 식별할 수 있는 동작이 되게 해야 한다. 이를 위해서는 다음 두 가지 중 하나를 해야 한다. (편의상 그대로 옮겼다.)

- 클라이언트가 목표를 달성하는 데 도움이 되는 작업을 노출하라.
- 클라이언트가 목표를 달성하는 데 도움이 되는 상태를 노출하라.

Name 속성만 이 요구 사항을 충족한다. UserController가 사용자 이름 변경이라는 목표를 달성할 수 있도록 하는 세터^{setter}를 노출한다. NormalizeName 메서드도 작업이지만, 클라이언트의 목표에 직결되지 않는다. UserController가 이 메서드를 호출하는 유일한 이유는 User의 불변 속성을 만족시키는 것이다. NormalizeName은 클래스의 공개 API로 유출되는 구현 세부 사항이다(그림 5.6).

이 상황을 해결하고 클래스 API를 잘 설계하려면, User 클래스는 NormalizeName() 메서드를 숨기고 속성 세터를 클라이언트 코드에 의존하지 않으면서 내부적으로 호출해야 한다. 예제 5.6이 이 방법을 보여준다.

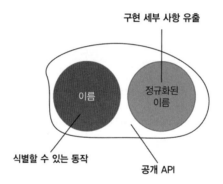

▲ **그림 5.6** User 클래스 API는 잘 설계돼 있지 않으며, 식별할 수 있는 동작이 아닌 NormalizeName 메서드를 노출하고 있다.

예제 5.6 API가 잘 설계된 User 클래스

```
public class User
{
    private string _name;
    public string Name
    {
        get => _name;
        set => _name = NormalizeName(value);
```

```
    }

    private string NormalizeName(string name)
    {
        string result = (name ?? "").Trim();

        if (result.Length > 50)
            return result.Substring(0, 50);

        return result;
    }
}

public class UserController
{
    public void RenameUser(int userId, string newName)
    {
        User user = GetUserFromDatabase(userId);
        user.Name = newName;
        SaveUserToDatabase(user);
    }
}
```

예제 5.6에 있는 User API는 잘 설계돼 있다. 식별할 수 있는 동작(Name 속성)만 공개돼 있고, 구현 세부 사항(NormalizeName 메서드)은 비공개 API 뒤에 숨겨져 있다(그림 5.7).

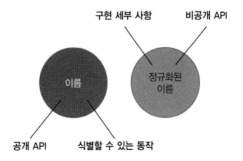

▲ **그림 5.7** API가 잘 설계된 User 클래스. 식별할 수 있는 동작만 공개돼 있고, 구현 세부 사항은 이제 비공개다.

클래스가 구현 세부 사항을 유출하는지 판단하는 데 도움이 되는 유용한 규칙이 있다. 단일한 목표를 달성하고자 클래스에서 호출해야 하는 연산의 수가 1보다 크면 해당 클래스에서 구현 세부 사항을 유출할 가능성이 있다. 이상적으로는 단일 연산으로 개별 목표를 달성해야 한다. 예를 들어 예제 5.5에서 UserController는 User의 두 가지 작업을 사용해야 했다.

```
string normalizedName = user.NormalizeName(newName);
user.Name = normalizedName;
```

리팩터링 후에 연산 수가 1로 감소했다.

```
user.Name = newName;
```

경험상 이 규칙은 비즈니스 로직이 포함된 대부분의 경우에 적용된다. 물론 예외가 있을 수 있다. 그래도 구현 세부 사항이 유출될 가능성이 있으면 이 규칙을 위반하는지 점검하라.

5.2.3 잘 설계된 API와 캡슐화

잘 설계된 API를 유지 보수하는 것은 캡슐화 개념과 관련이 있다. 3장에서 살펴봤듯이, 캡슐화는 불변성 위반이라고도 하는 모순을 방지하는 조치다. 불변성은 항상 참이어야 하는 조건이다. 이전 예제의 User 클래스에는 사용자 이름이 50자를 초과하면 안 된다는 불변성이 있었다.

불변성 위반으로 구현 세부 사항을 노출하게 된다. 즉, 구현 세부 사항을 노출하면 불변성 위반을 가져온다. 원래 버전의 User는 구현 세부 사항을 유출할 뿐만 아니라 캡슐화를 제대로 유지하지 못했다. 클라이언트는 불변성을 우회해서 이름을 먼저 정규화하지 않고 새로운 이름을 할당할 수 있었다.

장기적으로 코드베이스 유지 보수에서는 캡슐화가 중요하다. 복잡도 때문이다. 코드 복잡도는 소프트웨어 개발에서 가장 큰 어려움 중 하나다. 코드베이스가 점점 복잡해질수록 작업하기가 더 어려워지고, 개발 속도가 느려지고, 버그 수가 증가하게 된다.

계속해서 증가하는 코드 복잡도에 대처할 수 있는 방법은 실질적으로 캡슐화 말고는 없다. 코드 API가 해당 코드로 할 수 있는 것과 할 수 없는 것을 알려주지 않으면 코드가 변경됐을 때 모순이 생기지 않도록 많은 정보를 염두에 둬야 한다. 이는 프로그래밍 프로세스에 정신적 부담을 증대한다. 최대한 부담을 덜어라. 개발자 스스로가 항상 옳게만 한다고 믿을 수는 없으므로 실수할 가능성을 최대한 없애라. 이렇게 하는 데 가장 좋은 방법은 캡슐화를 올바르게 유지해 코드베이스에서 잘못할 수 있는 옵션조차 제공하지 않도록 하는 것이다. 캡슐화는 궁극적으로 단위 테스트와 동일한 목표를 달성한다. 즉, 소프트웨어 프로젝트의 지속적인 성장을 가능하게 하는 것이다.

'묻지 말고 말하라tell-don't-ask'라는 유사한 원칙이 있다. 이는 마틴 파울러Martin Fowler (https://martinfowler.com/bliki/TellDontAsk.html)가 고안한 것으로, 데이터를 연산 기능과 결합하는 것을 의미한다. 이 원칙을 캡슐화 실천의 귀결로 볼 수 있다. 코드 캡슐화가 목표이지만, 구현 세부 사항을 숨기고 데이터와 기능을 결합하는 것이 해당 목표를 달성하기 위한 수단이다.

- 구현 세부 사항을 숨기면 클라이언트의 시야에서 클래스 내부를 가릴 수 있기 때문에 내부를 손상시킬 위험이 적다.
- 데이터와 연산을 결합하면 해당 연산이 클래스의 불변성을 위반하지 않도록 할 수 있다.

5.2.4 구현 세부 사항 유출: 상태의 예

예제 5.5에서 공개 API로 유출되는 구현 세부 사항인 연산(NormalizeName 메서드)을 볼 수 있었다. 이제 상태의 예를 보자. 다음 예제에는 4장에서 본 MessageRenderer 클래스가 있다.

머리글, 본문, 바닥글이 있는 메시지의 HTML 표현을 생성하는 하위 렌더링 클래스 컬렉션을 사용한다.

예제 5.7 구현 세부 사항으로서의 상태

```csharp
public class MessageRenderer : IRenderer
{
    public IReadOnlyList<IRenderer> SubRenderers { get; }

    public MessageRenderer()
    {
        SubRenderers = new List<IRenderer>
        {
            new HeaderRenderer(),
            new BodyRenderer(),
            new FooterRenderer()
        };
    }

    public string Render(Message message)
    {
        return SubRenderers
            .Select(x => x.Render(message))
            .Aggregate("", (str1, str2) => str1 + str2);
    }
}
```

하위 렌더링 클래스 컬렉션이 공개^{public}다. 그러나 이 컬렉션이 식별할 수 있는 동작인가? 클라이언트의 목표가 HTML을 렌더링하는 것이라고 가정하면, 대답은 '아니오'다. 클라이언트에게 필요한 클래스 멤버는 Render 메서드뿐이다. 따라서 SubRenderers는 구현 세부 사항 유출이다.

이 예제를 다시 꺼낸 것은 이유가 있다. 알다시피 깨지기 쉬운 테스트를 설명할 때 사용했다. 이 테스트는 구현 세부 사항에 결합돼 있어 깨지기 쉽고 테스트 대상을 Render 메서드로 바꿔서 불안정성을 해소했다. 새로운 테스트 버전은 결과 메시지를 검증한다. 이는 클라이언트 코드가 유일하게 관심을 갖는 출력으로 식별할 수 있는 동작에 해당한다.

보다시피 좋은 단위 테스트와 잘 설계된 API 사이에는 본질적인 관계가 있다. 모든 구현 세부 사항을 비공개로 하면 테스트가 식별할 수 있는 동작을 검증하는 것 외에는 다른 선택지가 없으며, 이로 인해 리팩터링 내성도 자동으로 좋아진다.

> |팁| API를 잘 설계하면 단위 테스트도 자동으로 좋아진다.

잘 설계된 API의 정의에서 비롯된 또 다른 지침으로, 연산과 상태를 최소한으로 노출해야 한다. 클라이언트가 목표를 달성하는 데 직접적으로 도움이 되는 코드만 공개해야 하며, 다른 모든 것은 구현 세부 사항이므로 비공개 API 뒤에 숨겨야 한다.

식별할 수 있는 동작을 유출하는 문제 따위는 있을 수 없고, 이는 구현 세부 사항을 유출하는 문제와 정반대다. 구현 세부 사항(클라이언트가 사용하지 말아야 하는 메서드나 클래스)을 노출할 수 있지만, 식별할 수 있는 동작을 숨길 수는 없다. 식별할 수 있는 동작을 숨긴 메서드나 클래스는 클라이언트에서 더 이상 직접 사용할 수 없기 때문에 클라이언트 목표와 직접적인 연관이 있지 않다. 따라서 정의에 따르면, 이 코드는 더 이상 식별할 수 있는 동작이 아닐 것이다. 표 5.1에 모두 요약했다.

▼ **표 5.1** 코드의 공개 여부와 목적의 관계. 구현 세부 사항을 공개하지 말라.

	식별할 수 있는 동작	구현 세부 사항
공개	좋음	나쁨
비공개	해당 없음	좋음

5.3 목과 테스트 취약성 간의 관계

앞 절에서 목을 정의하고 식별할 수 있는 동작과 구현 세부 사항 간의 차이점을 살펴봤다. 이 절에서는 육각형 아키텍처hexagonal architecture, 내부 통신과 외부 통신의 차이점 그리고 (드디어!) 목과 테스트 취약성 간의 관계를 알아본다.

5.3.1 육각형 아키텍처 정의

전형적인 애플리케이션은 그림 5.8과 같이 도메인과 애플리케이션 서비스라는 두 계층으로 구성된다. 도메인 계층은 애플리케이션의 중심부이기 때문에 도표의 중앙에 위치한다. 여기에는 애플리케이션의 필수 기능으로 비즈니스 로직이 포함돼 있다. 도메인 계층과 해당 비즈니스 로직은 이 애플리케이션을 다른 애플리케이션과 차별화하고 조직의 경쟁력을 향상시킨다.

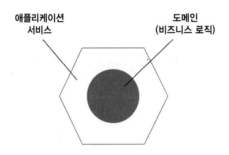

▲ **그림 5.8** 대표적인 애플리케이션은 도메인 계층과 애플리케이션 서비스 계층으로 구성된다. 도메인 계층에는 애플리케이션의 비즈니스 로직이 있다. 애플리케이션 서비스는 이 로직을 비즈니스 유스케이스와 결합한다.

애플리케이션 서비스 계층은 도메인 계층 위에 있으며 외부 환경과의 통신을 조정한다. 예를 들어 애플리케이션이 RESTful API인 경우 API에 대한 모든 요청이 먼저 애플리케이션 서비스 계층에 도달한다. 이 계층은 도메인 클래스와 프로세스 외부 의존성 간의 작업을 조정한다. 다음은 애플리케이션 서비스에 대한 조정의 예다. 다음과 같다.

- 데이터베이스를 조회하고 해당 데이터로 도메인 클래스 인스턴스 구체화
- 해당 인스턴스에 연산 호출
- 결과를 데이터베이스에 다시 저장

애플리케이션 서비스 계층과 도메인 계층의 조합은 육각형을 형성하며, 이 육각형은 애플리케이션을 나타낸다. 또한 다른 애플리케이션과 소통할 수 있고, 다른 애플리케이션도 육각형으로 나타낸다(그림 5.9 참조). 여기서 말하는 다른 애플리케이션은 SMTP 서비스, 서드파티 시스템, 메시지 버스 등이 될 수 있다. 여러 육각형이 서로 소통하면서 육각형 아키

텍처를 구성한다.

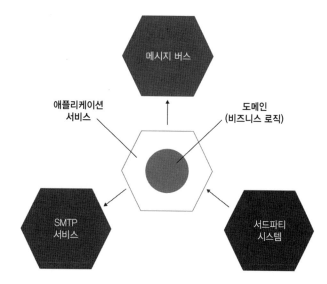

▲ **그림 5.9** 육각형 아키텍처는 상호 작용하는 애플리케이션(육각형)의 집합이다.

육각형 아키텍처라는 용어는 앨리스터 코오번^{Alistair Cockburn}이 처음 소개했다. 그 목적은 세 가지 중요한 지침을 강조하는 것이다.

- **도메인 계층과 애플리케이션 서비스 계층 간의 관심사 분리**: 비즈니스 로직은 애플리케이션의 가장 중요한 부분이다. 따라서 도메인 계층은 해당 비즈니스 로직에 대해서만 책임을 져야 하며, 다른 모든 책임에서는 제외돼야 한다. 외부 애플리케이션과 통신하거나 데이터베이스에서 데이터를 검색하는 것과 같은 책임은 애플리케이션 서비스에 귀속돼야 한다. 반대로 애플리케이션 서비스에는 어떤 비즈니스 로직도 있으면 안 된다. 요청이 들어오면 도메인 클래스의 연산으로 변환한 다음 결과를 저장하거나 호출자에게 다시 반환해서 도메인 계층으로 변환하는 책임이 있다. 도메인 계층을 애플리케이션의 도메인 지식(사용 방법) 모음으로, 애플리케이션 서비스 계층을 일련의 비즈니스 유스케이스(사용 대상)로 볼 수 있다.

- **애플리케이션 내부 통신**: 육각형 아키텍처는 애플리케이션 서비스 계층에서 도메인 계층으로 흐르는 단방향 의존성 흐름을 규정한다. 도메인 계층 내부 클래스는 도메

인 계층 내부 클래스끼리 서로 의존하고 애플리케이션 서비스 계층의 클래스에 의존하지 않는다. 이 지침은 이전 지침에서 나온 것이다. 애플리케이션 서비스 계층과 도메인 계층 간에 관심사를 분리하는 것은 애플리케이션 서비스 계층이 도메인 계층에 대해 아는 것을 의미하지만, 반대는 아니다. 도메인 계층은 외부 환경에서 완전히 격리돼야 한다.

- **애플리케이션 간의 통신**: 외부 애플리케이션은 애플리케이션 서비스 계층에 있는 공통 인터페이스를 통해 해당 애플리케이션에 연결된다. 아무도 도메인 계층에 직접 접근할 수 없다. 육각형의 각 면은 애플리케이션 내외부 연결을 나타낸다. 육각형에는 여섯 면이 있지만, 애플리케이션이 다른 애플리케이션을 여섯 개만 연결할 수 있는 것은 아니다. 연결 수는 임의로 정할 수 있다. 요점은 이러한 연결이 많을 수 있다는 것이다.

애플리케이션의 각 계층은 식별할 수 있는 동작을 나타내며 해당 구현 세부 사항을 포함하고 있다. 예를 들어 도메인 계층의 식별할 수 있는 동작은 이 계층의 연산과 상태이고, 연산과 상태는 애플리케이션 서비스 계층이 적어도 하나의 목표를 달성하는 데 도움이 된다. 잘 설계된 API의 원칙에는 프랙탈^{fractal} 특성이 있는데, 이는 전체 계층만큼 크게도, 단일 클래스만큼 작게도 똑같이 적용되는 것이다.

각 계층의 API를 잘 설계하면(즉, 구현 세부 사항을 숨기면) 테스트도 프랙탈 구조를 갖기 시작한다. 즉, 달성하는 목표는 같지만 서로 다른 수준에서 동작을 검증한다. 애플리케이션 서비스를 다루는 테스트는 해당 서비스가 외부 클라이언트에게 매우 중요하고 큰 목표를 어떻게 이루는지 확인한다. 그리고 도메인 클래스 테스트는 그 큰 목표의 하위 목표를 검증한다(그림 5.10).

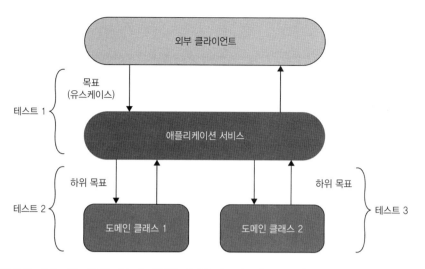

▲ **그림 5.10** 서로 다른 계층의 테스트는 동일한 동작을 서로 다른 수준으로 검증하는 프랙탈 특성이 있다. 애플리케이션 서비스 테스트는 전반적으로 비즈니스 유스케이스가 어떻게 실행되는지 확인한다. 도메인 클래스 테스트는 유스케이스 완료 방법에 대한 중간의 하위 목표를 검증한다.

이전 장에서 어떤 테스트든 비즈니스 요구 사항으로 거슬러 올라갈 수 있어야 한다고 했다. 각 테스트는 도메인 전문가에게 의미 있는 이야기를 전달해야 하며, 그렇지 않으면 테스트가 구현 세부 사항과 결합돼 있으므로 불안정하다는 강한 암시다. 이제 그 이유를 알 수 있길 바란다.

식별할 수 있는 동작은 바깥 계층에서 안쪽으로 흐른다. 외부 클라이언트에게 중요한 목표는 개별 도메인 클래스에서 달성한 하위 목표로 변환된다. 따라서 도메인 계층에서 식별할 수 있는 동작은 각각 구체적인 비즈니스 유스케이스와 연관성이 있다. 이 연관성을 가장 안쪽(도메인) 계층에서 애플리케이션 서비스 계층 바깥쪽으로, 그리고 외부 클라이언트의 요구 사항까지 재귀적으로 추적할 수 있다. 이 추적성은 식별할 수 있는 동작의 정의에 따른다. 코드 조각이 식별할 수 있는 동작이 되려면 클라이언트가 목표를 달성하도록 도울 필요가 있다. 도메인 클래스의 경우 클라이언트는 애플리케이션 서비스에 해당하고, 애플리케이션 서비스이면 외부 클라이언트에 해당한다.

잘 설계된 API로 코드베이스를 검증하는 테스트는 식별할 수 있는 동작만 결합돼 있기 때문에 비즈니스 요구 사항과 관계가 있다. 예제 5.6의 User 클래스와 UserController 클래스를 좋은 예로 들 수 있다. (편의상 그대로 옮겼다.)

```
public class User
{
    private string _name;
    public string Name
    {
        get => _name;
        set => _name = NormalizeName(value);
    }

    public string NormalizeName(string name)
    {
        /* name을 50자로 줄이기 */
    }
}

public class UserController
{
    public void RenameUser(int userId, string newName)
    {
        User user = GetUserFromDatabase(userId);
        user.Name = newName;
        SaveUserToDatabase(user);
    }
}
```

이 예에서 UserController는 애플리케이션 서비스다. 외부 클라이언트가 사용자 이름을 정규화하는 것과 같은 특정 목표가 없고 전적으로 애플리케이션의 제약에 의해 모든 이름을 정규화한다고 가정하면, User 클래스의 NormalizeName 메서드는 클라이언트의 요구 사항으로 추적할 수 없다. 따라서 구현 세부 사항이므로 비공개로 해야 한다. (이 장의 앞부분에서 이미 다뤘다.) 또한 테스트에서 이 메서드를 직접 확인하면 안 된다. 클래스의 식별할 수 있는 동작(이 예제에서는 Name 속성의 세터)으로서만 검증해야 한다.

코드베이스의 공개 API를 항상 비즈니스 요구 사항에 따라 추적하라는 이 지침은 대부분의 도메인 클래스와 애플리케이션 서비스에 적용되지만, 유틸리티나 인프라 코드에는 적용되지 않는다. 해당 코드로 해결하는 문제는 종종 너무 낮은 수준이고 세밀해서 구체적인 비즈니스 유스케이스로 추적할 수 없다.

5.3.2 시스템 내부 통신과 시스템 간 통신

일반적인 애플리케이션에는 시스템 내부$^{inter-system}$ 통신과 시스템 간$^{intra-system}$ 통신이 있다. 시스템 내부 통신은 애플리케이션 내 클래스 간의 통신이다. 시스템 간 통신은 애플리케이션이 다른 애플리케이션과 통신하는 것을 말한다(그림 5.11).

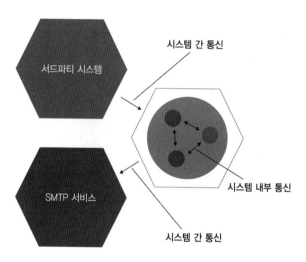

▲ **그림 5.11** 두 가지의 통신 유형: 시스템 내부 통신(애플리케이션 내 클래스 간의 통신)과 시스템 간 통신(애플리케이션 간의 통신)

|**참고**| 시스템 내부 통신은 구현 세부 사항이고, 시스템 간 통신은 그렇지 않다.

연산을 수행하기 위한 도메인 클래스 간의 협력은 식별할 수 있는 동작이 아니므로 시스템 내부 통신은 구현 세부 사항에 해당한다. 이러한 협력은 클라이언트의 목표와 직접적인 관계가 없다. 따라서 이러한 협력과 결합하면 테스트가 취약해진다.

애플리케이션 내부의 클래스 간 협력과 달리 시스템 외부 환경과 통신하는 방식은 전체적으로 해당 시스템의 식별할 수 있는 동작을 나타낸다. 이는 애플리케이션에 항상 있어야 하는 계약이다(그림 5.12).

시스템 간 통신의 특성은 별도 애플리케이션과 함께 성장하는 방식에서 비롯된다. 성장의 주요 원칙 중 하나로 하위 호환성을 지키는 것이다. 시스템 내부에서 하는 리팩터링과 다르게, 외부 애플리케이션과 통신할 때 사용하는 통신 패턴은 항상 외부 애플리케이션이 이해할 수 있도록 유지해야 한다. 예를 들어 애플리케이션이 메시지 버스로 전송하는 메시지는 구조를 지키고, SMTP 서비스 호출은 매개변수의 유형과 개수 등을 맞춰야 한다.

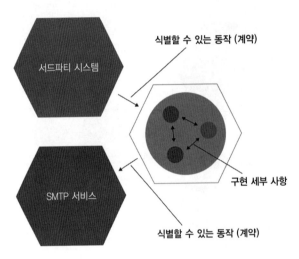

▲ **그림 5.12** 시스템 간 통신은 전체적으로 애플리케이션의 식별할 수 있는 동작을 나타낸다. 시스템 내부 통신은 구현 세부 사항이다.

목을 사용하면 시스템과 외부 애플리케이션 간의 통신 패턴을 확인할 때 좋다. 반대로 시스템 내 클래스 간의 통신을 검증하는 데 사용하면 테스트가 구현 세부 사항과 결합되며, 그에 따라 리팩터링 내성 지표가 미흡해진다.

5.3.3 시스템 내부 통신과 시스템 간 통신의 예

시스템 내부 통신과 시스템 간 통신의 차이점을 설명하고자 2장과 이 장 앞부분에서 사용한 Customer와 Store 클래스를 예로 들어 설명해본다. 다음 비즈니스 유스케이스를 보라.

- 고객이 상점에서 제품을 구매하려고 한다.
- 매장 내 제품 수량이 충분하면
  - 재고가 상점에서 줄어든다.
  - 고객에게 이메일로 영수증을 발송한다.
  - 확인 내역을 반환한다.

그리고 애플리케이션은 사용자 인터페이스가 없는 API라고 가정해보자.

다음 예제에서 CustomerController 클래스는 도메인 클래스(Customer, Product, Store)와 외부 애플리케이션(SMTP 서비스의 프록시인 EmailGateway) 간의 작업을 조정하는 애플리케이션 서비스다.

예제 5.9 외부 애플리케이션과 도메인 모델 연결하기

```
public class CustomerController
{
    public bool Purchase(int customerId, int productId, int quantity)
    {
        Customer customer = _customerRepository.GetById(customerId);
        Product product = _productRepository.GetById(productId);

        bool isSuccess = customer.Purchase(
            _mainStore, product, quantity);

        if (isSuccess)
        {
            _emailGateway.SendReceipt(
                customer.Email, product.Name, quantity);
        }

        return isSuccess;
```

```
        }
}
```

입력 매개변수의 유효성 검사는 간결성을 위해 생략했다. Purchase 메서드에서 고객은
상점에 재고가 충분한지 확인하고, 충분하면 제품 수량을 감소시킨다.

구매라는 동작은 시스템 내부 통신과 시스템 간 통신이 모두 있는 비즈니스 유스케이스
다. 시스템 간 통신은 CustomerController 애플리케이션 서비스와 두 개의 외부 시스템인
서드파티 애플리케이션(유스케이스를 시작하는 클라이언트이기도 함)과 이메일 게이트웨이 간의
통신이다. 시스템 내부 통신은 Customer와 Store 도메인 클래스 간의 통신이다(그림 5.13).

이 예제에서 SMTP 서비스에 대한 호출은 외부 환경에서 볼 수 있는 사이드 이펙트이므
로 애플리케이션에 전체적으로 식별할 수 있는 동작을 나타낸다. 또한 고객의 목표에 직접
적인 연관이 있다. 애플리케이션의 클라이언트는 서드파티 시스템이다. 이 시스템의 목표
는 구매를 하는 것이며, 고객이 성공적인 결과로서 이메일로 확인 내역을 받는 것을 기대한
다.

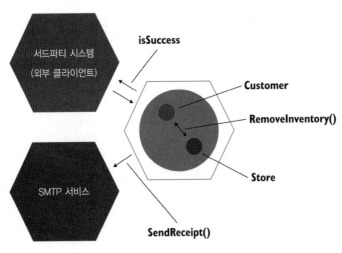

▲ **그림 5.13** 예제 5.9는 육각형 아키텍처를 나타낸다. 육각형 간의 통신은 시스템 간 통신이다. 육각형 내부의 통신
은 시스템 내부 통신이다.

SMTP 서비스에 대한 호출을 목으로 하는 이유는 타당하다. 리팩터링 후에도 이러한 통

신 유형이 그대로 유지되도록 하기 때문에 테스트 취약성을 야기하지 않는다. 목을 사용하면 바로 이렇게 할 수 있다.

다음 예제는 목을 사용하는 타당한 예를 보여준다.

예제 5.10 취약한 테스트로 이어지지 않는 목 사용

```
[Fact]
public void Successful_purchase()
{
    var mock = new Mock<IEmailGateway>();
    var sut = new CustomerController(mock.Object);

    bool isSuccess = sut.Purchase(
        customerId: 1, productId: 2, quantity: 5);

    Assert.True(isSuccess);
    mock.Verify(                                         시스템이 구매에 대한
        x => x.SendReceipt(                              영수증을 보내는지 검증
            "customer@email.com", "Shampoo", 5),
        Times.Once);
}
```

isSuccess 플래그는 외부 클라이언트에서도 확인할 수 있으며, 검증도 필요하다. 하지만 이 플래그는 목이 필요 없고, 간단한 값 비교만으로 충분하다.

이제 Customer 클래스와 Store 클래스 간의 통신에 목을 사용한 테스트를 살펴보자.

예제 5.11 취약한 테스트로 이어지는 목 사용

```
[Fact]
public void Purchase_succeeds_when_enough_inventory()
{
    var storeMock = new Mock<IStore>();
    storeMock
        .Setup(x => x.HasEnoughInventory(Product.Shampoo, 5))
        .Returns(true);
    var customer = new Customer();

    bool success = customer.Purchase(
```

```
        storeMock.Object, Product.Shampoo, 5);

    Assert.True(success);
    storeMock.Verify(
        x => x.RemoveInventory(Product.Shampoo, 5),
        Times.Once);
}
```

CustomerController와 SMTP 서비스 간의 통신과 달리, Customer 클래스에서 Store 클래스로의 메서드 호출은 애플리케이션 경계를 넘지 않는다. 호출자와 수신자 모두 애플리케이션 내에 있다. 또한 이 메서드는 클라이언트가 목표를 달성하는 데 도움이 되는 연산이나 상태가 아니다. 이 두 도메인 클래스의 클라이언트는 구매를 목표로 하는 CustomerController다. 이 목표에 직접적인 관련이 있는 멤버는 customer.Purchase()와 store.GetInventory(), 이렇게 둘뿐이다. Purchase() 메서드는 구매를 시작하고, GetInventory() 메서드는 구매가 완료된 후 시스템 상태를 보여준다. RemoveInventory() 메서드 호출은 고객의 목표로 가는 중간 단계(구현 세부 사항)에 해당한다.

5.4 단위 테스트의 고전파와 런던파 재고

2장의 내용(표 2.1)을 상기하고자, 표 5.2에 단위 테스트의 고전파와 런던파 간 차이점을 요약했다.

▼ **표 5.2** 단위 테스트의 고전파와 런던파 간 차이점

	격리 주체	단위의 크기	테스트 대역 사용 대상
런던파	단위	단일 클래스	불변 의존성 외 모든 의존성
고전파	단위 테스트	단일 클래스 또는 클래스 세트	공유 의존성

2장에서 나는 런던파보다 고전파를 더 선호한다고 했다. 이제 그 이유를 알 수 있길 바란다. 런던파는 불변 의존성을 제외한 모든 의존성에 목 사용을 권장하며 시스템 내 통신과 시스템 간 통신을 구분하지 않는다. 그 결과, 테스트는 애플리케이션과 외부 시스템 간의

통신을 확인하는 것처럼 클래스 간 통신도 확인한다.

런던파를 따라 목을 무분별하게 사용하면 종종 구현 세부 사항에 결합돼 테스트에 리팩터링 내성이 없게 된다. 4장에서 살펴봤듯이, 리팩터링 내성은 (다른 세 가지 특성과 달리) 대부분 이진 선택이다. 즉, 테스트에 리팩터링 내성이 있거나 아예 없다. 리팩터링 내성이 저하되면 테스트는 가치가 없어진다.

고전파는 테스트 간에 공유하는 의존성(대부분이 SMTP 서비스나 메시지 버스 등 프로세스 외부 의존성에 해당)만 교체하자고 하므로 이 문제에 훨씬 유리하다. 그러나 고전파 역시 시스템 간 통신에 대한 처리에 이상적이지는 않다. 런던파만큼은 아니지만, 고전파도 목 사용을 지나치게 장려한다.

5.4.1 모든 프로세스 외부 의존성을 목으로 해야 하는 것은 아니다

프로세스 외부 의존성과 목을 설명하기 전에 의존성 유형에 대해 다시 훑어보자. (자세한 내용은 2장 참조)

- **공유 의존성**: 테스트 간에 공유하는 의존성 (제품 코드가 아님)
- **프로세스 외부 의존성**: 프로그램의 실행 프로세스 외에 다른 프로세스를 점유하는 의존성 (예를 들어 데이터베이스, 메시지 버스, SMTP 서비스 등)
- **비공개 의존성**: 공유하지 않는 모든 의존성

고전파에서는 공유 의존성을 피할 것을 권고한다. 테스트가 실행 컨텍스트를 서로 방해하고, 결국 병렬 처리를 할 수 없기 때문이다. 테스트를 병렬적, 순차적 또는 임의의 순서로 실행할 수 있는 것을 테스트 격리라고 부른다.

공유 의존성이 프로세스 외부에 있는 것이 아니면 각 테스트 실행 시 해당 의존성을 새 인스턴스로 써서 재사용을 피하기 쉽다. 공유 의존성이 프로세스 외부에 있으면, 테스트가 더 복잡해진다. 각 테스트 실행 전에 데이터베이스를 인스턴스화하거나 메시지 버스를 새로 준비할 수가 없다. (이렇게 하면 테스트 스위트가 현저히 느려질 것이다.) 일반적인 접근법은 이러한 의존성을 테스트 대역, 즉 목과 스텁으로 교체하는 것이다.

그러나 모든 프로세스 외부 의존성을 목으로 해야 하는 것은 아니다. 프로세스 외부 의존성이 애플리케이션을 통해서만 접근할 수 있으면, 이러한 의존성과의 통신은 시스템에서 식별할 수 있는 동작이 아니다. 실제로 외부에서 관찰할 수 없는 프로세스 외부 의존성은 애플리케이션의 일부로 작용한다(그림 5.14).

애플리케이션과 외부 시스템 간의 통신 패턴을 항상 지켜야 하는 요구 사항은 하위 호환성을 지켜야 한다는 점에서 비롯된다. 애플리케이션이 외부 시스템과 통신하는 방식을 지켜야 한다. 애플리케이션과 외부 시스템을 동시에 변경할 수 없기 때문이다. 또한 배포 주기가 다르거나 단순히 제어 권한이 없을 수 있기 때문이다.

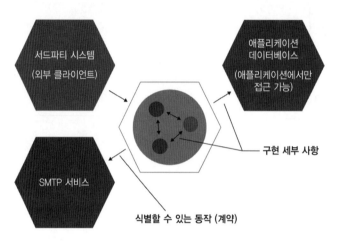

▲ **그림 5.14** 프로세스 외부 의존성과의 통신은 외부에서 관찰할 수 없으면 구현 세부 사항이다. 리팩터링 후에 그대로 유지할 필요가 없으므로 목으로 검증해서는 안 된다.

그러나 애플리케이션이 외부 시스템에 대한 프록시 같은 역할을 하고 클라이언트가 직접 접근할 수 없으면, 하위 호환성 요구 사항은 사라진다. 이제 이 외부 시스템과 애플리케이션을 같이 배포할 수 있으면 클라이언트에 영향을 미치지 않을 것이다. 이러한 시스템의 통신 패턴은 구현 세부 사항이 된다.

좋은 예로는 애플리케이션 데이터베이스가 있다. 애플리케이션에서만 사용되는 데이터베이스다. 어떤 외부 시스템도 이 데이터베이스에 접근할 수 없다. 따라서 기존 기능을 손상시키지 않는 한 시스템과 애플리케이션 데이터베이스 간의 통신 패턴을 원하는 대로 수정할 수 있다. 해당 데이터베이스는 클라이언트의 시야에서 완전히 숨어있기 때문에 전혀 다른 저장 방식으로 대체할 수 있고, 그렇게 해도 아무도 모를 것이다.

완전히 통제권을 가진 프로세스 외부 의존성에 목을 사용하면 깨지기 쉬운 테스트로 이어진다. 데이터베이스에서 테이블을 분할하거나 저장 프로시저에서 매개변수 타입을 변경할 때마다 테스트가 빨간색이 되는 것을 아무도 원하지 않는다. 데이터베이스와 애플리케이션은 하나의 시스템으로 취급해야 한다.

이것은 분명히 문제가 될 수 있다. 피드백 속도(좋은 단위 테스트의 세 번째 특성)를 저하시키지 않고 어떻게 이러한 의존성으로 테스트하겠는가? 6장과 7장에서 이 주제를 자세히 설명한다.

5.4.2 목을 사용한 동작 검증

종종 목이 동작을 검증한다고 한다. 하지만 대부분의 경우 그렇지 않다. 목표를 달성하고자 각 개별 클래스가 이웃 클래스와 소통하는 방식은 식별할 수 있는 동작과는 아무런 관계가 없다. (이는 구현 세부 사항이다.)

클래스 간의 통신을 검증하는 것은 두뇌의 뉴런이 서로 통과하는 신호를 측정해 사람의 행동을 유추하는 것과 유사하다. 이러한 세부 수준은 너무 세밀하다. 중요한 것은 클라이언트 목표로 거슬러 올라갈 수 있는 동작이다. 클라이언트는 도움을 청할 때 두뇌의 어떤 뉴런이 켜지는지 신경 쓰지 않는다. 클라이언트에게 중요한 것은 도움뿐이다. 물론 신뢰할 수 있고 전문적인 방식일 것이다. 목은 애플리케이션의 경계를 넘나드는 상호 작용을 검증할 때와 이러한 상호 작용의 사이드 이펙트가 외부 환경에서 보일 때만 동작과 관련이 있다.

요약

- 테스트 대역은 테스트에서 비제품 가짜 의존성의 모든 유형을 설명하는 포괄적인 용어다. 테스트 대역에는 더미, 스텁, 스파이, 목, 페이크 등의 다섯 가지 변형이 있는데, 이는 다시 목과 스텁이라는 두 가지 유형으로 분류할 수 있다. 스파이는 기능

적으로 목과 같고, 더미와 페이크는 스텁과 같은 역할을 한다.

- 목은 외부로 나가는 상호 작용(SUT에서 의존성으로의 호출로, 해당 의존성의 상태를 변경)을 모방하고 검사하는 데 도움이 된다. 스텁은 내부로 들어오는 상호 작용(SUT가 해당 의존성을 호출해 입력 데이터를 가져옴)을 모방하는 데 도움이 된다.

- Mock(도구)은 목(테스트 대역)이나 스텁을 만드는 데 사용할 수 있는 목 라이브러리의 클래스다.

- 스텁과의 상호 작용을 검증하면 취약한 테스트로 이어진다. 이러한 상호 작용은 최종 결과와 일치하지 않는다. 이는 결과로 가는 중간 단계로, 구현 세부 사항에 해당한다.

- 명령 조회 분리(CQS) 원칙에 따르면, 모든 메서드가 명령 또는 조회 중 하나여야 하지만 둘 다는 안 된다. 명령을 대체하는 테스트 대역은 목이다. 조회를 대체하는 테스트 대역은 스텁이다.

- 모든 제품 코드는 공개 API인지 비공개 API인지와 식별할 수 있는 동작인지 구현 세부 사항인지라는 두 가지 차원으로 분류할 수 있다. 코드의 공개성은 private, public, internal 키워드 등 접근 제한자에 의해 제어된다. 다음 요구 사항을 하나라도 충족하면 식별할 수 있는 동작이다. (둘 다 아니면 구현 세부 사항이다.)
  - 클라이언트가 목표를 달성하는 데 도움이 되는 연산을 노출하라. 연산은 계산을 수행하거나 사이드 이펙트를 초래하거나 또는 둘 다 하는 메서드다.
  - 클라이언트가 목표를 달성하는 데 도움이 되는 상태를 노출하라. 상태는 시스템의 현재 상태다.

- 잘 설계된 코드는 식별할 수 있는 동작이 공개 API와 일치하고 구현 세부 사항이 비공개 API 뒤에 숨겨져 있는 코드다. 공개 API가 식별할 수 있는 동작 이상으로 커지면 코드는 구현 세부 사항을 유출한다.

- 캡슐화는 코드를 불변성 위반으로부터 보호하는 행위다. 클라이언트는 구현 세부 사항을 사용해 코드의 불변성을 우회할 수 있기 때문에 구현 세부 사항을 노출하면 캡슐화가 위반되는 경우가 종종 있다.

- 육각형 아키텍처는 상호 작용하는 애플리케이션의 집합이고 각 애플리케이션은 육

각형으로 표시한다. 각 육각형은 도메인과 애플리케이션 서비스라는 두 계층으로 구성된다.

- 육각형 아키텍처는 다음과 같은 세 가지 관점을 강조한다.
  - 도메인과 애플리케이션 서비스 계층 간의 영향 분리. 도메인 계층은 비즈니스 로직을 책임져야 하고, 애플리케이션 서비스는 도메인 계층과 외부 애플리케이션 간의 작업을 조정해야 한다.
  - 애플리케이션 서비스 계층에서 도메인 계층으로의 단방향 의존성 흐름. 도메인 계층 내 클래스는 서로에게만 의존해야 하고, 애플리케이션 서비스 계층의 클래스에 의존해서는 안 된다.
  - 외부 애플리케이션은 애플리케이션 서비스 계층이 유지하는 공통 인터페이스를 통해 연결된다. 아무도 도메인 계층에 직접 액세스할 수 없다.
- 육각형의 각 계층은 식별할 수 있는 동작을 나타내며 각각의 구현 세부 사항이 있다.
- 애플리케이션에는 시스템 내부 통신과 시스템 간 통신이라는 두 가지 통신 유형이 있다. 시스템 내부 통신은 애플리케이션 내 클래스 간의 통신이다. 시스템 간 통신은 애플리케이션이 외부 애플리케이션과 통신할 때를 말한다.
- 시스템 내 통신은 구현 세부 사항이다. 애플리케이션을 통해서만 접근할 수 있는 외부 시스템을 제외하고 시스템 간 통신은 식별할 수 있는 동작이다. 애플리케이션을 통해서만 접근할 수 있는 외부 시스템과의 상호 작용도 구현 세부 사항인데, 그 결과의 사이드 이펙트를 외부에서 확인할 수 없기 때문이다.
- 시스템 내 통신을 검증하고자 목을 사용하면 취약한 테스트로 이어진다. 따라서 시스템 간 통신(애플리케이션 경계를 넘는 통신)과 해당 통신의 사이드 이펙트가 외부 환경에서 보일 때만 목을 사용하는 것이 타당하다.

6

단위 테스트 스타일

4장에서는 좋은 단위 테스트의 4대 요소로 회귀 방지, 리팩터링 내성, 빠른 피드백, 유지 보수성을 소개했다. 이러한 특성은 특정 테스트와 단위 테스트 방법을 분석하는 데 사용할 수 있는 기준틀이 된다. 5장에서는 이러한 방식 중 하나로 목 사용을 분석했다.

이 장에서는 단위 테스트 스타일에 대해 동일한 기준틀을 적용한다. 출력 기반, 상태 기반, 통신 기반이라는 세 가지 테스트 스타일이 있다. 출력 기반 스타일의 테스트가 가장 품질이 좋고, 상태 기반 테스트는 두 번째로 좋은 선택이며, 통신 기반 테스트는 간헐적으로만 사용해야 한다.

안타깝게도 출력 기반 테스트 스타일은 아무데서나 사용할 수 없으며, 순수 함수 방식으로 작성된 코드에만 적용된다. 그러나 걱정하지 말라. 출력 기반 스타일로 변환하는 데 도움이 되는 기법이 있다. 이를 위해 함수형 프로그래밍 원칙을 사용해 기반 코드가 함수형 아키텍처를 지향하게끔 재구성해야 한다.

이 장에서는 함수형 프로그래밍에 관한 내용을 자세히 다루지 않는다. 그러나 이 장을 마쳤을 때 함수형 프로그래밍이 출력 기반 테스트와 어떻게 관련돼 있는지는 바로 이해할 수 있길 바란다. 또한 출력 기반 스타일을 사용해 테스트를 작성하는 방법뿐만 아니라 함수형 프로그래밍과 함수형 아키텍처가 지닌 한계도 배운다.

6.1 단위 테스트의 세 가지 스타일

이 장의 도입부에서 언급했듯이 단위 테스트는 세 가지 스타일이 있다.

- 출력 기반 테스트output-based testing
- 상태 기반 테스트state-based testing
- 통신 기반 테스트communication-based testing

하나의 테스트에서 하나 또는 둘, 심지어 세 가지 스타일 모두를 함께 사용할 수 있다. 이 절에서는 세 가지 스타일을 (예제와 함께) 정의하고 이 장에서 다루는 내용 전체를 위한 기초를 닦는다. 그 후에 스타일 간에 어떻게 점수를 매기는지 알 수 있다.

6.1.1 출력 기반 테스트 정의

첫 번째 단위 테스트 스타일은 출력 기반 스타일로, 테스트 대상 시스템(SUT)에 입력을 넣고 생성되는 출력(그림 6.1)을 점검하는 방식이다. 이러한 단위 테스트 스타일은 전역 상태나 내부 상태를 변경하지 않는 코드에만 적용되므로 반환 값만 검증하면 된다.

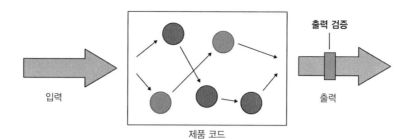

입력

제품 코드

출력 검증

출력

▲ **그림 6.1** 출력 기반 테스트는 시스템이 생성하는 출력을 검증한다. 이러한 테스트 스타일은 사이드 이펙트가 없고 SUT 작업 결과는 호출자에게 반환하는 값뿐이다.

다음 예제는 코드 예제와 그와 관련된 테스트를 보여준다. PriceEngine 클래스는 일련의 상품을 받아 할인^{discount}을 계산한다.

예제 6.1 출력 기반 테스트

```
public class PriceEngine
{
    public decimal CalculateDiscount(params Product[] products)
    {
        decimal discount = products.Length * 0.01m;
        return Math.Min(discount, 0.2m);
    }
}

[Fact]
public void Discount_of_two_products()
{
    var product1 = new Product("Hand wash");
    var product2 = new Product("Shampoo");
    var sut = new PriceEngine();

    decimal discount = sut.CalculateDiscount(product1, product2);

    Assert.Equal(0.02m, discount);
}
```

PriceEngine은 상품 수에 1%를 곱하고 그 결과를 20%로 제한한다. 이 클래스에는 다른 것이 없으며, 내부 컬렉션에 상품을 추가하거나 데이터베이스에 저장하지 않는다. Calculat eDiscount() 메서드의 결과는 반환된 할인, 즉 출력 값(그림 6.2)뿐이다.

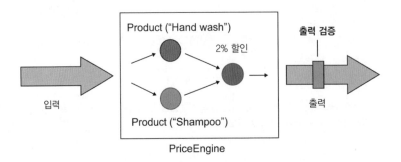

▲ **그림 6.2** PriceEngine을 입출력 표기법으로 표현했다. CalculateDiscount 메서드는 상품 배열을 받아 할인을 계산한다.

출력 기반 단위 테스트 스타일은 함수형^{functional}이라고도 한다. 이 이름은 사이드 이펙트 없는 코드 선호를 강조하는 프로그래밍 방식인 함수형 프로그래밍^{functional programming}에 뿌리를 두고 있다. 이 장의 후반부에서 함수형 프로그래밍과 함수형 아키텍처를 자세히 설명한다.

6.1.2 상태 기반 스타일 정의

상태 기반 스타일은 작업이 완료된 후 시스템 상태를 확인하는 것이다(그림 6.3). 이 테스트 스타일에서 상태라는 용어는 SUT나 협력자 중 하나, 또는 데이터베이스나 파일 시스템 등과 같은 프로세스 외부 의존성의 상태 등을 의미할 수 있다.

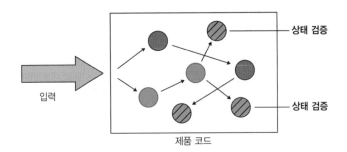

▲ **그림 6.3** 상태 기반 테스트는 작업이 완료된 후 시스템의 최종 상태를 검증한다. 빗금이 그려진 원이 최종 상태를 나타낸다.

다음은 상태 기반 테스트의 예제다. Order 클래스를 통해 클라이언트가 새로운 상품을 추가할 수 있다.

예제 6.2 상태 기반 테스트

```csharp
public class Order
{
    private readonly List<Product> _products = new List<Product>();
    public IReadOnlyList<Product> Products => _products.ToList();

    public void AddProduct(Product product)
    {
        _products.Add(product);
    }
}

[Fact]
public void Adding_a_product_to_an_order()
{
    var product = new Product("Hand wash");
    var sut = new Order();

    sut.AddProduct(product);

    Assert.Equal(1, sut.Products.Count);
    Assert.Equal(product, sut.Products[0]);
}
```

테스트는 상품을 추가한 후 Products 컬렉션을 검증한다. 예제 6.1에서 다룬 출력 기반 테스트의 예제와 달리, AddProduct()의 결과는 주문 상태의 변경이다.

6.1.3 통신 기반 스타일 정의

마지막으로 살펴볼 세 번째 단위 테스트 스타일은 통신 기반 테스트다. 이 스타일은 목을 사용해 테스트 대상 시스템과 협력자 간의 통신을 검증한다(그림 6.4).

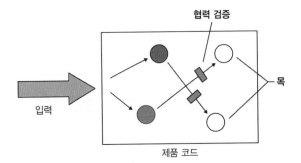

▲ **그림 6.4** 통신 기반 테스트는 SUT의 협력자를 목으로 대체하고 SUT가 협력자를 올바르게 호출하는지 검증한다.

다음 예제는 통신 기반 테스트의 예를 보여준다.

예제 6.3 통신 기반 테스트

```
[Fact]
public void Sending_a_greetings_email()
{
    var emailGatewayMock = new Mock<IEmailGateway>();
    var sut = new Controller(emailGatewayMock.Object);

    sut.GreetUser("user@email.com");

    emailGatewayMock.Verify(
        x => x.SendGreetingsEmail("user@email.com"),
        Times.Once);
}
```

스타일과 단위 테스트 분파

단위 테스트의 고전파는 통신 기반 스타일보다 상태 기반 스타일을 선호한다. 런던파는 이와 반대로 선택한다. 두 분파는 출력 기반 테스트를 사용한다.

6.2 단위 테스트 스타일 비교

출력 기반, 상태 기반, 통신 기반 단위 테스트 스타일에 대해 새로울 것은 없다. 이미 이 책에서 이 모든 스타일을 살펴봤으며, 좋은 단위 테스트의 4대 요소로 서로 비교하면 재미있을 것이다. 4대 요소를 다시 살펴보면 다음과 같다(자세한 내용은 4장 참조).

- 회귀 방지
- 리팩터링 내성
- 빠른 피드백
- 유지 보수성

네 가지를 각각 따로 살펴보자.

6.2.1 회귀 방지와 피드백 속도 지표로 스타일 비교하기

우선 회귀 방지와 피드백 속도 측면에서 세 가지 스타일을 비교해보자. 회귀 방지와 빠른 피드백 특성이 비교하기가 가장 쉽기 때문이다. 회귀 방지 지표는 특정 스타일에 따라 달라지지 않는다. 회귀 방지 지표는 다음 세 가지 특성으로 결정된다.

- 테스트 중에 실행되는 코드의 양
- 코드 복잡도
- 도메인 유의성

보통 실행하는 코드가 많든 적든 원하는 대로 테스트를 작성할 수 있다. 어떤 스타일도 이 부분에서 도움이 되지 않는다. 코드 복잡도와 도메인 유의성 역시 마찬가지다. 통신 기반 스타일에는 예외가 하나 있다. 남용하면 작은 코드 조각을 검증하고 다른 것은 모두 목을 사용하는 등 피상적인 테스트가 될 수 있다. 하지만 이는 통신 기반 테스트의 결정적인 특징이 아니라 기술을 남용하는 극단적인 사례다.

테스트 스타일과 테스트 피드백 속도 사이에는 상관관계가 거의 없다. 테스트가 프로세스 외부 의존성과 떨어져 단위 테스트 영역에 있는 한, 모든 스타일은 테스트 실행 속도가 거의 동일하다. 목은 런타임에 지연 시간이 생기는 편이므로 통신 기반 테스트가 약간 나쁠 수 있다. 그러나 이러한 테스트가 수만 개 수준이 아니라면 별로 차이는 없다.

6.2.2 리팩터링 내성 지표로 스타일 비교하기

리팩터링 내성 지표와 관련해서는 상황이 다르다. 리팩터링 내성은 리팩터링 중에 발생하는 거짓 양성(허위 경보) 수에 대한 척도다. 결국 거짓 양성은 식별할 수 있는 동작이 아니라 코드의 구현 세부 사항에 결합된 테스트의 결과다.

출력 기반 테스트는 테스트가 테스트 대상 메서드에만 결합되므로 거짓 양성 방지가 가장 우수하다. 이러한 테스트가 구현 세부 사항에 결합하는 경우는 테스트 대상 메서드가 구현 세부 사항일 때뿐이다.

상태 기반 테스트는 일반적으로 거짓 양성이 되기 쉽다. 이러한 테스트는 테스트 대상 메서드 외에도 클래스 상태와 함께 작동한다. 확률적으로 말하면, 테스트와 제품 코드 간의 결합도가 클수록 유출되는 구현 세부 사항에 테스트가 얽매일 가능성이 커진다. 상태 기반 테스트는 큰 API 노출 영역에 의존하므로, 구현 세부 사항과 결합할 가능성도 더 높다.

통신 기반 테스트가 허위 경보에 가장 취약하다. 5장에서 살펴봤듯이, 테스트 대역으로 상호 작용을 확인하는 테스트는 대부분 깨지기 쉽다. 이는 항상 스텁과 상호 작용하는 경우다. 이러한 상호 작용을 확인해서는 안 된다. 애플리케이션 경계를 넘는 상호 작용을 확인하고 해당 상호 작용의 사이드 이펙트가 외부 환경에 보이는 경우에만 목이 괜찮다. 보다시피, 리팩터링 내성을 잘 지키려면 통신 기반 테스트를 사용할 때 더 신중해야 한다.

그러나 피상적인 테스트가 통신 기반 테스트의 결정적인 특징이 아닌 것처럼, 불안정성도 통신 기반 테스트의 결정적인 특징이 아니다. 캡슐화를 잘 지키고 테스트를 식별할 수 있는 동작에만 결합하면 거짓 양성을 최소로 줄일 수 있다. 물론 단위 테스트 스타일에 따라 필요한 노력도 다르다.

6.2.3 유지 보수성 지표로 스타일 비교하기

마지막으로 유지 보수성 지표는 단위 테스트 스타일과 밀접한 관련이 있다. 그러나 리팩터링 내성과 달리 완화할 수 있는 방법이 많지 않다. 유지 보수성은 단위 테스트의 유지비를 측정하며, 다음 두 가지 특성으로 정의한다.

- 테스트를 이해하기 얼마나 어려운가(테스트 크기에 대한 함수)?
- 테스트를 실행하기 얼마나 어려운가(테스트에 직접적으로 관련 있는 프로세스 외부 의존성 개수에 대한 함수)?

테스트가 크면, 필요할 때 파악하기도 변경하기도 어려우므로 유지 보수가 쉽지 않다. 마찬가지로 하나 이상의 프로세스 외부 의존성(데이터베이스 등)과 직접 작동하는 테스트는 데이터베이스 서버 재부팅, 네트워크 연결 문제 해결 등과 같이 운영하는 데 시간이 필요하므로 유지 보수가 어렵다.

출력 기반 테스트의 유지 보수성

다른 두 가지 스타일과 비교하면, 출력 기반 테스트가 가장 유지 보수하기 용이하다. 출력 기반 테스트는 거의 항상 짧고 간결하므로 유지 보수가 쉽다. 이러한 이점은 메서드로 입력을 공급하는 것과 해당 출력을 검증하는 두 가지로 요약할 수 있다는 사실에서 비롯된다. 단 몇 줄로 이 두 가지를 수행할 수 있다.

출력 기반 테스트의 기반 코드는 전역 상태나 내부 상태를 변경할 리 없으므로, 프로세스 외부 의존성을 다루지 않는다. 따라서 두 가지 유지 보수성 모두의 측면에서 출력 기반 테스트가 가장 좋다.

상태 기반 테스트의 유지 보수성

상태 기반 테스트는 일반적으로 출력 기반 테스트보다 유지 보수가 쉽지 않다. 상태 검증은 종종 출력 검증보다 더 많은 공간을 차지하기 때문이다. 다음은 상태 기반 테스트의 또 다른 예제다.

```
[Fact]
public void Adding_a_comment_to_an_article()
{
    var sut = new Article();
    var text = "Comment text";
    var author = "John Doe";
    var now = new DateTime(2019, 4, 1);

    sut.AddComment(text, author, now);

    Assert.Equal(1, sut.Comments.Count);
    Assert.Equal(text, sut.Comments[0].Text);          글의 상태를 검증
    Assert.Equal(author, sut.Comments[0].Author);
    Assert.Equal(now, sut.Comments[0].DateCreated);
}
```

이 테스트는 글에 댓글을 추가한 후 댓글 목록에 댓글이 나타나는지 확인한다. 이 테스트는 단순하고 댓글이 하나만 있지만, 검증부는 네 줄에 걸쳐 있다. 상태 기반 테스트는 종종 훨씬 많은 데이터를 확인해야 하므로 크기가 대폭 커질 수 있다.

대부분 코드를 숨기고 테스트를 단축하는 헬퍼 메서드로 문제를 완화할 수 있지만(예제 6.5 참조), 이러한 메서드를 작성하고 유지하는 데 상당한 노력이 필요하다. 여러 테스트에서 이 메서드를 재사용할 때만 이러한 노력에 명분이 생기지만, 그런 경우는 드물다. 이 책의 3부에서는 헬퍼 메서드를 자세히 설명한다.

```
[Fact]
public void Adding_a_comment_to_an_article()
{
    var sut = new Article();
    var text = "Comment text";
    var author = "John Doe";
    var now = new DateTime(2019, 4, 1);

    sut.AddComment(text, author, now);
```

```
    sut.ShouldContainNumberOfComments(1)
        .WithComment(text, author, now);          헬퍼 메서드
}
```

상태 기반 테스트를 단축하는 또 다른 방법으로, 검증 대상 클래스의 동등 멤버를 정의할 수 있다. 예제 6.6에서 Comment 클래스가 그렇다. 다음 예제에서 보듯이 값 객체(인스턴스를 참조가 아니라 값으로 비교하는 클래스)로 변환할 수 있다. 또한 Fluent Assertions와 같은 검증문 라이브러리를 써서 테스트를 단순하게 할 수 있다.

예제 6.6 값으로 비교하는 Comment

```
[Fact]
public void Adding_a_comment_to_an_article()
{
    var sut = new Article();
    var comment = new Comment(
        "Comment text",
        "John Doe",
        new DateTime(2019, 4, 1));

    sut.AddComment(comment.Text, comment.Author, comment.DateCreated);

    sut.Comments.Should().BeEquivalentTo(comment);
}
```

이 테스트에서 댓글을 개별 속성으로 지정하지 않고도 전체 값으로 비교할 수 있다. 또한 Fluent Assertions의 BeEquivalentTo 메서드를 사용해 전체 컬렉션을 비교할 수 있으므로 컬렉션 크기를 확인할 필요가 없다.

이는 강력한 기술이지만, 본질적으로 클래스가 값에 해당하고 값 객체로 변환할 수 있을 때만 효과적이다. 그렇지 않으면 코드 오염code pollution(단지 단위 테스트를 가능하게 하거나 단순화하기 위한 목적만으로 제품 코드베이스를 오염시키는 것)으로 이어진다. 11장에서는 다른 단위 테스트 안티 패턴과 함께 코드 오염을 설명한다.

보다시피 이 두 가지 기법(헬퍼 메서드 사용과 값 객체로 클래스 변환하기)은 가끔만 적용할 수 있다. 그리고 이러한 기법을 적용할 수 있더라도 상태 기반 테스트는 출력 기반 테스트

보다 공간을 더 많이 차지하므로 유지 보수성이 떨어진다.

통신 기반 테스트의 유지 보수성

통신 기반 테스트는 유지 보수성 지표에서 출력 기반 테스트와 상태 기반 테스트보다 점수가 낮다. 통신 기반 테스트에는 테스트 대역과 상호 작용 검증을 설정해야 하며, 이는 공간을 많이 차지한다. 목이 사슬 형태로 있을 때(다시 말해, 목 사슬^{mock chain}(목이 다른 목을 반환하고, 그 다른 목은 또 다른 목을 반환하는 식으로 여러 계층이 있는 목이나 스텁)이 있을 때) 테스트는 더 커지고 유지 보수하기가 어려워진다.

6.2.4 스타일 비교하기: 결론

이제 좋은 단위 테스트의 특성으로 단위 테스트 스타일을 비교해보자. 표 6.1에 비교 결과를 요약했다. 6.2.1절에서 말했듯이, 세 가지 스타일 모두가 회귀 방지와 피드백 속도 지표에서는 점수가 같다. 따라서 결과에서 이 지표는 생략했다.

출력 기반 테스트가 가장 결과가 좋다. 이 스타일은 구현 세부 사항과 거의 결합되지 않으므로 리팩터링 내성을 적절히 유지하고자 주의를 많이 기울일 필요가 없다. 이러한 테스트는 간결하고 프로세스 외부 의존성이 없기 때문에 유지 보수도 쉽다.

▼ 표 6.1 단위 테스트 스타일 비교

	출력 기반	상태 기반	통신 기반
리팩터링 내성을 지키기 위해 필요한 노력	낮음	중간	중간
유지비	낮음	중간	높음

상태 기반 테스트와 통신 기반 테스트는 두 지표 모두 좋지 않다. 유출된 구현 세부 사항에 결합할 가능성이 높고, 크기도 커서 유지비가 많이 든다.

그러므로 항상 다른 것보다 출력 기반 테스트를 선호하라. 하지만 안타깝게도 말하기는 쉬워도 행하기는 어렵다. 출력 기반 스타일은 함수형으로 작성된 코드에만 적용할 수 있고, 대부분의 객체지향 프로그래밍 언어에는 해당하지 않는다. 그래도 테스트를 출력 기반 스타일로 변경하는 기법이 있다.

이 장의 나머지 부분에서는 어떻게 상태 기반 테스트와 통신 기반 테스트에서 출력 기반 테스트로 바꾸는지 보여준다. 코드를 순수 함수로 만들면 상태 기반 테스트나 통신 기반 테스트 대신 출력 기반 테스트가 가능해진다.

6.3 함수형 아키텍처 이해

바꾸는 방법을 알아보기 전에 약간의 기초 지식이 필요하다. 이 절에서는 함수형 프로그래밍과 함수형 아키텍처가 무엇인지 알아보고, 함수형 아키텍처와 육각형 아키텍처가 어떤 관련이 있는지 살펴본다. 6.4절에서 예제를 통해 바꾸는 방법을 설명한다.

여기서는 함수형 프로그래밍에 대한 심층적인 내용이 아니라 그 기본 원리를 설명한다. 이 기본 원칙은 함수형 프로그래밍과 출력 기반 테스트의 연관성을 이해하기에 충분하다. 함수형 프로그래밍을 좀 더 자세히 알고 싶다면 https://fsharpforfunandprofit.com/books에서 스콧 블라신^{Scott Wlaschin}의 웹 사이트와 책을 참조하라.

6.3.1 함수형 프로그래밍이란?

6.1.1절에서 언급했듯이 출력 기반 단위 테스트 스타일은 함수형이라고도 한다. 기반 제품 코드를 함수형 프로그래밍을 이용해 순수 함수 방식으로 작성해야 하기 때문이다. 그렇다면 함수형 프로그래밍이란 무엇인가?

함수형 프로그래밍은 수학적 함수^{mathematical function}(순수 함수^{pure function}라고도 함)를 사용한 프로그래밍이다. 수학적 함수는 숨은 입출력이 없는 함수(또는 메서드)다. 수학적 함수의 모든 입출력은 메서드 이름, 인수, 반환 타입으로 구성된 메서드 시그니처^{method signature}에 명시해야 한다. 수학적 함수는 호출 횟수에 상관없이 주어진 입력에 대해 동일한 출력을 생성한다.

예제 6.1의 CalculateDiscount() 메서드를 예로 들어보자(편의상 복사함).

```
public decimal CalculateDiscount(Product[] products)
{
    decimal discount = products.Length * 0.01m;
    return Math.Min(discount, 0.2m);
}
```

이 메서드는 하나의 입력(Product 배열)과 하나의 출력(decimal 타입의 discount)이 있으며, 둘 다 메서드 시그니처에 명시돼 있다. 이로써 CalculateDiscount()는 수학적 함수가 된다 (그림 6.5).

▲ **그림 6.5** CalculateDiscount() 메서드에는 하나의 입력(Product 배열)과 하나의 출력(decimal 타입의 discount) 이 있다. 입출력 모두 메서드 시그니처에 명시돼 있으므로 CalculateDiscount()는 수학적 함수가 된다.

숨은 입출력이 없는 메서드는 수학에서 말하는 함수의 정의를 준수하기 때문에 수학적 함수라고 한다.

> |**정의**| 수학에서의 함수는 첫 번째 집합의 각 요소에 대해 두 번째 집합에서 정확히 하나의 요소를 찾는 두 집합 사이의 관계다.

그림 6.6은 각 입력 수 x에 대해 함수 $f(x) = x + 1$에 해당하는 수 y를 어떻게 찾는지를 보여준다. 그림 6.7은 그림 6.6과 같은 표기법을 사용해 CalculateDiscount() 메서드를 보여준다.

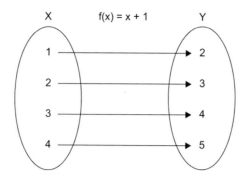

▲ **그림 6.6** 수학에서 함수의 대표적인 예로 f(x) = x + 1이 있다. 집합 X의 각 입력 수 x에 대해 함수는 집합 Y의 해당하는 수 y를 찾는다.

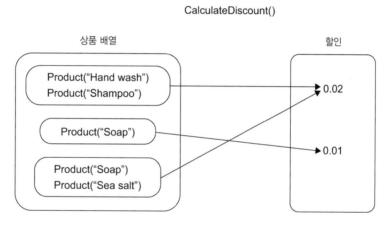

▲ **그림 6.7** 함수 f(x) = x + 1과 동일한 표기법으로 표현한 CalculateDiscount() 메서드. 상품의 각 입력 배열에 대해 해당 할인을 출력으로 찾는다.

입출력을 명시한 수학적 함수는 이에 따르는 테스트가 짧고 간결하며 이해하고 유지 보수하기 쉬우므로 테스트하기가 매우 쉽다. 출력 기반 테스트를 적용할 수 있는 메서드 유형은 수학적 함수뿐이다. 이는 유지 보수성이 뛰어나고 거짓 양성 빈도가 낮다.

반면에 숨은 입출력은 코드를 테스트하기 힘들게 한다(가독성도 떨어짐). 숨은 입출력의 유형은 다음과 같다.

- **사이드 이펙트**: 사이드 이펙트는 메서드 시그니처에 표시되지 않은 출력이며, 따라

서 숨어있다. 연산은 클래스 인스턴스의 상태를 변경하고 디스크의 파일을 업데이트하는 등 사이드 이펙트를 발생시킨다.

- **예외**: 메서드가 예외를 던지면, 프로그램 흐름에 메서드 시그니처에 설정된 계약을 우회하는 경로를 만든다. 호출된 예외는 호출 스택의 어느 곳에서도 발생할 수 있으므로, 메서드 시그니처가 전달하지 않는 출력을 추가한다.

- **내외부 상태에 대한 참조**: DateTime.Now와 같이 정적 속성을 사용해 현재 날짜와 시간을 가져오는 메서드가 있을 수 있다. 데이터베이스에서 데이터를 질의할 수 있고, 비공개 변경 가능 필드를 참조할 수도 있다. 이 모두 메서드 시그니처에 없는 실행 흐름에 대한 입력이며, 따라서 숨어있다.

메서드가 수학적 함수인지 판별하는 가장 좋은 방법은 프로그램의 동작을 변경하지 않고 해당 메서드에 대한 호출을 반환 값으로 대체할 수 있는지 확인하는 것이다. 메서드 호출을 해당 값으로 바꾸는 것을 참조 투명성referential transparency이라고 한다. 예를 들어 다음 메서드를 보자.

```
public int Increment(int x)
{
    return x + 1;
}
```

이 메서드는 수학적 함수다. 다음 두 구문은 서로 동일하다.

```
int y = Increment(4);
int y = 5;
```

반면에 다음 메서드는 수학적 함수가 아니다. 반환 값이 메서드의 출력을 모두 나타내지 않으므로 반환 값으로 대체할 수 없다. 이 예제에서 숨은 출력은 필드 x의 변경(사이드 이펙트)이다.

```
int x = 0;
public int Increment()
{
```

```
    x++;
    return x;
}
```

사이드 이펙트는 숨은 출력의 가장 일반적인 유형이다. 다음 예제는 겉으로 수학적 함수처럼 보이지만, 실제로 그렇지 않은 AddComment 메서드를 보여준다. 그림 6.8은 이 메서드를 도표로 보여준다.

예제 6.7 내부 상태의 수정

```
public Comment AddComment(string text)
{
    var comment = new Comment(text);
    _comments.Add(comment);       ◀── 사이드 이펙트
    return comment;
}
```

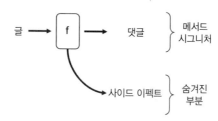

▲ **그림 6.8** AddComment 메서드(f에 해당)는 글(text)을 입력으로 하고 댓글(Comment)을 출력으로 하며, 둘 다 메서드 시그니처에 표현돼 있다. 사이드 이펙트는 추가적인 숨은 출력이다.

6.3.2 함수형 아키텍처란?

물론 어떤 사이드 이펙트도 일으키지 않는 애플리케이션을 만들 수는 없다. 이러한 애플리케이션은 비현실적이다. 결국 사이드 이펙트는 사용자 정보 업데이트, 장바구니에 새로운 주문 추가 등 모든 애플리케이션이 만들어내는 것이다.

함수형 프로그래밍의 목표는 사이드 이펙트를 완전히 제거하는 것이 아니라 비즈니스 로직을 처리하는 코드와 사이드 이펙트를 일으키는 코드를 분리하는 것이다. 이 두 가지 책

임은 각각만 보더라도 충분히 복잡하다. 모두 고려하면 복잡도가 배가되고 장기적으로 코드의 유지 보수성을 방해한다. 함수형 아키텍처는 바로 이곳에 적용된다. 사이드 이펙트를 비즈니스 연산 끝으로 몰아서 비즈니스 로직을 사이드 이펙트와 분리한다.

> |정의| 함수형 아키텍처는 사이드 이펙트를 다루는 코드를 최소화하면서 순수 함수(불변) 방식으로 작성한 코드의 양을 극대화한다. '불변(immutable)'이란 변하지 않는 것을 의미한다. 일단 객체가 생성되면 그 상태는 바꿀 수 없다. 이는 생성 후 수정할 수 있는 변경 가능한(mutable) 객체와 대조적이다.

다음 두 가지 코드 유형을 구분해서 비즈니스 로직과 사이드 이펙트를 분리할 수 있다.

- **결정을 내리는 코드**: 이 코드는 사이드 이펙트가 필요 없기 때문에 수학적 함수를 사용해 작성할 수 있다.
- **해당 결정에 따라 작용하는 코드**: 이 코드는 수학적 함수에 의해 이뤄진 모든 결정을 데이터베이스의 변경이나 메시지 버스로 전송된 메시지와 같이 가시적인 부분으로 변환한다.

결정을 내리는 코드는 종종 함수형 코어functional core(불변 코어immutable core라고도 함)라고도 한다. 해당 결정에 따라 작용하는 코드는 가변 셸mutable shell이다(그림 6.9).

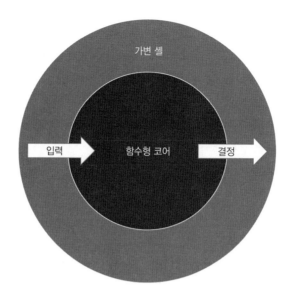

가변 셀

입력 → 함수형 코어 → 결정

▲ **그림 6.9** 함수형 아키텍처에서 함수형 코어는 수학적 함수를 사용해 구현되며 애플리케이션에서 모든 결정을 내린다. 가변 셀은 함수형 코어에 입력 데이터를 제공하고 데이터베이스와 같은 프로세스 외부 의존성에 사이드 이펙트를 적용해 그 결정을 해석한다.

함수형 코어와 가변 셀은 다음과 같은 방식으로 협력한다.

- 가변 셀은 모든 입력을 수집한다.
- 함수형 코어는 결정을 생성한다.
- 셀은 결정을 사이드 이펙트로 변환한다.

이 두 계층을 계속 잘 분리하려면, 가변 셀이 의사 결정을 추가하지 않게끔 결정을 나타내는 클래스에 정보가 충분히 있는지 확인해야 한다. 다시 말해, 가변 셀은 가능한 한 아무 말도 하지 않아야 한다. 목표는 출력 기반 테스트로 함수형 코어를 두루 다루고 가변 셀을 훨씬 더 적은 수의 통합 테스트에 맡기는 것이다.

캡슐화와 같이, (일반적으로) 함수형 아키텍처와 (특히) 불변성은 단위 테스트와 같은 목표가 있다. 소프트웨어 프로젝트의 지속적인 성장을 가능하게 하는 것이다. 실제로 캡슐화 개념과 불변성 개념 사이에는 깊은 연관성이 있다.

5장에서 살펴봤듯이, 캡슐화는 코드에 모순이 생기지 않도록 보호하는 행위다. 캡슐화는 다음을 통해 클래스 내부가 변질되지 않도록 보호한다.

- 데이터 수정이 가능한 API 노출 영역 축소
- 나머지 API를 철저히 조사

불변성은 다른 각도에서 존재하는 불변을 해결한다. 불변 클래스를 사용하면 변경할 수 없는 것을 처음부터 변형할 수 없으므로 상태 변질에 대해 걱정할 필요가 없다. 결과적으로 함수형 프로그래밍에서 캡슐화할 필요가 없으며, 인스턴스를 만들 때 클래스의 상태를 한 번만 확인하면 된다. 그 후에 이 인스턴스를 자유롭게 전달할 수 있다. 모든 데이터가 불변일 때 캡슐화가 되지 않아 생긴 문제는 모두 간단히 사라진다.

그런 점에서 마이클 페더스(Michael Feathers)의 훌륭한 문장을 다음과 같이 인용할 수 있다.

> *객체지향 프로그래밍은 작동 부분을 캡슐화해 코드를 이해할 수 있게 한다. 함수형 프로그래밍은 작동 부분을 최소화해 코드를 이해할 수 있게 한다.*

6.3.3 함수형 아키텍처와 육각형 아키텍처 비교

함수형 아키텍처와 육각형 아키텍처는 비슷한 점이 많다. 둘 다 관심사 분리라는 아이디어를 기반으로 한다. 그러나 분리를 둘러싼 구체적인 내용은 다양하다.

5장에서 살펴봤듯이, 육각형 아키텍처는 도메인 계층과 애플리케이션 서비스 계층을 구별한다(그림 6.10). 도메인 계층은 비즈니스 로직에 책임이 있는 반면, 애플리케이션 서비스 계층은 데이터베이스나 SMTP 서비스와 같이 외부 애플리케이션과의 통신에 책임이 있다. 이는 결정과 실행을 분리하는 함수형 아키텍처와 매우 유사하다.

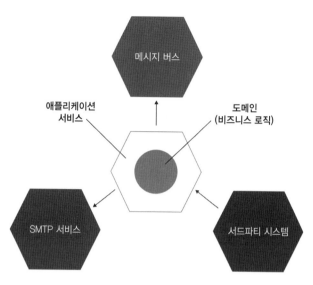

▲ **그림 6.10** 육각형 아키텍처는 상호 작용하는 애플리케이션(육각형)의 집합이다. 애플리케이션은 도메인 계층과 애플리케이션 서비스 계층으로 구성되며, 이는 함수형 아키텍처의 함수형 코어와 가변 셀에 해당한다.

또 다른 유사점은 의존성 간의 단방향 흐름이다. 육각형 아키텍처에서 도메인 계층 내 클래스는 서로에게만 의존해야 한다. 애플리케이션 서비스 계층의 클래스에 의존해서는 안 된다. 마찬가지로 함수형 아키텍처의 불변 코어는 가변 셀에 의존하지 않는다. 자급할 수 있고 외부 계층과 격리돼 작동할 수 있다. 이로 인해 함수형 아키텍처를 테스트하기 쉽다. 가변 셀에서 불변 코어를 완전히 떼어내 셀이 제공하는 입력을 단순한 값으로 모방할 수 있다.

이 둘의 차이점은 사이드 이펙트에 대한 처리에 있다. 함수형 아키텍처는 모든 사이드 이펙트를 불변 코어에서 비즈니스 연산 가장자리로 밀어낸다. 이 가장자리는 가변 셀이 처리한다. 반면 육각형 아키텍처는 도메인 계층에 제한하는 한, 도메인 계층으로 인한 사이드 이펙트도 문제없다. 육각형 아키텍처의 모든 수정 사항은 도메인 계층 내에 있어야 하며, 계층의 경계를 넘어서는 안 된다. 예를 들어 도메인 클래스 인스턴스는 데이터베이스에 직접 저장할 수 없지만, 상태는 변경할 수 있다. 애플리케이션 서비스에서 이 변경 사항을 데이터베이스에 적용한다.

> |**참고**| 함수형 아키텍처는 육각형 아키텍처의 하위 집합이다. 극단적으로는 함수형 아키텍처를 육각형 아키텍처로 볼 수도 있다.

6.4 함수형 아키텍처와 출력 기반 테스트로의 전환

이 절에서는 샘플 애플리케이션을 함수형 아키텍처로 리팩터링한다. 두 가지 리팩터링 단계를 볼 수 있다.

- 프로세스 외부 의존성에서 목으로 변경
- 목에서 함수형 아키텍처로 변경

이러한 전환은 테스트 코드에도 영향을 미친다! 상태 기반 테스트와 통신 기반 테스트를 출력 기반 테스트 스타일로 리팩터링할 것이다. 리팩터링을 시작하기 전에 샘플 프로젝트와 이를 다루는 테스트를 살펴보자.

6.4.1 감사 시스템 소개

샘플 프로젝트는 조직의 모든 방문자를 추적하는 감사 시스템이다. 그림 6.11에 표시된 구조로 텍스트 파일을 기반 저장소로 사용한다. 이 시스템은 가장 최근 파일의 마지막 줄에 방문자의 이름과 방문 시간을 추가한다. 파일당 최대 항목 수에 도달하면 인덱스를 증가시켜 새 파일을 작성한다.

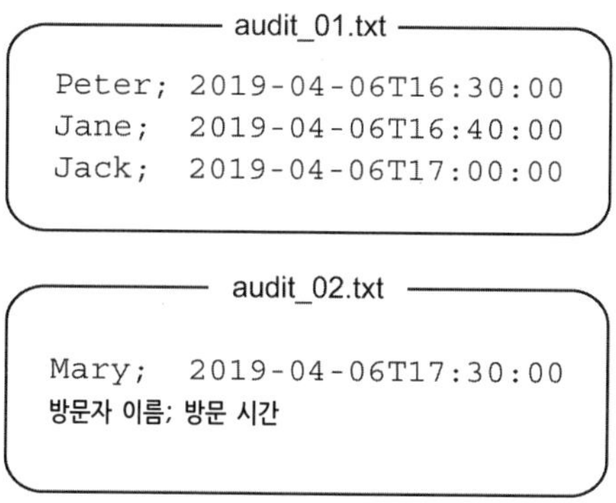

┌──────── audit_01.txt ────────┐
Peter; 2019-04-06T16:30:00
Jane; 2019-04-06T16:40:00
Jack; 2019-04-06T17:00:00
└──────────────────────────────┘

┌──────── audit_02.txt ────────┐

Mary; 2019-04-06T17:30:00
방문자 이름; 방문 시간
└──────────────────────────────┘

▲ **그림 6.11** 감사 시스템은 방문자에 대한 정보를 특정 형식의 텍스트 파일로 저장한다. 파일당 최대 항목 수에 도달하면 시스템은 새 파일을 작성한다.

다음 예제는 시스템의 초기 버전이다.

예제 6.8 감사 시스템의 초기 구현

```
public class AuditManager
{
    private readonly int _maxEntriesPerFile;
    private readonly string _directoryName;

    public AuditManager(int maxEntriesPerFile, string directoryName)
    {
        _maxEntriesPerFile = maxEntriesPerFile;
        _directoryName = directoryName;
    }

    public void AddRecord(string visitorName, DateTime timeOfVisit)
    {
        string[] filePaths = Directory.GetFiles(_directoryName);
        (int index, string path)[] sorted = SortByIndex(filePaths);

        string newRecord = visitorName + ';' + timeOfVisit;

        if (sorted.Length == 0)
        {
            string newFile = Path.Combine(_directoryName, "audit_1.txt");
```

```
        File.WriteAllText(newFile, newRecord);
        return;
    }

    (int currentFileIndex, string currentFilePath) = sorted.Last();
    List<string> lines = File.ReadAllLines(currentFilePath).ToList();

    if (lines.Count < _maxEntriesPerFile)
    {
        lines.Add(newRecord);
        string newContent = string.Join("\r\n", lines);
        File.WriteAllText(currentFilePath, newContent);
    }
    else
    {
        int newIndex = currentFileIndex + 1;
        string newName = $"audit_{newIndex}.txt";
        string newFile = Path.Combine(_directoryName, newName);
        File.WriteAllText(newFile, newRecord);
    }
    }
}
```

코드가 다소 많아 보일 수 있지만 꽤 간단하다. AuditManager는 애플리케이션의 주요 클래스다. 생성자는 파일당 최대 항목 수와 작업 디렉터리를 설정 매개변수로 받는다. 이 클래스에 공개 메서드는 AddRecord뿐이며, 감사 시스템의 모든 작업을 수행한다.

- 작업 디렉터리에서 전체 파일 목록을 검색한다.
- 인덱스별로 정렬한다(모든 파일 이름은 audit_{index}.txt와 같은 패턴을 따른다. 예: audit_1.txt).
- 아직 감사 파일이 없으면 단일 레코드로 첫 번째 파일을 생성한다.
- 감사 파일이 있으면 최신 파일을 가져와서 파일의 항목 수가 한계에 도달했는지에 따라 새 레코드를 추가하거나 새 파일을 생성한다.

AuditManager 클래스는 파일 시스템과 밀접하게 연결돼 있어 그대로 테스트하기가 어렵다. 테스트 전에 파일을 올바른 위치에 배치하고, 테스트가 끝나면 해당 파일을 읽고 내용을 확인한 후 삭제해야 한다(그림 6.12).

▲ **그림 6.12** 감사 시스템 초기 버전에 대한 테스트는 파일 시스템에 직접적으로 수행해야 한다.

노력을 더 들이면 유지비가 크게 증가하지만, 이렇게 하지 않고서는 테스트를 병렬 처리할 수 없을 것이다. 병목 지점은 파일 시스템이다. 이는 테스트가 실행 흐름을 방해할 수 있는 공유 의존성이다.

또 파일 시스템은 테스트를 느리게 한다. 로컬 시스템과 빌드 서버 모두 작업 디렉터리가 있고 테스트할 수 있어야 하므로 유지 보수성도 저하된다. 표 6.2에 점수를 요약했다.

▼ **표 6.2** 감사 시스템의 초기 버전은 좋은 단위 테스트의 4대 요소 중 두 개 요소에서 나쁜 점수를 받았다.

	초기 버전
회귀 방지	좋음
리팩터링 내성	좋음
빠른 피드백	나쁨
유지 보수성	나쁨

한편 파일 시스템에 직접 작동하는 테스트는 단위 테스트의 정의에 맞지 않는다. 단위 테스트의 두 번째와 세 번째 특성을 준수하지 않으므로, 통합 테스트 범주에 속한다(자세한 내용은 2장 참조).

- 단위 테스트는 단일 동작 단위를 검증하고
- 빠르게 수행하고
- 다른 테스트와 별도로 처리한다.

6.4.2 테스트를 파일 시스템에서 분리하기 위한 목 사용

테스트가 밀접하게 결합된 문제는 일반적으로 파일 시스템을 목으로 처리해 해결한다. 파일의 모든 연산을 별도의 클래스(IFileSystem)로 도출하고 AuditManager에 생성자로 해당 클래스를 주입할 수 있다. 그런 다음 테스트는 이 클래스를 목으로 처리하고 감사 시스템이 파일에 수행하는 쓰기를 캡처한다(그림 6.13).

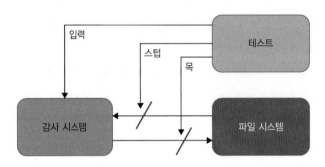

▲ **그림 6.13** 테스트는 파일 시스템을 목으로 처리해 감사 시스템이 파일에 수행하는 쓰기를 캡처할 수 있다.

다음 예제에서는 파일 시스템이 AuditManager에 어떻게 주입되는지 보여준다.

예제 6.9 생성자를 통한 파일 시스템의 명시적 주입

```
public class AuditManager
{
    private readonly int _maxEntriesPerFile;
    private readonly string _directoryName;
    private readonly IFileSystem _fileSystem;          ◄─────┐   파일 시스템을 나타내는
                                                             │   새로운 인터페이스
    public AuditManager(                                     │
        int maxEntriesPerFile,                               │
        string directoryName,                                │
        IFileSystem fileSystem)                              │
    {                                                        │
        _maxEntriesPerFile = maxEntriesPerFile;              │
        _directoryName = directoryName;                      │
        _fileSystem = fileSystem;           ◄────────────────┘
    }
}
```

다음은 AddRecord 메서드다.

```
public void AddRecord(string visitorName, DateTime timeOfVisit)
{
    string[] filePaths = _fileSystem
        .GetFiles(_directoryName);
    (int index, string path)[] sorted = SortByIndex(filePaths);

    string newRecord = visitorName + ';' + timeOfVisit;

    if (sorted.Length == 0)
    {
        string newFile = Path.Combine(_directoryName, "audit_1.txt");
        _fileSystem.WriteAllText(
            newFile, newRecord);
        return;
    }

    (int currentFileIndex, string currentFilePath) = sorted.Last();
    List<string> lines = _fileSystem
        .ReadAllLines(currentFilePath);

    if (lines.Count < _maxEntriesPerFile)
    {
        lines.Add(newRecord);
        string newContent = string.Join("\r\n", lines);
        _fileSystem.WriteAllText(
            currentFilePath, newContent);
    }
    else
    {
        int newIndex = currentFileIndex + 1;
        string newName = $"audit_{newIndex}.txt";
        string newFile = Path.Combine(_directoryName, newName);
        _fileSystem.WriteAllText(
            newFile, newRecord);
    }
}
```

새로운
인터페이스
활용

새로운
인터페이스
활용

예제 6.10에서 IFileSystem은 파일 시스템 작업을 캡슐화한 새로운 사용자 정의 인터페이스다.

```csharp
public interface IFileSystem
{
    string[] GetFiles(string directoryName);
    void WriteAllText(string filePath, string content);
    List<string> ReadAllLines(string filePath);
}
```

이제 AuditManager가 파일 시스템에서 분리되므로, 공유 의존성이 사라지고 테스트를 서로 독립적으로 실행할 수 있다. 다음은 그러한 테스트다.

예제 6.11 목을 이용한 감사 시스템의 동작 확인

```csharp
[Fact]
public void A_new_file_is_created_when_the_current_file_overflows()
{
    var fileSystemMock = new Mock<IFileSystem>();
    fileSystemMock
        .Setup(x => x.GetFiles("audits"))
        .Returns(new string[]
        {
            @"audits\audit_1.txt",
            @"audits\audit_2.txt"
        });
    fileSystemMock
        .Setup(x => x.ReadAllLines(@"audits\audit_2.txt"))
        .Returns(new List<string>
        {
            "Peter; 2019-04-06T16:30:00",
            "Jane; 2019-04-06T16:40:00",
            "Jack; 2019-04-06T17:00:00"
        });
    var sut = new AuditManager(3, "audits", fileSystemMock.Object);

    sut.AddRecord("Alice", DateTime.Parse("2019-04-06T18:00:00"));
```

```
    fileSystemMock.Verify(x => x.WriteAllText(
        @"audits\audit_3.txt",
        "Alice;2019-04-06T18:00:00"));
}
```

이 테스트는 현재 파일의 항목 수가 한계(이 예제에서는 세 개)에 도달했을 때, 감사 항목
이 하나 있는 새 파일을 생성하는지 검증한다. 이는 목을 타당하게 사용하는 것이다. 애플
리케이션은 최종 사용자가 볼 수 있는 파일을 생성한다(최종 사용자가 다른 프로그램(전용 소프
트웨어 또는 단순한 notepad.exe)을 사용해 파일을 읽은 것으로 가정). 따라서 파일 시스템과의 통
신과 이러한 통신의 사이드 이펙트(파일 변경)는 애플리케이션의 식별할 수 있는 동작이다.
5장에서 살펴봤듯이, 목을 사용하기에 타당한 유스케이스다.

이 구현은 초기 버전보다 개선됐다. 테스트는 더 이상 파일 시스템에 접근하지 않으므
로 더 빨리 실행된다. 테스트를 만족시키려고 파일 시스템을 다룰 필요가 없으므로 유지비
도 절감된다. 리팩터링을 해도 회귀 방지와 리팩터링 내성이 나빠지지 않았다. 표 6.3에서
두 버전 간의 차이점을 보여준다.

▼ **표 6.3** 감사 시스템의 초기 버전과 목을 사용한 버전의 비교

	초기 버전	목 사용
회귀 방지	좋음	좋음
리팩터링 내성	좋음	좋음
빠른 피드백	나쁨	좋음
유지 보수성	나쁨	중간

하지만 더 개선할 수 있다. 예제 6.11의 테스트는 복잡한 설정을 포함하며, 이는 유지비
측면에서 이상적이지 않다. 목 라이브러리가 최선을 다해 도움을 주지만, 작성된 테스트는
여전히 평이한 입출력에 의존하는 테스트만큼 읽기가 쉽지 않다.

6.4.3 함수형 아키텍처로 리팩터링하기

인터페이스 뒤로 사이드 이펙트를 숨기고 해당 인터페이스를 AuditManager에 주입하는 대

신, 사이드 이펙트를 클래스 외부로 완전히 이동할 수 있다. 그러면 AuditManager는 파일에 수행할 작업을 둘러싼 결정만 책임지게 된다. 새로운 클래스인 Persister는 그 결정에 따라 파일 시스템에 업데이트를 적용한다(그림 6.14).

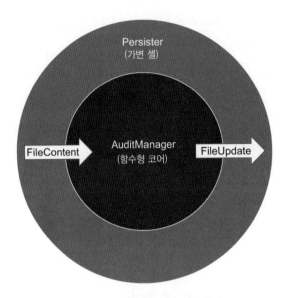

▲ **그림 6.14** Persister와 AuditManager는 함수형 아키텍처를 형성한다. Persister는 작업 디렉터리에서 파일과 해당 내용을 수집해 AuditManager에 준 다음, 반환 값을 파일 시스템의 변경 사항으로 변환한다.

이 시나리오에서 Persister가 가변 셀 역할을 하는 반면, AuditManager는 함수형 코어(불변 코어)에 해당한다. 다음 예제는 리팩터링 후의 AuditManager다.

예제 6.12 리팩터링 후의 AuditManager

```
public class AuditManager
{
    private readonly int _maxEntriesPerFile;

    public AuditManager(int maxEntriesPerFile)
    {
        _maxEntriesPerFile = maxEntriesPerFile;
    }
```

```
    public FileUpdate AddRecord(
        FileContent[] files,
        string visitorName,
        DateTime timeOfVisit)
    {
        (int index, FileContent file)[] sorted = SortByIndex(files);

        string newRecord = visitorName + ';' + timeOfVisit;

        if (sorted.Length == 0)
        {
            return new FileUpdate(
                "audit_1.txt", newRecord);          업데이트 명령 반환
        }

        (int currentFileIndex, FileContent currentFile) = sorted.Last();
        List<string> lines = currentFile.Lines.ToList();

        if (lines.Count < _maxEntriesPerFile)
        {
            lines.Add(newRecord);
            string newContent = string.Join("\r\n", lines);
            return new FileUpdate(
                currentFile.FileName, newContent);
        }
        else
        {                                               업데이트 명령 반환
            int newIndex = currentFileIndex + 1;
            string newName = $"audit_{newIndex}.txt";
            return new FileUpdate(
                newName, newRecord);
        }
    }
}
```

AuditManager는 이제 작업 디렉터리 경로 대신 FileContent 배열을 받는다. 이 클래스는
결정을 내리기 위해 파일 시스템에 대해 알아야 할 모든 것을 포함한다.

```
public class FileContent
{
    public readonly string FileName;
    public readonly string[] Lines;

    public FileContent(string fileName, string[] lines)
    {
        FileName = fileName;
        Lines = lines;
    }
}
```

또한 작업 디렉터리의 파일을 변경하는 대신, 이제 AuditManager는 수행하려는 사이드 이펙트에 대한 명령을 반환한다.

```
public class FileUpdate
{
    public readonly string FileName;
    public readonly string NewContent;

    public FileUpdate(string fileName, string newContent)
    {
        FileName = fileName;
        NewContent = newContent;
    }
}
```

다음 예제는 Persister 클래스다.

예제 6.13 AuditManager의 결정에 영향을 받는 가변 셀

```
public class Persister
{
    public FileContent[] ReadDirectory(string directoryName)
    {
        return Directory
            .GetFiles(directoryName)
            .Select(x => new FileContent(
                Path.GetFileName(x),
```

```
                File.ReadAllLines(x)))
            .ToArray();
    }

    public void ApplyUpdate(string directoryName, FileUpdate update)
    {
        string filePath = Path.Combine(directoryName, update.FileName);
        File.WriteAllText(filePath, update.NewContent);
    }
}
```

이 클래스가 얼마나 간결한지 확인해보자. 작업 디렉터리에서 내용을 읽고 AuditManager 에서 받은 업데이트 명령을 작업 디렉터리에 다시 수행하기만 하면 된다. 여기에는 분기가 없다(if 문 없음). 따라서 모든 복잡도는 AuditManager 클래스에 있다. 이것이 비즈니스 로직 과 사이드 이펙트의 분리다.

이렇게 분리를 유지하려면, FileContent와 FileUpdate의 인터페이스를 프레임워크에 내 장된 파일 상호 작용 명령과 최대한 가깝게 둬야 한다. 파싱과 준비 모두 함수형 코어에서 수행하므로, 함수형 코어 외부의 코드는 간결하게 유지된다. 예를 들어 .NET에 파일 내용 을 문자열 배열로 반환하는 내장 함수인 File.ReadAllLines()가 있지 않고 단일 문자열을 반환하는 File.ReadAllText()만 있으면, FileContent의 Lines 속성을 문자열로 바꾸고 AuditManager에서 파싱해야 한다.

```
public class FileContent
{
    public readonly string FileName;
    public readonly string Text; // 이전에는 string[] Lines;
}
```

AuditManager와 Persister를 붙이려면, 다음 예제에서 보듯이 육각형 아키텍처 분류 체 계상 애플리케이션 서비스라는 또 다른 클래스가 필요하다.

```
public class ApplicationService
{
    private readonly string _directoryName;
    private readonly AuditManager _auditManager;
    private readonly Persister _persister;

    public ApplicationService(
        string directoryName, int maxEntriesPerFile)
    {
        _directoryName = directoryName;
        _auditManager = new AuditManager(maxEntriesPerFile);
        _persister = new Persister();
    }

    public void AddRecord(string visitorName, DateTime timeOfVisit)
    {
        FileContent[] files = _persister.ReadDirectory(_directoryName);
        FileUpdate update = _auditManager.AddRecord(
            files, visitorName, timeOfVisit);
        _persister.ApplyUpdate(_directoryName, update);
    }
}
```

함수형 코어와 가변 셸을 붙이면서 애플리케이션 서비스가 외부 클라이언트를 위한 시스템의 진입점을 제공한다(그림 6.15). 이러한 구현으로 감사 시스템의 동작을 쉽게 확인할 수 있다. 이제 모든 테스트는 작업 디렉터리의 가상 상태를 제공하고 AuditManager가 내린 결정을 검증하는 것으로 단축됐다.

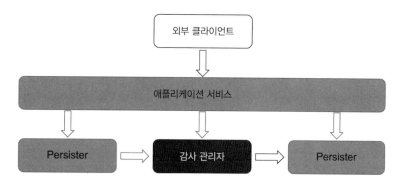

외부 클라이언트

애플리케이션 서비스

Persister

감사 관리자

Persister

▲ **그림 6.15** ApplicationService는 함수형 코어(AuditManager)와 가변 셀(Persister)을 붙이고, 외부 클라이언트를 위한 진입점을 제공한다. 육각형 아키텍처 분류법에서 ApplicationService와 Persister는 애플리케이션 서비스 계층에 해당하고, AuditManager는 도메인 모델에 속한다.

예제 6.15 목 없이 작성된 테스트

```
[Fact]
public void A_new_file_is_created_when_the_current_file_overflows()
{
    var sut = new AuditManager(3);
    var files = new FileContent[]
    {
        new FileContent("audit_1.txt", new string[0]),
        new FileContent("audit_2.txt", new string[]
        {
            "Peter; 2019-04-06T16:30:00",
            "Jane; 2019-04-06T16:40:00",
            "Jack; 2019-04-06T17:00:00"
        })
    };

    FileUpdate update = sut.AddRecord(
        files, "Alice", DateTime.Parse("2019-04-06T18:00:00"));

    Assert.Equal("audit_3.txt", update.FileName);
    Assert.Equal("Alice;2019-04-06T18:00:00", update.NewContent);
}
```

이 테스트는 목을 사용한 테스트와 같이 초기 버전에 비해 빠른 피드백이 개선됐을 뿐만 아니라 유지 보수성 지표도 향상됐다. 더 이상 복잡한 목 설정이 필요 없고, 단순한 입출력만 필요하므로 테스트 가독성을 크게 향상시킨다. 표 6.4에서는 출력 기반 테스트를 초기 버전 및 목을 사용한 버전과 비교했다.

▼ 표 6.4 이전 두 버전과 비교한 출력 기반 테스트

	초기 버전	목 사용	출력 기반
회귀 방지	좋음	좋음	좋음
리팩터링 내성	좋음	좋음	좋음
빠른 피드백	나쁨	좋음	좋음
유지 보수성	나쁨	중간	좋음

함수형 코어가 생성한 명령은 항상 값이거나 값 집합이다. 값은 내용이 일치하는 한, 두 인스턴스를 서로 바꿀 수 있다. 이 사실을 활용하면, FileUpdate를 값 객체로 전환해서 테스트 가독성을 더욱 향상시킬 수 있다. .NET에서 하려면, 클래스를 구조체(struct)로 변환하거나 동등 멤버를 따로 정의해야 한다. 그러면 참조 비교 대신 값 비교(C# 클래스의 기본 동작)를 할 수 있다. 값으로 비교하면 예제 6.15의 두 검증문을 하나로 압축할 수 있다.

```
Assert.Equal(
    new FileUpdate("audit_3.txt", "Alice;2019-04-06T18:00:00"),
    update);
```

또는 Fluent Assertions를 사용하면 다음과 같다.

```
update.Should().Be(
    new FileUpdate("audit_3.txt", "Alice;2019-04-06T18:00:00"));
```

6.4.4 예상되는 추가 개발

잠시 뒤로 물러나서 샘플 프로젝트에 있을 만한 추가 개발 사항들을 살펴보자. 감사 시스템은 매우 간단하고 다음 세 가지 분기만 있다.

- 작업 디렉터리가 비어있는 경우 새로운 파일 작성
- 기존 파일에 새 레코드 추가
- 현재 파일의 항목 수가 한도를 초과할 때 다른 파일 작성

그리고 유스케이스는 감사 기록에 항목을 추가하는 것뿐이다. 특정 방문자에 대한 언급을 모두 삭제하는 등 다른 유스케이스가 있다면 어떨까? 시스템이 유효성 검사(예: 방문자 이름의 최대 길이)를 해야 한다면 어떨까?

특정 방문자에 대한 언급을 모두 삭제하려면 여러 파일에 영향을 줄 수 있으므로, 새 메서드는 여러 개의 파일 명령을 반환해야 한다.

```
public FileUpdate[] DeleteAllMentions(
    FileContent[] files, string visitorName)
```

또한 비즈니스 담당자가 작업 디렉터리에 빈 파일을 두지 않도록 요구할 수 있다. 삭제 항목이 감사 파일의 마지막 항목이면, 해당 파일도 같이 제거해야 한다. 이 요구 사항을 구현하려면, FileUpdate를 FileAction이라는 이름으로 바꾸고, ActionType 열거형 필드를 추가해서 업데이트인지 삭제인지를 나타낼 수 있다.

함수형 아키텍처를 통해 오류 처리가 더욱 간단해지고 명확해진다. FileUpdate 클래스나 별도의 구성 요소로 메서드 시그니처에 오류를 포함할 수 있다.

```
public (FileUpdate update, Error error) AddRecord(
    FileContent[] files,
    string visitorName,
    DateTime timeOfVisit)
```

그러면 애플리케이션 서비스에서 이 오류를 확인할 수 있다. 오류가 있으면 서비스는 업데이트 명령을 Persister에 넘기지 않고, 사용자에게 오류 메시지를 전달한다.

6.5 함수형 아키텍처의 단점 이해하기

안타깝게도 항상 함수형 아키텍처를 이룰 수 있는 것은 아니다. 또한 함수형 아키텍처라고 해도, 코드베이스가 커지고 성능에 영향을 미치면서 유지 보수성의 이점이 상쇄된다. 이 절에서는 함수형 아키텍처와 관련된 비용과 장단점을 살펴본다.

6.5.1 함수형 아키텍처 적용 가능성

감사 시스템은 결정을 내리기 전에 입력을 모두 미리 수집할 수 있으므로 함수형 아키텍처가 잘 작동했다. 그러나 종종 실행 흐름이 간단하지 않다. 의사 결정 절차의 중간 결과에 따라 프로세스 외부 의존성에서 추가 데이터를 질의할 수도 있다.

예를 들어보자. 지난 24시간 동안 방문 횟수가 임계치를 초과하면 감사 시스템이 방문자의 접근 레벨을 확인해야 한다고 해보자. 그리고 방문자의 접근 레벨이 모두 데이터베이스에 저장돼 있다고 가정하자. 다음과 같이 IDatabase 인스턴스를 AuditManager에 전달할 수 있다.

```
public FileUpdate AddRecord(
    FileContent[] files, string visitorName,
    DateTime timeOfVisit, IDatabase database
)
```

이 인스턴스는 AddRecord() 메서드에 숨은 입력이 생겼다. 따라서 이 메서드는 수학적 함수가 될 수 없으며(그림 6.16) 더 이상 출력 기반 테스트를 적용할 수 없다.

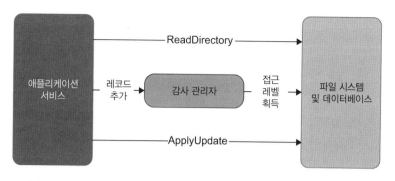

▲ **그림 6.16** 데이터베이스에 대한 의존성으로 인해 감사 관리자에 숨은 입력이 생겼다. 이러한 클래스는 더 이상 순수 함수가 아니며, 전체 애플리케이션은 더 이상 함수형 아키텍처를 따르지 않는다.

이러한 상황에는 두 가지 해결책이 있다.

- 애플리케이션 서비스 전면에서 디렉터리 내용과 더불어 방문자 접근 레벨을 수집할 수 있다.
- AuditManager에서는 IsAccessLevelCheckRequired()와 같은 새로운 메서드를 둬야 한다. 애플리케이션 서비스에서 AddRecord() 전에 이 메서드를 호출하고, true를 반환하면 서비스는 데이터베이스에서 접근 레벨을 가져온 후 AddRecord()에 전달한다.

두 방법 모두 단점은 있다. 첫 번째 방법은 성능이 저하된다. 접근 레벨이 필요 없는 경우에도 무조건 데이터베이스에 질의한다. 그러나 이 방법은 비즈니스 로직과 외부 시스템과의 통신을 완전히 계속 분리할 수 있다. 즉, 이전과 같이 모든 의사 결정이 AuditManager에 있다. 두 번째 방법은 성능 향상을 위해 분리를 다소 완화한다. 데이터베이스를 호출할지에 대한 결정은 AuditManager가 아니라 애플리케이션 서비스로 넘어간다.

이 두 가지 옵션과 달리, 도메인 모델(AuditManager)을 데이터베이스에 의존하는 것은 좋은 생각이 아니다. 7장과 8장에서는 관심사 분리와 성능 간의 균형을 지키는 것에 대해 자세히 설명한다.

|참고| 함수형 코어의 클래스는 협력자로 작동하면 안 되고, 작업의 결과인 값으로 작동해야 한다.

6.5.2 성능 단점

시스템 전체에 영향을 미치는 성능은 함수형 아키텍처의 흔한 논쟁이다. 문제가 되는 것은 테스트의 성능이 아니다. 출력 기반 테스트는 목을 사용한 테스트만큼 빠르게 작동한다. 이제 시스템은 프로세스 외부 의존성을 더 많이 호출하고, 그 결과로 성능이 떨어졌다. 감사 시스템의 초기 버전과 목이 있는 버전 모두 작업 디렉터리에서 모든 파일을 읽지는 않았다. 그러나 최종 버전은 읽고-결정하고-실행하기^{read-decide-act} 방식을 따르도록 작업 디렉터리의 모든 파일을 읽었다.

함수형 아키텍처와 전통적인 아키텍처 사이의 선택은 성능과 코드 유지 보수성(제품 코드와 테스트 코드 모두) 간의 절충이다. 성능 영향이 그다지 눈에 띄지 않는 일부 시스템에서는 함수형 아키텍처를 사용해 유지 보수성을 향상시키는 편이 낫다. 다른 경우라면, 반대로 선택해야 할 수도 있다. 두루 적용되는 해결책은 없다.

6.5.3 코드베이스 크기 증가

코드베이스의 크기도 마찬가지다. 함수형 아키텍처는 함수형 코어(불변 코어)와 가변 셀 사이를 명확하게 분리해야 한다. 궁극적으로 코드 복잡도가 낮아지고 유지 보수성이 향상되지만, 초기에 코딩이 더 필요하다.

그러나 모든 프로젝트에 초기 투자가 타당할 만큼 복잡도가 높은 것은 아니다. 어떤 코드베이스는 너무 단순하거나 비즈니스 관점에서 그다지 중요하지 않다. 결코 초기 투자로 성과를 내지 못하기 때문에 이러한 프로젝트에서 함수형 아키텍처를 사용하는 것은 별 의미가 없다. 항상 시스템의 복잡도와 중요성을 고려해 함수형 아키텍처를 전략적으로 적용하라.

마지막으로, 함수형 방식에서 순수성에 많은 비용이 든다면 순수성을 따르지 말라. 대부분의 프로젝트에서는 모든 도메인 모델을 불변으로 할 수 없기 때문에 (적어도 C#이나 자바와 같은 객체지향 프로그래밍 언어를 사용할 때) 출력 기반 테스트에만 의존할 수 없다. 대부분의 경우 출력 기반 스타일과 상태 기반 스타일을 조합하게 되며, 통신 기반 스타일을 약간 섞어도 괜찮다. 이 장의 목표는 모든 테스트를 출력 기반 스타일로 전환하도록 하는 것이 아니라, 가능한 한 많은 테스트를 전환하는 것이다. 그 차이는 미미하지만 중요하다.

요약

- 출력 기반 테스트는 SUT에 입력을 주고 출력을 확인하는 테스트 스타일이다. 이 테스트 스타일은 숨은 입출력이 없다고 가정하고, SUT 작업의 결과는 반환하는 값뿐이다.
- 상태 기반 테스트는 작업이 완료된 후의 시스템 상태를 확인한다.
- 통신 기반 테스트는 목을 사용해서 테스트 대상 시스템과 협력자 간의 통신을 검증한다.

- 단위 테스트의 고전파는 통신 기반 스타일보다 상태 기반 스타일을 선호한다. 런던파는 반대를 선호한다. 두 분파 모두 출력 기반 테스트를 사용한다.

- 출력 기반 테스트가 테스트 품질이 가장 좋다. 이러한 테스트는 구현 세부 사항에 거의 결합되지 않으므로 리팩터링 내성이 있다. 또한 작고 간결하므로 유지 보수하기도 쉽다.

- 상태 기반 테스트는 안정성을 위해 더 신중해야 한다. 단위 테스트를 하려면 비공개 상태를 노출하지 않도록 해야 한다. 상태 기반 테스트는 출력 기반 테스트보다 크기가 큰 편이므로 유지 보수가 쉽지 않다. 헬퍼 메서드와 값 객체를 사용해 유지 보수성 문제를 완화할 수도 있지만 제거할 수는 없다.

- 통신 기반 테스트도 안정성을 위해 더 신중해야 한다. 애플리케이션 경계를 넘어서 외부 환경에 사이드 이펙트가 보이는 통신만 확인해야 한다. 통신 기반 테스트의 유지 보수성은 출력 기반 테스트 및 상태 기반 테스트와 비교할 때 좋지 않다. 목은 공간을 많이 차지하는 경향이 있어서 테스트 가독성이 떨어진다.

- 함수형 프로그래밍은 수학적 함수로 된 프로그래밍이다.

- 수학적 함수는 숨은 입출력이 없는 함수(또는 메서드)다. 사이드 이펙트와 예외가 숨은 출력에 해당한다. 내부 상태 또는 외부 상태에 대한 참조는 숨은 입력이다. 수학적 함수는 명시적이므로 테스트 용이성을 상당히 높인다.

- 함수형 프로그래밍의 목표는 비즈니스 로직과 사이드 이펙트를 분리하는 것이다.

- 함수형 아키텍처는 사이드 이펙트를 비즈니스 연산의 가장자리로 밀어내 분리를 이루는 데 도움이 된다. 이 방법으로, 사이드 이펙트를 다루는 코드를 최소화하면서 순수 함수 방식으로 작성된 코드의 양을 최대화할 수 있다.

- 함수형 아키텍처는 모든 코드를 함수형 코어와 가변 셸이라는 두 가지 범주로 나눈다. 가변 셸은 입력 데이터를 함수형 코어에 공급하고, 코어가 내린 결정을 사이드 이펙트로 변환한다.

- 함수형 아키텍처와 육각형 아키텍처의 차이는 사이드 이펙트의 처리에 있다. 함수형 아키텍처는 모든 사이드 이펙트를 도메인 계층 밖으로 밀어낸다. 이와 반대로, 육각형 아키텍처는 도메인 계층에만 한정돼 있는 한은 도메인 계층에 의해 만들어

진 사이드 이펙트도 괜찮다. 극단적으로 함수형 아키텍처는 육각형 아키텍처다.

- 함수형 아키텍처와 전통적인 아키텍처 사이의 선택은 성능과 코드 유지 보수성 사이의 절충이며, 함수형 아키텍처는 유지 보수성 향상을 위해 성능을 희생한다.

- 모든 코드베이스를 함수형 아키텍처로 전환할 수는 없다. 함수형 아키텍처를 전략적으로 적용하라. 시스템의 복잡도와 중요성을 고려하라. 코드베이스가 단순하거나 그렇게 중요하지 않으면, 함수형 아키텍처에 필요한 초기 투자는 별 효과가 없다.

7

가치 있는 단위 테스트를
위한 리팩터링

7장에서 다루는 내용

- 네 가지 코드 유형 알아보기
- 험블 객체 패턴 이해
- 가치 있는 테스트 작성

1장에서는 좋은 단위 테스트 스위트의 속성을 정의했다.

- 개발 주기에 통합돼 있다.
- 코드베이스 중 가장 중요한 부분만을 대상으로 한다.
- 최소한의 유지비로 최대의 가치를 끌어낸다. 이를 달성하려면 다음을 할 수 있어야 한다.
  - 가치 있는 테스트(더 나아가, 별로 가치 없는 테스트) 식별하기
  - 가치 있는 테스트 작성하기

4장에서는 회귀 방지, 리팩터링 내성, 빠른 피드백, 유지 보수성이라는 4대 요소를 통해 가치 있는 테스트를 알아봤다. 그리고 5장에서는 4대 요소 중 가장 중요한 리팩터링 내

성을 자세히 살펴봤다.

앞에서 언급했듯이 가치 있는 테스트를 알아보는 데 그치지 않고 작성할 수도 있어야 한다. 작성하는 것은 알아보는 것에 그치지 않고 코드 설계 기법도 필요로 한다. 단위 테스트와 기반 코드는 서로 매우 얽혀 있기 때문에 코드베이스에 노력을 기울이지 않고서는 가치 있는 테스트를 만들 수 없다.

6장에서 코드베이스를 전환하는 예제를 살펴봤다. 감사 시스템을 함수형 아키텍처로 재설계하고, 결국 출력 기반 테스트를 적용할 수 있었다. 이 장에서는 함수형 아키텍처를 사용할 수 없는 애플리케이션을 포함해 더 넓은 범위의 애플리케이션에 대한 방식으로 일반화한다. 대다수 소프트웨어 프로젝트에서 가치 있는 테스트를 작성하는 방법과 관련해 실용적인 지침을 알아본다.

7.1 리팩터링할 코드 식별하기

기반 코드를 리팩터링하지 않고서는 테스트 스위트를 크게 개선할 수 없다. 테스트 코드와 제품 코드는 본질적으로 관련돼 있기 때문에 다른 방도는 없다. 이 절에서는 리팩터링의 방향을 설명하고자 코드를 네 가지 유형으로 분류하는 방법을 소개한다. 그다음 절에서는 포괄적인 예를 살펴본다.

7.1.1 코드의 네 가지 유형

이 절에서는 이 장의 나머지 부분을 위한 기초가 되는 네 가지 코드 유형을 설명한다.

모든 제품 코드는 2차원으로 분류할 수 있다.

- 복잡도 또는 도메인 유의성
- 협력자 수

코드 복잡도^{code complexity}는 코드 내 의사 결정(분기) 지점 수로 정의한다. 이 숫자가 클수록 복잡도는 더 높아진다.

순환 복잡도 계산법

컴퓨터 과학에서 코드 복잡도를 설명하는 특별한 용어로 순환 복잡도(cyclomatic complexity)가 있다. 순환 복잡도는 주어진 프로그램 또는 메서드의 분기 수를 나타낸다. 이 지표는 다음과 같이 계산한다.

1 + <분기점 수>

따라서 제어 흐름문(예: if 문 또는 조건부 루프)이 없는 메서드에서는 순환 복잡도가 1 + 0 = 1이다.

이 지표에는 또 다른 의미가 있다. 메서드에서 시작부터 끝으로 가는 데 독립적인 경로의 수 또는 100% 분기 커버리지를 얻는 데 필요한 테스트의 수로 생각해볼 수 있다.

분기점 수는 관련된 가장 간단한 조건(predicate) 수로 계산한다. 예를 들어, IF 조건1 AND 조건2 THEN은 IF 조건1 THEN IF 조건2 THEN과 같다. 따라서 복잡도는 1 + 2 = 3이다.

도메인 유의성domain significance은 코드가 프로젝트의 문제 도메인에 대해 얼마나 의미 있는지를 나타낸다. 일반적으로 도메인 계층의 모든 코드는 최종 사용자의 목표와 직접적인 연관성이 있으므로 도메인 유의성이 높다. 반면에 유틸리티 코드는 그런 연관성이 없다.

복잡한 코드와 도메인 유의성을 갖는 코드가 단위 테스트에서 가장 이롭다. 해당 테스트가 회귀 방지에 뛰어나기 때문이다. 도메인 코드는 복잡할 필요가 없으며, 복잡한 코드는 도메인 유의성이 나타나지 않아도 테스트할 만하다. 이 두 요소는 서로 독립적이다. 예를 들어 주문 가격을 계산하는 메서드에 조건문이 없다면 순환 복잡도는 1이다. 그러나 이러한 메서드는 비즈니스에 중요한 기능이므로 테스트하는 것이 중요하다.

두 번째 차원은 클래스 또는 메서드가 가진 협력자 수다. 2장에서 살펴봤듯이, 협력자는 가변 의존성이거나 프로세스 외부 의존성(또는 둘 다)이다. 협력자가 많은 코드는 테스트 비용이 많이 든다. 테스트 크기에 따라 달라지는 유지 보수성 지표 때문이다. 협력자를 예상되는 조건으로 두고 상태나 상호 작용을 확인하게끔 코드를 작성해야 한다. 협력자가 많을수록 테스트도 커진다.

협력자의 유형도 중요하다. 도메인 모델이라면 프로세스 외부 협력자를 사용하면 안 된다. 테스트에서 목 체계가 복잡하기 때문에 유지비가 더 든다. 또한 리팩터링 내성을 잘 지키려면 아주 신중하게 목을 사용해야 하는데, 애플리케이션 경계를 넘는 상호 작용을 검증하는 데만 사용해야 한다(자세한 내용은 5장 참조). 프로세스 외부 의존성을 가진 모든 통신은 도메인 계층 외부의 클래스에 위임하는 것이 좋다. 그러면 도메인 클래스는 프로세스 내부 의존성에서만 동작하게 된다.

암시적 협력자와 명시적 협력자 모두 이 숫자에 해당한다. 테스트 대상 시스템(SUT)이 협력자를 인수로 받거나 정적 메서드를 통해 암시적으로 참조해도 상관없지만, 테스트에서 이 협력자를 설정해야 한다. 반대로 불변 의존성(값 또는 값 객체 등)은 해당하지 않는다. 불변 의존성은 설정과 검증이 훨씬 쉽다.

코드 복잡도, 도메인 유의성, 협력자 수의 조합으로 그림 7.1에 표시된 것처럼 네 가지 코드 유형을 볼 수 있다.

- **도메인 모델과 알고리즘**(그림 7.1의 좌측 상단): 보통 복잡한 코드는 도메인 모델이지만, 100%는 아니다. 문제 도메인과 직접적으로 관련이 없는 복잡한 알고리즘이 있을 수 있다.

- **간단한 코드**(그림 7.1의 좌측 하단): C#에서 이러한 코드의 예로 매개변수가 없는 생성자와 한 줄 속성 등이 있다. 협력자가 있는 경우가 거의 없고 복잡도나 도메인 유의성도 거의 없다.

- **컨트롤러**(그림 7.1의 우측 하단): 이 코드는 복잡하거나 비즈니스에 중요한 작업을 하는 것이 아니라 도메인 클래스와 외부 애플리케이션 같은 다른 구성 요소의 작업을 조정한다.

- **지나치게 복잡한 코드**(그림 7.1의 우측 상단): 이러한 코드는 두 가지 지표 모두 높다. 협력자가 많으며 복잡하거나 중요하다. 한 가지 예로 덩치가 큰 컨트롤러(복잡한 작업을 어디에도 위임하지 않고 모든 것을 스스로 하는 컨트롤러)가 있다.

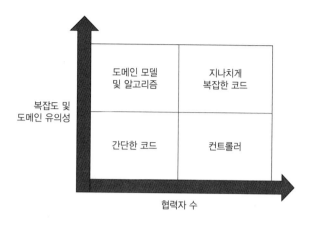

▲ **그림 7.1** 코드 복잡도, 도메인 유의성(세로축), 협력자 수(가로축)로 분류된 네 가지 코드 유형

좌측 상단 사분면(도메인 모델 및 알고리즘)을 단위 테스트하면 노력 대비 가장 이롭다. 이러한 단위 테스트는 매우 가치 있고 저렴하다. 해당 코드가 복잡하거나 중요한 로직을 수행해서 테스트의 회귀 방지가 향상되기 때문에 가치 있다. 또한 코드에 협력자가 거의 없어서 (이상적으로는 완전히 없음) 테스트 유지비를 낮추기 때문에 저렴하다.

간단한 코드는 테스트할 필요가 전혀 없다. 이러한 테스트는 가치가 0에 가깝다. 컨트롤러의 경우, 포괄적인 통합 테스트의 일부로서 간단히 테스트해야 한다. (3부에서 이 주제를 다룬다.)

가장 문제가 되는 코드 유형은 지나치게 복잡한 코드다. 단위 테스트가 어렵겠지만, 테스트 커버리지 없이 내버려두는 것은 너무 위험하다. 이러한 코드는 많은 사람이 단위 테스트로 어려움을 겪는 주요 원인 중 하나다. 이 장에서는 주로 어떻게 이 딜레마를 우회할 수 있는지에 대해 초점을 맞추고 있다. 때때로 실제 구현이 까다로울 수 있지만, 지나치게 복잡한 코드를 알고리즘과 컨트롤러라는 두 부분(그림 7.2)으로 나누는 것이 일반적이다.

> |**팁**| 코드가 더 중요해지거나 복잡해질수록 협력자는 더 적어야 한다.

지나치게 복잡한 코드를 피하고 도메인 모델과 알고리즘만 단위 테스트하는 것이 매우 가치 있고 유지 보수가 쉬운 테스트 스위트로 가는 길이다. 하지만 이 방법으로도 테스트 커버리지를 100% 달성할 수 없으며, 이를 목표로 해서도 안 된다. 목표는 각각의 테스트가 프로젝트 가치를 높이는 테스트 스위트다. 다른 모든 테스트를 리팩터링하거나 제거하라. 테스트 스위트의 크기를 부풀리지 말라.

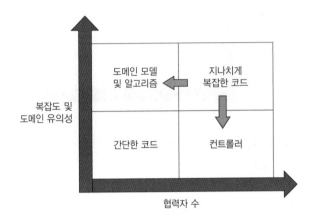

▲ **그림 7.2** 지나치게 복잡한 코드를 알고리즘과 컨트롤러로 나눠서 리팩터링하라. 이상적으로는 우측 상단 사분면에 속하는 코드가 있으면 안 된다.

> |**참고**| 좋지 않은 테스트를 작성하는 것보다는 테스트를 전혀 작성하지 않는 편이 낫다.

물론 지나치게 복잡한 코드를 제거하는 것은 말처럼 쉬운 일이 아니다. 그럼에도 불구하고 도움이 되는 기법이 있다. 먼저 이러한 기법을 위한 이론을 설명하고 실제와 가까운 예를 들어본다.

7.1.2 험블 객체 패턴을 사용해 지나치게 복잡한 코드 분할하기

지나치게 복잡한 코드를 쪼개려면, 험블 객체^{Humble Object} 패턴을 써야 한다. 이 패턴은 제라드 메스자로스^{Gerard Meszaros}가 자신의 저서 『xUnit 테스트 패턴』(에이콘, 2010)에서 코드 결합과 싸우는 방법 중 하나로 소개했지만, 현재는 훨씬 더 보편적으로 응용되고 있다. 왜 그런지 곧 알게 될 것이다.

나는 코드가 프레임워크 의존성에 결합돼 있기 때문에 테스트가 어렵다는 사실을 깨달은 적이 종종 있다(그림 7.3 참조). 예를 들어 비동기 또는 멀티스레드 실행, 사용자 인터페이스, 프로세스 외부 의존성과의 통신 등이 있다.

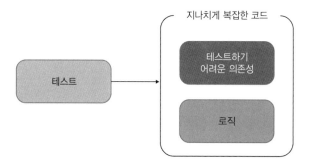

▲ **그림 7.3** 어려운 의존성과 결합된 코드는 테스트하기 어렵다. 테스트는 해당 의존성도 다뤄야 하기 때문에 유지비가 증가한다.

테스트 대상 코드의 로직을 테스트하려면, 테스트가 가능한 부분을 추출해야 한다. 결과적으로 코드는 테스트 가능한 부분을 둘러싼 얇은 험블 래퍼^{humble wrapper}가 된다. 이 험블 래퍼가 테스트하기 어려운 의존성과 새로 추출된 구성 요소를 붙이지만, 자체적인 로직이 거의 없거나 전혀 없으므로 테스트할 필요가 없다(그림 7.4).

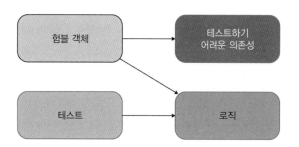

▲ **그림 7.4** 험블 객체 패턴은 지나치게 복잡한 코드에서 로직을 추출해 코드를 테스트할 필요가 없도록 간단하게 만든다. 추출된 로직은 테스트하기 어려운 의존성에서 분리된 다른 클래스로 이동한다.

이 방법이 익숙해 보인다면, 이 책에서 이미 봤기 때문이다. 사실 육각형 아키텍처와 함수형 아키텍처 모두 정확히 이 패턴을 구현한다. 이전 장에서 살펴봤듯이, 육각형 아키텍처는 비즈니스 로직과 프로세스 외부 의존성과의 통신을 분리한다. 이는 도메인 계층과 애플리케이션 서비스 계층이 각각 담당하는 것이다.

함수형 아키텍처는 더 나아가 프로세스 외부 의존성뿐만 아니라 모든 협력자와의 커뮤니케이션에서 비즈니스 로직을 분리한다. 이는 함수형 아키텍처가 테스트를 용이하게 하는 것이다. 즉, 함수형 코어에는 아무런 협력자도 없다. 함수형 코어의 모든 의존성은 불변이므로 코드 유형 도표에서 세로축에 근접한다(그림 7.5).

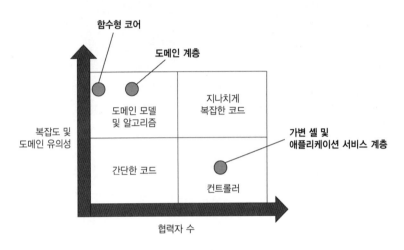

▲ **그림 7.5** 함수형 아키텍처의 함수형 코어와 육각형 아키텍처의 도메인 계층은 좌측 상단 사분면에 속하며, 협력자가 거의 없고 복잡도와 도메인 유의성이 높다. 함수형 코어는 협력자가 없기 때문에 세로축에 더 가깝다. 가변 셸(함수형 아키텍처)과 애플리케이션 서비스 계층(육각형 아키텍처)은 컨트롤러 사분면에 속한다.

험블 객체 패턴을 보는 또 다른 방법은 단일 책임 원칙^{Single Responsibility principle}을 지키는 것이다. 이는 각 클래스가 단일한 책임만 가져야 한다는 원칙이다.[1] 그러한 책임 중 하나로 늘 비즈니스 로직이 있는데, 이 패턴을 적용하면 비즈니스 로직을 거의 모든 것과 분리할 수 있다.

특정 상황을 예로 들자면, 비즈니스 로직과 오케스트레이션^{orchestration}을 분리하는 경우다. 코드의 깊이와 코드의 너비 관점에서 이 두 가지 책임을 생각해볼 수 있다. 코드가 깊거나(복잡하거나 중요함) 넓을(많은 협력자와 작동함) 수 있지만, 둘 다 가능하지는 않다(그림 7.6).

---

1   로버트 C. 마틴과 제임스 W. 뉴커크, 로버트 S. 코스의 『소프트웨어 개발의 지혜』(야스미디어, 2004) 참조

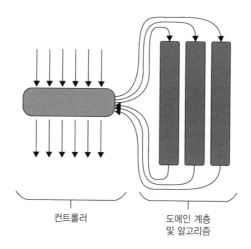

컨트롤러   도메인 계층
                 및 알고리즘

▲ **그림 7.6** 코드의 깊이와 너비는 비즈니스 로직과 오케스트레이션 책임 간의 분리를 고려할 때 적용할 수 있는 유용한 비유다. 컨트롤러는 많은 의존성을 조정하지만(그림에서 화살표로 표시), 그 자체로 복잡하지 않다(복잡성은 블록의 높이로 표시). 도메인 클래스는 그 반대다.

이 분리가 얼마나 중요한지는 아무리 강조해도 지나치지 않다. 실제로 잘 알려진 많은 원칙과 패턴은 험블 객체 패턴의 형태로 설명할 수 있다. 험블 객체 패턴은 오케스트레이션을 수행하는 코드에서 복잡한 코드를 분리하도록 특별히 설계됐다.

이미 이 패턴과 육각형 아키텍처, 함수형 아키텍처 간의 관계를 살펴봤다. 다른 예로 MVP^Model-View-Presenter와 MVC^Model-View-Controller 패턴이 있다. 이 두 패턴은 비즈니스 로직(모델 부분), UI 관심사(뷰) 그리고 모델과 뷰 사이의 조정(프리젠터 또는 컨트롤러)을 분리하는 데 도움이 된다. 프리젠터와 컨트롤러 구성 요소는 험블 객체로, 뷰와 모델을 붙인다.

또 다른 예로 도메인 주도 설계^Domain-Driven Design에 나오는 집계 패턴^Aggregate pattern이 있다.[2] 그 목표 중 하나는 클래스를 클러스터(집계)로 묶어서 클래스 간 연결을 줄이는 것이다. 클래스는 해당 클러스터 내부에 강결합돼 있지만, 클러스터 자체는 느슨하게 결합돼 있다. 이러한 구조는 코드베이스의 총 통신 수를 줄인다. 그 결과, 연결이 줄어들고 테스트 용이성이 향상된다.

비즈니스 로직과 오케스트레이션을 계속 분리해야 하는 이유는 테스트 용이성이 좋아

---

2 에릭 에반스의 『도메인 주도 설계』(위키북스, 2011) 참조

져서만이 아니다. 이렇게 분리하면 코드 복잡도를 해결할 수 있으며, (특히 장기적으로) 프로젝트 성장에도 중요한 역할을 한다. 개인적으로는 항상 테스트 가능한 설계가 어떻게 테스트를 용이하게 할 뿐만 아니라 유지 보수도 쉽게 해주는지를 흥미롭게 생각한다.

7.2 가치 있는 단위 테스트를 위한 리팩터링하기

이 절에서는 지나치게 복잡한 코드를 알고리즘과 컨트롤러로 나누는 종합 예제를 살펴본다. 이전 장에서 비슷한 예제를 살펴봤고 출력 기반 테스트와 함수형 아키텍처를 알아봤다. 이번에는 험블 객체 패턴을 사용해 모든 엔터프라이즈급 애플리케이션에 대한 방법으로 일반화한다. 이 장뿐만 아니라 3부에서도 이 프로젝트를 예로 든다.

7.2.1 고객 관리 시스템 소개

이번 샘플 프로젝트는 사용자 등록을 처리하는 고객 관리 시스템CRM, Customer Management System이며, 모든 사용자가 데이터베이스에 저장된다. 현재 시스템은 사용자 이메일 변경이라는 단 하나의 유스케이스만 지원한다. 이 연산에는 세 가지 비즈니스 규칙이 있다.

- 사용자 이메일이 회사 도메인에 속한 경우 해당 사용자는 직원으로 표시된다. 그렇지 않으면 고객으로 간주한다.
- 시스템은 회사의 직원 수를 추적해야 한다. 사용자 유형이 직원에서 고객으로, 또는 그 반대로 변경되면 이 숫자도 변경해야 한다.
- 이메일이 변경되면 시스템은 메시지 버스로 메시지를 보내 외부 시스템에 알려야 한다.

다음 예제가 CRM 시스템의 초기 구현이다.

예제 7.1 CRM 시스템의 초기 구현

```
public class User
{
    public int UserId { get; private set; }
```

```csharp
    public string Email { get; private set; }
    public UserType Type { get; private set; }

    public void ChangeEmail(int userId, string newEmail)
    {
        object[] data = Database.GetUserById(userId);      ◄── 데이터베이스에서
        UserId = userId;                                        사용자의 현재
        Email = (string)data[1];                                이메일과 유형 검색
        Type = (UserType)data[2];

        if (Email == newEmail)
            return;

        object[] companyData = Database.GetCompany();      ◄── 데이터베이스에서
        string companyDomainName = (string)companyData[0];      조직의 도메인 이름과
        int numberOfEmployees = (int)companyData[1];            직원 수 검색

        string emailDomain = newEmail.Split('@')[1];
        bool isEmailCorporate = emailDomain == companyDomainName;
        UserType newType = isEmailCorporate          │ 새 이메일의
            ? UserType.Employee                       │ 도메인 이름에 따라
            : UserType.Customer;                      │ 사용자 유형 설정

        if (Type != newType)
        {
            int delta = newType == UserType.Employee ? 1 : -1;
            int newNumber = numberOfEmployees + delta;
            Database.SaveCompany(newNumber);  ◄── 필요한 경우 조직의 직원 수 업데이트
        }

        Email = newEmail;
        Type = newType;

        Database.SaveUser(this);  ◄── 데이터베이스에 사용자 저장
        MessageBus.SendEmailChangedMessage(UserId, newEmail);  ◄── 메시지 버스에 알림 전송
    }
}

public enum UserType
{
```

```
    Customer = 1,
    Employee = 2
}
```

User 클래스는 사용자 이메일을 변경한다. 간결성을 위해 이메일 정확성이나 데이터베이스에서 사용자의 존재 여부를 확인하는 것과 같이 간단한 유효성 검사는 생략했다. 이 구현을 코드 유형 도표 관점에서 분석해보자.

코드 복잡도는 그리 높지 않다. ChangeEmail 메서드에는 사용자를 직원으로 식별할지 또는 고객으로 식별할지와 회사의 직원 수를 어떻게 업데이트할지 등 두 가지의 명시적 의사결정 지점만 포함돼 있다. 간단하지만 이러한 결정은 중요하다. 애플리케이션의 핵심 비즈니스 로직이므로, 이 클래스는 복잡도와 도메인 유의성 측면에서 점수가 높다.

반면에 User 클래스에는 네 개의 의존성이 있으며, 그중 두 개는 명시적이고 나머지 두 개는 암시적이다. 명시적 의존성은 userId와 newEmail 인수다. 그러나 이 둘은 값이므로 클래스의 협력자 수에는 포함되지 않는다. 암시적인 것은 Database와 MessageBus이다. 이 둘은 프로세스 외부 협력자다. 앞에서 언급했듯이 도메인 유의성이 높은 코드에서 프로세스 외부 협력자는 사용하면 안 된다. 따라서 User 클래스는 협력자 측면에서도 점수가 높으므로 이 클래스는 지나치게 복잡한 코드로 분류된다(그림 7.7).

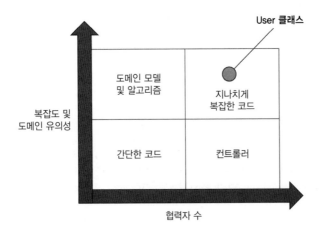

▲ **그림 7.7** User 클래스의 초기 구현은 두 차원에서 모두 점수가 높으므로 지나치게 복잡한 코드에 해당한다.

도메인 클래스가 스스로 데이터베이스를 검색하고 다시 저장하는 이러한 방식을 활성 레코드^Active Record 패턴이라고 한다. 단순한 프로젝트나 단기 프로젝트에서는 잘 작동하지만 코드베이스가 커지면 확장하지 못하는 경우가 많다. 그 이유는 정확히 두 가지 책임, 즉 비즈니스 로직과 프로세스 외부 의존성과의 통신 사이에 분리가 없기 때문이다.

7.2.2 1단계: 암시적 의존성을 명시적으로 만들기

테스트 용이성을 개선하는 일반적인 방법은 암시적 의존성을 명시적으로 만드는 것이다. 즉, 데이터베이스와 메시지 버스에 대한 인터페이스를 두고, 이 인터페이스를 User에 주입한 후 테스트에서 목으로 처리한다. 이 방법은 도움이 되고, 이전 장에서 감사 시스템에 목을 구현했을 때와 정확히 같다. 그러나 충분하지는 않다.

코드 유형 도표 관점에서 도메인 모델이 프로세스 외부 의존성을 직접 참조하든 인터페이스를 통해 참조하든 상관없다. 해당 의존성은 여전히 프로세스 외부에 있다. 아직 메모리에 데이터가 없는 프록시 형태다. 이러한 클래스를 테스트하려면 복잡한 목 체계가 필요한데, 여기서 테스트 유지비가 증가한다. 그리고 목을 데이터베이스 의존성에 사용하면 테스트 취약성을 야기할 수 있다(다음 장에서 자세히 설명함).

결국 도메인 모델은 직접적으로든 간접적으로든 (인터페이스를 통해) 프로세스 외부 협력자에게 의존하지 않는 것이 훨씬 더 깔끔하다. 이것이 바로 육각형 아키텍처에서 바라는 바다. 도메인 모델은 외부 시스템과의 통신을 책임지지 않아야 한다.

7.2.3 2단계: 애플리케이션 서비스 계층 도입

도메인 모델이 외부 시스템과 직접 통신하는 문제를 극복하려면 다른 클래스인 험블 컨트롤러^humble controller (육각형 아키텍처 분류상 애플리케이션 서비스)로 책임을 옮겨야 한다. 일반적으로 도메인 클래스는 다른 도메인 클래스나 단순 값과 같은 프로세스 내부 의존성에만 의존해야 한다. 이 애플리케이션 서비스의 첫 번째 버전을 보면 다음과 같다.

```
public class UserController
{
    private readonly Database _database = new Database();
    private readonly MessageBus _messageBus = new MessageBus();

    public void ChangeEmail(int userId, string newEmail)
    {
        object[] data = _database.GetUserById(userId);
        string email = (string)data[1];
        UserType type = (UserType)data[2];
        var user = new User(userId, email, type);

        object[] companyData = _database.GetCompany();
        string companyDomainName = (string)companyData[0];
        int numberOfEmployees = (int)companyData[1];

        int newNumberOfEmployees = user.ChangeEmail(
            newEmail, companyDomainName, numberOfEmployees);

        _database.SaveCompany(newNumberOfEmployees);
        _database.SaveUser(user);
        _messageBus.SendEmailChangedMessage(userId, newEmail);
    }
}
```

괜찮은 첫 시도다. User 클래스로부터 프로세스 외부 의존성과의 작업을 줄이는 데 애플리케이션 서비스가 도움이 됐다. 그러나 이 구현에는 몇 가지 문제가 있다.

- 프로세스 외부 의존성(Database와 MessageBus)이 주입되지 않고 직접 인스턴스화된다. 이는 이 클래스를 위해 작성할 통합 테스트에서 문제가 될 것이다.

- 컨트롤러는 데이터베이스에서 받은 원시 데이터를 User 인스턴스로 재구성한다. 이는 복잡한 로직이므로 애플리케이션 서비스에 속하면 안 된다. 애플리케이션 서비스의 역할은 복잡도나 도메인 유의성의 로직이 아니라 오케스트레이션만 해당한다.

- 회사 데이터도 마찬가지다. 이 데이터의 다른 문제는 다음과 같다. User는 이제 업

데이트된 직원 수를 반환하는데, 이 부분이 이상해 보인다. 회사 직원 수는 특정 사용자와 관련이 없다. 이 책임은 다른 곳에 있어야 한다.

- 컨트롤러는 새로운 이메일이 전과 다른지 여부와 관계없이 무조건 데이터를 수정해서 저장하고 메시지 버스에 알림을 보낸다.

User 클래스는 더 이상 프로세스 외부 의존성과 통신할 필요가 없으므로 테스트하기가 매우 쉬워졌다. 실제로 프로세스 외부든 내부든 어떤 협력자도 없다. User의 ChangeEmail 메서드의 새로운 버전을 보면 다음과 같다.

```
public int ChangeEmail(string newEmail,
    string companyDomainName, int numberOfEmployees)
{
    if (Email == newEmail)
        return numberOfEmployees;

    string emailDomain = newEmail.Split('@')[1];
    bool isEmailCorporate = emailDomain == companyDomainName;
    UserType newType = isEmailCorporate
        ? UserType.Employee
        : UserType.Customer;

    if (Type != newType)
    {
        int delta = newType == UserType.Employee ? 1 : -1;
        int newNumber = numberOfEmployees + delta;
        numberOfEmployees = newNumber;
    }

    Email = newEmail;
    Type = newType;

    return numberOfEmployees;
}
```

그림 7.8은 현재 도표에서 User와 UserController의 위치를 보여준다. User는 더 이상 협력자를 처리할 필요가 없기 때문에 도메인 모델 사분면으로 수직축에 가깝게 이동했다. 하

지만 UserController가 문제다. 컨트롤러 사분면에 들어갔지만, 아직 로직이 꽤 복잡하므로 지나치게 복잡한 코드의 경계에 걸쳐 있다.

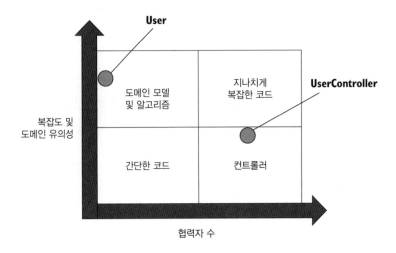

▲ **그림 7.8** 2단계에서는 User가 도메인 모델 사분면으로 들어와서 수직축에 가까이 있게 됐다. UserController는 복잡한 로직이 있기 때문에 지나치게 복잡한 코드 사분면의 경계에 걸쳐 있다.

7.2.4 3단계: 애플리케이션 서비스 복잡도 낮추기

UserController가 컨트롤러 사분면에 확실히 있으려면 재구성 로직을 추출해야 한다. ORM^Object-Relational Mapping(객체 관계 매핑) 라이브러리를 사용해 데이터베이스를 도메인 모델에 매핑하면, 재구성 로직을 옮기기에 적절한 위치가 될 수 있다. 모든 ORM 라이브러리는 데이터베이스 테이블을 도메인 클래스에 어떻게 매핑하는지(도메인 클래스 최상단의 특성이나 XML 파일 또는 플루언트 매핑 파일 등)를 지정할 수 있게 한다.

ORM을 사용하지 않거나 사용할 수 없으면, 도메인 모델에 원시 데이터베이스 데이터로 도메인 클래스를 인스턴스화하는 팩토리 클래스를 작성하라. 이 팩토리 클래스는 별도 클래스가 될 수도 있고, 더 간단한 경우 기존 도메인 클래스의 정적 메서드가 될 수도 있다. 샘플 애플리케이션의 재구성 로직이 그다지 복잡하지 않지만 분리해두는 것이 좋기 때문에 다음 예제와 같이 별도의 UserFactory 클래스를 둔다.

```
public class UserFactory
{
    public static User Create(object[] data)
    {
        Precondition.Requires(data.Length >= 3);

        int id = (int)data[0];
        string email = (string)data[1];
        UserType type = (UserType)data[2];

        return new User(id, email, type);
    }
}
```

이 코드는 이제 모든 협력자와 완전히 격리돼 있으므로 테스트가 쉬워졌다. 이 메서드에는 데이터 배열에 최소 세 개의 요소가 있어야 한다는 요구 사항에 대해 안전 장치가 있다. Precondition은 불 인수^{boolean argument}가 false인 경우 예외를 발생시키는 간단한 사용자 정의 클래스다. 이 클래스를 쓰는 이유는 코드가 간결하고 조건을 반전시켰기 때문이다. (긍정문은 부정문보다 더 읽기 쉽다.) 이 예에서 data.Length >= 3은 다음 구문보다 읽기 쉽다.

```
if (data.Length < 3)
    throw new Exception();
```

이 재구성 로직은 다소 복잡하지만 도메인 유의성이 없다. 사용자 이메일을 변경하려는 클라이언트의 목표와 직접적인 관련이 없다. 이는 이전 장에서 언급한 유틸리티 코드의 예다.

7.2.5 4단계: 새 Company 클래스 소개

컨트롤러 코드를 다시 한 번 살펴보자.

```
object[] companyData = _database.GetCompany();
string companyDomainName = (string)companyData[0];
int numberOfEmployees = (int)companyData[1];

int newNumberOfEmployees = user.ChangeEmail(
    newEmail, companyDomainName, numberOfEmployees);
```

User에서 업데이트된 직원 수를 반환하는 부분이 어색하다. 이는 책임을 잘못 뒀다는 신호이자 추상화가 없다는 신호다. 이 문제를 해결하려면, 다음 예제와 같이 회사 관련 로직과 데이터를 함께 묶는 또 다른 도메인 클래스인 Company를 만들어야 한다.

예제 7.4 도메인 계층의 새로운 클래스

```
public class Company
{
    public string DomainName { get; private set; }
    public int NumberOfEmployees { get; private set; }

    public void ChangeNumberOfEmployees(int delta)
    {
        Precondition.Requires(NumberOfEmployees + delta >= 0);
```

```
        NumberOfEmployees += delta;
    }

    public bool IsEmailCorporate(string email)
    {
        string emailDomain = email.Split('@')[1];
        return emailDomain == DomainName;
    }
}
```

이 클래스에는 ChangeNumberOfEmployees()와 IsEmailCorporate()라는 두 가지 메서드가 있다. 이러한 메서드는 5장에서 언급한 '묻지 말고 말하라tell-don't-ask'라는 원칙을 준수하는 데 도움이 된다. 이 원칙을 따르면 데이터와 해당 데이터에 대한 작업을 묶는다. User 인스턴스는 직원 수를 변경하거나 특정 이메일이 회사 이메일인지 여부를 파악하도록 회사에 말하며, 원시 데이터를 묻지 않고 모든 작업을 자체적으로 수행한다.

UserFactory와 유사하게 Company 객체의 재구성을 담당하도록 하는 새 CompanyFactory 클래스도 있다. 컨트롤러는 이제 다음과 같다.

예제 7.5 리팩터링 후 컨트롤러

```
public class UserController
{
    private readonly Database _database = new Database();
    private readonly MessageBus _messageBus = new MessageBus();

    public void ChangeEmail(int userId, string newEmail)
    {
        object[] userData = _database.GetUserById(userId);
        User user = UserFactory.Create(userData);

        object[] companyData = _database.GetCompany();
        Company company = CompanyFactory.Create(companyData);

        user.ChangeEmail(newEmail, company);

        _database.SaveCompany(company);
        _database.SaveUser(user);
```

```
        _messageBus.SendEmailChangedMessage(userId, newEmail);
    }
}
```

그리고 User 클래스는 다음과 같다.

예제 7.6 리팩터링 후 User

```
public class User
{
    public int UserId { get; private set; }
    public string Email { get; private set; }
    public UserType Type { get; private set; }

    public void ChangeEmail(string newEmail, Company company)
    {
        if (Email == newEmail)
            return;
        UserType newType = company.IsEmailCorporate(newEmail)
            ? UserType.Employee
            : UserType.Customer;

        if (Type != newType)
        {
            int delta = newType == UserType.Employee ? 1 : -1;
            company.ChangeNumberOfEmployees(delta);
        }

        Email = newEmail;
        Type = newType;
    }
}
```

잘못 둔 책임을 제거하니 User가 훨씬 더 깔끔해졌다. 회사 데이터를 처리하는 대신 Company 인스턴스를 받아, 이메일이 회사 이메일인지 결정하는 것과 회사의 직원 수를 변경하는 것, 이 두 가지 중요한 작업을 해당 인스턴스에 위임한다.

그림 7.9의 도표에서 각 클래스의 위치를 볼 수 있다. 팩토리와 두 도메인 클래스는 모

두 도메인 모델과 알고리즘 사분면에 속한다. User에 협력자가 이전에는 없었지만 지금은 하나(Company) 있기 때문에 User가 오른쪽으로 이동했다. 이로써 User를 테스트하기가 어려워졌지만, 많이 어려워진 것은 아니다.

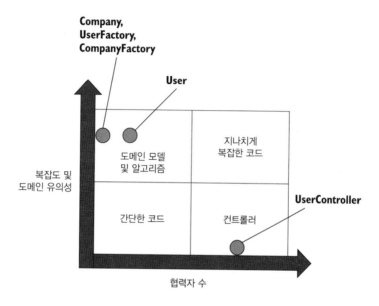

▲ **그림 7.9** 이제 Company 협력자가 있기 때문에 User는 오른쪽으로 이동했다. UserController는 확실히 컨트롤러 사분면에 속한다. 모든 복잡도가 팩토리로 이동했다.

이제 모든 복잡도가 팩토리로 이동했기 때문에 UserController는 확실히 컨트롤러 사분면에 속한다. 이 클래스가 담당하는 것은 모든 협력자를 한데 모으는 것이다.

이 구현과 이전 장의 함수형 아키텍처 간에 비슷한 점을 생각해보자. 감사 시스템의 함수형 코어도, CRM의 도메인 계층(User와 Company 클래스)도 프로세스 외부 의존성과 통신하지 않는다. 두 가지 구현 모두에서 애플리케이션 서비스 계층이 해당 통신을 담당한다. 파일 시스템이나 데이터베이스에서 원시 데이터를 가져온 다음, 해당 데이터를 상태가 없는 알고리즘이나 도메인 모델에 전달하고 결과를 다시 데이터 저장소에 저장한다.

두 가지 구현의 차이는 사이드 이펙트 처리에 있다. 함수형 코어는 어떠한 사이드 이펙트도 일으키지 않는다. CRM의 도메인 모델은 사이드 이펙트를 일으키지만, 이러한 모든 사이드 이펙트는 변경된 사용자 이메일과 직원 수의 형태로 도메인 모델 내부에 남아있다.

컨트롤러가 User 객체와 Company 객체를 데이터베이스에 저장할 때만 사이드 이펙트가 도메인 모델의 경계를 넘는다.

마지막 순간까지 모든 사이드 이펙트가 메모리에 남아있다는 사실로 인해 테스트 용이성이 크게 향상된다. 테스트가 프로세스 외부 의존성을 검사할 필요가 없고 통신 기반 테스트에 의존할 필요도 없다. 메모리에 있는 객체의 출력 기반 테스트와 상태 기반 테스트로 모든 검증을 수행할 수 있다.

7.3 최적의 단위 테스트 커버리지 분석

이제 험블 객체 패턴을 사용해 리팩터링을 마쳤으니, 프로젝트의 어느 부분이 어떤 코드 범주에 속하는지와 해당 부분을 어떻게 테스트해야 하는지를 분석해보자. 표 7.1은 샘플 프로젝트의 모든 코드를 코드 유형 도표의 위치별로 그룹핑해서 보여준다.

▼ 표 7.1 샘플 프로젝트를 험블 객체 패턴으로 리팩터링한 후의 코드 유형

	협력자가 거의 없음	협력자가 많음
복잡도와 도메인 유의성이 높음	User의 ChangeEmail(newEmail, company), Company의 ChangeNumberOfEmployees(delta) 와 IsEmailCorporate(email), CompanyFactory의 Create(data)	
복잡도와 도메인 유의성이 낮음	User와 Company의 생성자	UserController의 ChangeEmail(userId, newMail)

비즈니스 로직과 오케스트레이션을 완전히 분리하면 코드베이스의 어느 부분을 테스트 단위로 할지 쉽게 결정할 수 있다.

7.3.1 도메인 계층과 유틸리티 코드 테스트하기

표 7.1의 좌측 상단 테스트 메서드는 비용 편익 측면에서 최상의 결과를 가져다준다. 코드의 복잡도나 도메인 유의성이 높으면 회귀 방지가 뛰어나고 협력자가 거의 없어 유지비도

가장 낮다. 다음은 User를 어떻게 테스트하는지에 대한 예다.

```
[Fact]
public void Changing_email_from_non_corporate_to_corporate()
{
    var company = new Company("mycorp.com", 1);
    var sut = new User(1, "user@gmail.com", UserType.Customer);

    sut.ChangeEmail("new@mycorp.com", company);

    Assert.Equal(2, company.NumberOfEmployees);
    Assert.Equal("new@mycorp.com", sut.Email);
    Assert.Equal(UserType.Employee, sut.Type);
}
```

전체 커버리지를 달성하려면, 다음과 같이 테스트 세 개가 더 필요하다.

```
public void Changing_email_from_corporate_to_non_corporate()
public void Changing_email_without_changing_user_type()
public void Changing_email_to_the_same_one()
```

다른 세 가지 클래스에 대한 테스트는 훨씬 짧을 것이고, 매개변수화된 테스트로 여러 테스트 케이스를 묶을 수도 있다.

```
[InlineData("mycorp.com", "email@mycorp.com", true)]
[InlineData("mycorp.com", "email@gmail.com", false)]
[Theory]
public void Differentiates_a_corporate_email_from_non_corporate(
    string domain, string email, bool expectedResult)
{
    var sut = new Company(domain, 0);

    bool isEmailCorporate = sut.IsEmailCorporate(email);

    Assert.Equal(expectedResult, isEmailCorporate);
}
```

7.3.2 나머지 세 사분면에 대한 코드 테스트하기

복잡도가 낮고 협력자가 거의 없는 코드(표 7.1의 좌측 하단 사분면)는 다음과 같이 User와 Company의 생성자를 들 수 있다.

```
public User(int userId, string email, UserType type)
{
    UserId = userId;
    Email = email;
    Type = type;
}
```

이러한 생성자는 단순해서 노력을 들일 필요가 없으며, 테스트는 회귀 방지가 떨어질 것이다.

복잡도가 높고 협력자가 많은 모든 코드를 리팩터링으로 제거했으므로(표 7.1의 우측 상단 사분면) 테스트할 것이 없다. 컨트롤러 사분면(표 7.1의 우측 하단)에 대해서는 어떻게 테스트하는지 다음 장에서 살펴본다.

7.3.3 전제 조건을 테스트해야 하는가?

특별한 종류의 분기점(전제 조건)을 살펴보고 이를 테스트해야 하는지 확인해보자. 예를 들어 Company에 있는 이 메서드를 다시 한 번 살펴본다.

```
public void ChangeNumberOfEmployees(int delta)
{
    Precondition.Requires(NumberOfEmployees + delta >= 0);

    NumberOfEmployees += delta;
}
```

회사의 직원 수가 음수가 돼서는 안 된다는 전제 조건이 있다. 이 전제 조건은 예외 상황에서만 활성화되는 보호 장치다. 이러한 예외 상황은 보통 버그의 결과다. 직원 수가 0 미만으로 내려가는 까닭은 코드에 오류가 있는 경우뿐이다. 이 보호 장치는 소프트웨어가 빠르게 실패하고 데이터베이스에서 오류가 확산하고 지속되는 것을 방지하기 위한 메커니즘을 제공한다. 그러한 전제 조건을 테스트해야 하는가? 다시 말해, 전제 조건에 대한 테스트가 테스트 스위트에 있을 만큼 충분히 가치가 있는가?

여기에 어려운 규칙은 없지만, 일반적으로 권장하는 지침은 도메인 유의성이 있는 모든 전제 조건을 테스트하라는 것이다. 직원 수가 음수가 되면 안 된다는 요구 사항이 이러한 전제 조건에 해당한다. 이는 Company 클래스의 불변성(항상 true여야 하는 조건)에 해당한다. 그러나 도메인 유의성이 없는 전제 조건을 테스트하는 데 시간을 들이지 말라. 예를 들어 UserFactory의 Create 메서드에 다음과 같은 보호 장치가 있다.

```
public static User Create(object[] data)
{
    Precondition.Requires(data.Length >= 3);
    /* data에서 id, 이메일, 유형을 추출 */
}
```

이 전제 조건에 도메인 의미가 없으므로 테스트하기에는 별 가치가 없다.

7.4 컨트롤러에서 조건부 로직 처리

조건부 로직을 처리하면서 동시에 프로세스 외부 협력자 없이 도메인 계층을 유지 보수하는 것은 까다롭고 절충이 있기 마련이다. 이 절에서는 그 절충이 무엇인지 살펴보고 프로젝트에서 어떤 것을 선택할지 결정하는 방법을 소개한다.

비즈니스 로직과 오케스트레이션의 분리는 다음과 같이 비즈니스 연산이 세 단계로 있을 때 가장 효과적이다.

- 저장소에서 데이터 검색
- 비즈니스 로직 실행
- 데이터를 다시 저장소에 저장(그림 7.10)

▲ **그림 7.10** 육각형 아키텍처와 함수형 아키텍처는 프로세스 외부 의존성에 대한 모든 참조가 비즈니스 연산의 가장자리로 밀려났을 때 가장 효과적이다.

그러나 이렇게 단계가 명확하지 않은 경우가 많다. 6장에서 다룬 것처럼, 의사 결정 프로세스의 중간 결과를 기반으로 프로세스 외부 의존성에서 추가 데이터를 조회해야 할 수도 있다(그림 7.11). 프로세스 외부 의존성에 쓰기 작업도 종종 그 결과에 따라 달라진다.

▲ **그림 7.11** 비즈니스 연산 중에 프로세스 외부 의존성을 참조해야 하는 경우 육각형 아키텍처가 제대로 작동하지 않는다.

이전 장에서 설명한 것처럼, 이러한 상황에서는 다음과 같이 세 가지 방법이 있다.

- 어쨌든 외부에 대한 모든 읽기와 쓰기를 가장자리로 밀어낸다. 이 방법은 '읽고-결정하고-실행하기' 구조를 유지하지만 성능이 저하된다. 필요 없는 경우에도 컨트롤러가 프로세스 외부 의존성을 호출한다.
- 도메인 모델에 프로세스 외부 의존성을 주입하고 비즈니스 로직이 해당 의존성을 호출할 시점을 직접 결정할 수 있게 한다.

- 의사 결정 프로세스 단계를 더 세분화하고, 각 단계별로 컨트롤러를 실행하도록 한다.

문제는 다음 세 가지 특성의 균형을 맞추는 것이다.

- **도메인 모델 테스트 유의성**: 도메인 클래스의 협력자 수와 유형에 따른 함수
- **컨트롤러 단순성**: 의사 결정(분기) 지점이 있는지에 따라 다름
- **성능**: 프로세스 외부 의존성에 대한 호출 수로 정의

위에서 언급한 방법은 세 가지 특성 중 두 가지 특성만 갖는다(그림 7.12).

- 외부에 대한 모든 읽기와 쓰기를 비즈니스 연산 가장자리로 밀어내기: 컨트롤러를 계속 단순하게 하고 프로세스 외부 의존성과 도메인 모델을 분리하지만(그래서 테스트할 수 있도록 하지만), 성능이 저하된다.
- 도메인 모델에 프로세스 외부 의존성 주입하기: 성능을 유지하면서 컨트롤러를 단순하게 하지만, 도메인 모델의 테스트 유의성이 떨어진다.
- 의사 결정 프로세스 단계를 더 세분화하기: 성능과 도메인 모델 테스트 유의성에 도움을 주지만, 컨트롤러가 단순하지 않다. 이러한 세부 단계를 관리하려면 컨트롤러에 의사 결정 지점이 있어야 한다.

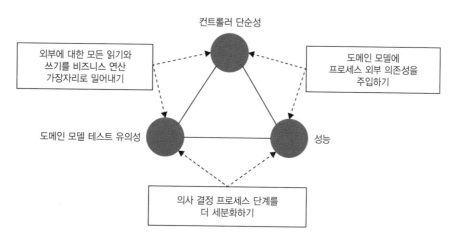

▲ **그림 7.12** 컨트롤러 단순성, 도메인 모델 테스트 유의성, 성능이라는 세 가지 특성을 모두 충족하는 해법은 없다. 따라서 세 가지 중 두 가지를 선택해야 한다.

대부분의 소프트웨어 프로젝트에서는 성능이 매우 중요하므로 첫 번째 방법(외부에 대한 읽기와 쓰기를 비즈니스 연산 가장자리로 밀어내기)은 고려할 필요가 없다. 두 번째 옵션(도메인 모델에 프로세스 외부 의존성 주입하기)은 대부분 코드를 지나치게 복잡한 사분면에 넣는다. 이는 바로 초기 CRM 구현에서 리팩터링한 것이다. 이러한 코드는 더 이상 비즈니스 로직과 프로세스 외부 의존성과의 통신을 분리하지 않으므로 테스트와 유지 보수가 훨씬 어려워지므로 이러한 방법은 피하는 것이 좋다.

그러면 세 번째 옵션(의사 결정 프로세스 단계를 더 세분화하기)만 남게 된다. 이 방식을 쓰면 컨트롤러를 더 복잡하게 만들기 때문에 지나치게 복잡한 사분면에 더 가까워지게 된다. 그러나 이 문제를 완화할 수 있는 방법이 있다. 이전에 샘플 프로젝트에서 했던 바와 같이 컨트롤러를 제외한 모든 복잡도를 고려할 수는 없지만, 그 복잡도를 관리할 수는 있다.

7.4.1 CanExecute/Execute 패턴 사용

컨트롤러 복잡도가 커지는 것을 완화하는 첫 번째 방법은 CanExecute/Execute 패턴을 사용해 비즈니스 로직이 도메인 모델에서 컨트롤러로 유출되는 것을 방지하는 것이다. 이 패턴은 예를 들어야 설명하기가 수월하므로, 샘플 프로젝트를 확장해보자.

이메일은 사용자가 확인할 때까지만 변경할 수 있다고 하자. 사용자가 확인한 후에 이메일을 변경하려고 하면 오류 메시지가 표시돼야 한다. 이 새로운 요구 사항을 담고자 User 클래스에 새 속성을 추가한다.

예제 7.7 새 속성이 추가된 User

```
public class User
{
    public int UserId { get; private set; }
    public string Email { get; private set; }
    public UserType Type { get; private set; }
    public bool IsEmailConfirmed
        { get; private set; }                  새 속성
    /* ChangeEmail(newEmail, company) 메서드 */
}
```

확인할 위치를 정하는 데 두 가지 옵션이 있다. 첫 번째 옵션으로, User의 ChangeEmail 메서드에 넣을 수 있다.

```
public string ChangeEmail(string newEmail, Company company)
{
    if (IsEmailConfirmed)
        return "Can't change a confirmed email";

    /* 메서드의 나머지 부분 */
}
```

그런 다음 이 메서드의 출력에 따라 컨트롤러는 오류를 반환하거나 필요한 모든 사이드 이펙트를 낼 수 있다.

예제 7.8 모든 의사 결정을 제거한 컨트롤러

```
public string ChangeEmail(int userId, string newEmail)
{
    object[] userData = _database.GetUserById(userId);
    User user = UserFactory.Create(userData);
                                                          데이터 준비
    object[] companyData = _database.GetCompany();
    Company company = CompanyFactory.Create(companyData);

    string error = user.ChangeEmail(newEmail, company);   ◀── 의사 결정
    if (error != null)
        return error;

    _database.SaveCompany(company);
    _database.SaveUser(user);                             결정에 따라 실행하기
    _messageBus.SendEmailChangedMessage(userId, newEmail);

    return "OK";
}
```

이 구현으로 컨트롤러가 의사 결정을 하지 않지만, 성능 저하를 감수해야 한다. 이메일을 확인해 변경할 수 없는 경우에도 무조건 데이터베이스에서 Company 인스턴스를 검색한

다. 이는 모든 외부 읽기와 쓰기를 비즈니스 연산 끝으로 밀어내는 예다.

> |참고| 실행 단계에서 새 if 문이 오류 문자열을 분석하지만 의사 결정 프로세스에 해당하지 않기 때문에 복잡도가 증가한다고 간주되지 않는다. User 클래스에서 모든 결정이 이뤄지며, 컨트롤러는 이러한 결정에 따라 실행할 뿐이다.

두 번째 옵션은 IsEmailConfirmed 확인을 User에서 컨트롤러로 옮기는 것이다.

예제 7.9 사용자의 이메일을 변경할지 여부를 결정하는 컨트롤러

```
public string ChangeEmail(int userId, string newEmail)
{
    object[] userData = _database.GetUserById(userId);
    User user = UserFactory.Create(userData);

    if (user.IsEmailConfirmed)                            User에서 이곳으로
        return "Can't change a confirmed email";         옮긴 의사 결정

    object[] companyData = _database.GetCompany();
    Company company = CompanyFactory.Create(companyData);

    user.ChangeEmail(newEmail, company);

    _database.SaveCompany(company);
    _database.SaveUser(user);
    _messageBus.SendEmailChangedMessage(userId, newEmail);

    return "OK";
}
```

이러한 구현으로 성능은 그대로 유지된다. Company 인스턴스는 확실히 이메일 변경이 가능한 후에만 데이터베이스에서 검색된다. 그러나 이제 의사 결정 프로세스는 두 부분으로 나뉜다.

- 이메일 변경 진행 여부(컨트롤러에서 수행)

- 변경 시 해야 할 일(User에서 수행)

이제 IsEmailConfirmed 플래그를 먼저 확인하지 않고 이메일을 변경할 수 있지만, 도메인 모델의 캡슐화가 떨어진다. 이러한 파편화로 비즈니스 로직과 오케스트레이션 간의 분리가 방해되고 지나치게 복잡한 위험 영역에 더 가까워진다.

이러한 파편화를 방지하려면 User에 새 메서드(CanChangeEmail() 메서드)를 둬서, 이 메서드가 잘 실행되는 것을 이메일 변경의 전제 조건으로 한다. 다음 예제는 CanExecute/Execute 패턴을 따르게끔 수정한 버전이다.

예제 7.10 CanExecute/Execute 패턴을 사용한 이메일 변경

```
public string CanChangeEmail()
{
    if (IsEmailConfirmed)
        return "Can't change a confirmed email";
    return null;
}

public void ChangeEmail(string newEmail, Company company)
{
    Precondition.Requires(CanChangeEmail() == null);

    /* 메서드의 나머지 부분 */
}
```

이 방법에는 두 가지 중요한 이점이 있다.

- 컨트롤러는 더 이상 이메일 변경 프로세스를 알 필요가 없다. CanChangeEmail() 메서드를 호출해서 연산을 수행할 수 있는지 확인하기만 하면 된다. 이 메서드에 여러 가지 유효성 검사가 있을 수 있고, 유효성 검사 모두 컨트롤러로부터 캡슐화돼 있다.
- ChangeEmail()의 전제 조건이 추가돼도 먼저 확인하지 않으면 이메일을 변경할 수 없도록 보장한다.

이 패턴을 사용하면 도메인 계층의 모든 결정을 통합할 수 있다. 이제 컨트롤러에 이메일을 확인할 일이 없기 때문에 더 이상 의사 결정 지점은 없다. 따라서 컨트롤러에 CanChan geEmail()을 호출하는 if 문이 있어도 if 문을 테스트할 필요는 없다. User 클래스의 전제 조건을 단위 테스트하는 것으로 충분하다.

> |**참고**| 간결성을 위해 오류를 문자열로 표현했다. 실제 프로젝트에서는 작업의 성공 여부를 나타내는 사용자 정의 Result 클래스를 둘 수도 있다.

7.4.2 도메인 이벤트를 사용해 도메인 모델 변경 사항 추적

도메인 모델을 현재 상태로 만든 단계를 빼기 어려울 때가 있다. 그러나 애플리케이션에서 정확히 무슨 일이 일어나는지 외부 시스템에 알려야 하기 때문에 이러한 단계들을 아는 것이 중요할지도 모른다. 컨트롤러에 이러한 책임도 있으면 더 복잡해진다. 이를 피하려면, 도메인 모델에서 중요한 변경 사항을 추적하고 비즈니스 연산이 완료된 후 해당 변경 사항을 프로세스 외부 의존성 호출로 변환한다. 도메인 이벤트$^{domain\ event}$로 이러한 추적을 구현할 수 있다.

> |**정의**| 도메인 이벤트는 애플리케이션 내에서 도메인 전문가에게 중요한 이벤트를 말한다. 도메인 전문가에게는 무엇으로 도메인 이벤트와 일반 이벤트(예: 버튼 클릭)를 구별하는지가 중요하다. 도메인 이벤트는 종종 시스템에서 발생하는 중요한 변경 사항을 외부 애플리케이션에 알리는 데 사용된다.

CRM에는 추적 요구 사항도 있다. 메시지 버스에 메시지를 보내서 외부 시스템에 변경된 사용자 이메일을 알려줘야 한다. 현재 구현에는 알림 기능에 결함이 있다. 다음 예제와 같이 이메일이 변경되지 않은 경우에도 메시지를 보낸다.

예제 7.11 이메일이 변경되지 않은 경우에도 메시지를 보냄

```
// User
public void ChangeEmail(string newEmail, Company company)
{
```

```
    Precondition.Requires(CanChangeEmail() == null);

    if (Email == newEmail)      ◄──── 사용자 이메일이 변경되지 않을 수 있음
        return;
    /* 메서드의 나머지 부분 */
}


// Controller
public string ChangeEmail(int userId, string newEmail)
{
    /* 준비 */

    user.ChangeEmail(newEmail, company);

    _database.SaveCompany(company);
    _database.SaveUser(user);
    _messageBus.SendEmailChangedMessage(    │ 어쨌든 컨트롤러는
        userId, newEmail);                  │ 메시지를 보냄

    return "OK";
}
```

이메일이 같은지 검사하는 부분을 컨트롤러로 옮겨서 버그를 해결할 수 있지만, 비즈니스 로직이 파편화되는 문제가 있다. 새 이메일이 이전 이메일과 동일하다면 애플리케이션이 오류를 반환해서는 안 되므로 CanChangeEmail()에 검사하는 부분을 넣을 수 없다.

이러한 특정 검사로 인해 비즈니스 로직을 너무 많이 파편화하지 않으므로, 검사가 포함돼도 컨트롤러가 지나치게 복잡하지 않다고 생각한다. 그러나 애플리케이션이 프로세스 외부 의존성을 도메인 모델로 넘기지 않고 해당 의존성을 불필요하게 호출해서 도메인 모델을 오히려 지나치게 복잡하게 하는 것과 같이 더 어려운 상황이 될 수 있다. 너무 복잡하지 않게 하는 방법은 도메인 이벤트를 사용하는 것뿐이다.

구현 관점에서 도메인 이벤트는 외부 시스템에 통보하는 데 필요한 데이터가 포함된 클래스다. 구체적인 예로는 사용자의 ID와 이메일을 들 수 있다.

```
public class EmailChangedEvent
{
    public int UserId { get; }
    public string NewEmail { get; }
}
```

> |참고| 도메인 이벤트는 이미 일어난 일들을 나타내기 때문에 항상 과거 시제로 명명해야 한다. 도메인 이벤트는 값이다. 둘 다 불변이고, 서로 바꿔서 쓸 수 있다.

User는 이메일이 변경될 때 새 요소를 추가할 수 있는 이벤트 컬렉션을 갖게 된다. 다음은 ChangeEmail() 메서드를 리팩터링한 후다.

예제 7.12 이메일이 변경될 때 이벤트를 추가하는 User

```
public void ChangeEmail(string newEmail, Company company)
{
    Precondition.Requires(CanChangeEmail() == null);

    if (Email == newEmail)
        return;

    UserType newType = company.IsEmailCorporate(newEmail)
        ? UserType.Employee
        : UserType.Customer;

    if (Type != newType)
    {
        int delta = newType == UserType.Employee ? 1 : -1;
        company.ChangeNumberOfEmployees(delta);
    }

    Email = newEmail;
    Type = newType;
    EmailChangedEvents.Add(                          새 이벤트는
        new EmailChangedEvent(UserId, newEmail));    이메일 변경을 나타냄
}
```

그런 다음 컨트롤러는 이벤트를 메시지 버스의 메시지로 변환한다.

예제 7.13 도메인 이벤트를 처리하는 컨트롤러

```
public string ChangeEmail(int userId, string newEmail)
{
    object[] userData = _database.GetUserById(userId);
    User user = UserFactory.Create(userData);

    string error = user.CanChangeEmail();
    if (error != null)
        return error;

    object[] companyData = _database.GetCompany();
    Company company = CompanyFactory.Create(companyData);

    user.ChangeEmail(newEmail, company);

    _database.SaveCompany(company);
    _database.SaveUser(user);
    foreach (var ev in user.EmailChangedEvents) {      ┐
        _messageBus.SendEmailChangedMessage(           │  도메인 이벤트 처리
            ev.UserId, ev.NewEmail);                   │
    }                                                  ┘

    return "OK";
}
```

저장 로직이 도메인 이벤트에 의존하지 않으므로 여전히 Company 인스턴스와 User 인스턴스는 무조건 데이터베이스에 저장된다. 이는 데이터베이스의 변경 사항과 메시지 버스의 메시지가 다르기 때문이다.

CRM을 제외한 어떤 애플리케이션도 데이터베이스에 대한 접근 권한을 갖지 않는다고 하면, 해당 데이터베이스와의 통신은 CRM의 식별할 수 있는 동작이 아니고 구현 세부 사항이다. 데이터베이스의 최종 상태가 정확하기만 하면 애플리케이션이 데이터베이스를 호출하는 횟수는 중요하지 않다. 반면 메시지 버스와의 통신은 애플리케이션의 식별할 수 있는 동작이다. 외부 시스템과의 계약을 지키려면 CRM은 이메일이 변경될 때만 메시지를 메

시지 버스에 넣어야 한다.

데이터베이스에 데이터를 무조건 저장하면 성능 영향이 있지만, 상대적으로 미미하다. 모든 검증 후에 새 이메일이 이전 이메일과 동일할 가능성은 매우 낮다. ORM을 사용하는 것도 도움이 될 수 있으며, 대부분의 ORM은 객체 상태가 변경되지 않으면 데이터베이스에 다녀오지 않는다.

도메인 이벤트로 해법을 일반화할 수 있다. DomainEvent 기초 클래스를 추출해서 모든 도메인 클래스에 대해 이 기초 클래스를 참조하게 한다. 여기에는 List<DomainEvent>와 같이 해당 이벤트의 컬렉션을 포함할 수 있다. 컨트롤러에서 도메인 이벤트를 수동으로 발송하는 대신, 별도의 이벤트 디스패처^{event dispatcher}를 작성할 수도 있다. 끝으로, 대규모 프로젝트에서는 도메인 이벤트를 발송하기 전에 병합하는 메커니즘이 필요할 수 있다. 그러나 이 주제는 이 책의 범위를 벗어난다. 이에 대해서는 '발송 전 도메인 이벤트 병합'이라는 제목으로 내가 직접 쓴 글(http://mng.bz/YeVe)을 참조한다.

도메인 이벤트는 컨트롤러에서 의사 결정 책임을 제거하고 해당 책임을 도메인 모델에 적용함으로써 외부 시스템과의 통신에 대한 단위 테스트를 간결하게 한다. 컨트롤러를 검증하고 프로세스 외부 의존성을 목으로 대체하는 대신, 다음 예제와 같이 단위 테스트에서 직접 도메인 이벤트 생성을 테스트할 수 있다.

예제 7.14 도메인 이벤트 생성 테스트

```
[Fact]
public void Changing_email_from_corporate_to_non_corporate()
{
    var company = new Company("mycorp.com", 1);
    var sut = new User(1, "user@mycorp.com", UserType.Employee, false);

    sut.ChangeEmail("new@gmail.com", company);

    company.NumberOfEmployees.Should().Be(0);
    sut.Email.Should().Be("new@gmail.com");
    sut.Type.Should().Be(UserType.Customer);
    sut.EmailChangedEvents.Should().Equal(          컬렉션 크기와 요소를
        new EmailChangedEvent(1, "new@gmail.com")); 동시에 검증
}
```

물론 오케스트레이션이 올바르게 수행되는지 확인하고자 컨트롤러를 테스트해야 하지만, 그렇게 하려면 훨씬 더 작은 테스트가 필요하다. 이것이 다음 장의 주제다.

7.5 결론

이 장에서 다뤘던 주제를 유념하라. 그 주제는 외부 시스템에 대한 애플리케이션의 사이드 이펙트를 추상화하는 것이었다. 비즈니스 연산이 끝날 때까지 이러한 사이드 이펙트를 메모리에 둬서 추상화하고, 프로세스 외부 의존성 없이 단순한 단위 테스트로 테스트할 수 있다. 도메인 이벤트는 메시지 버스에서 메시지에 기반한 추상화에 해당한다. 도메인 클래스의 변경 사항은 데이터베이스의 향후 수정 사항에 대한 추상화다.

> |**참고**| 추상화할 것을 테스트하기보다 추상화를 테스트하는 것이 더 쉽다.

도메인 이벤트와 CanExecute/Execute 패턴을 사용해 도메인 모델에 모든 의사 결정을 잘 담을 수 있었지만, 항상 그렇게 할 수는 없다. 비즈니스 로직 파편화가 불가피한 상황들이 있다.

예를 들어, 도메인 모델에 프로세스 외부 의존성을 두지 않고서는 컨트롤러 외부에서 이메일 고유성을 검증할 방법이 없다. 또 다른 예는 비즈니스 연산 과정을 변경해야 하는 프로세스 외부 의존성의 실패다. 도메인 계층에서 프로세스 외부 의존성을 호출하지 않기 때문에 어디로 갈 것인지에 대한 결정은 도메인 계층에 있을 수 없다. 이 로직을 컨트롤러에 넣고 통합 테스트로 처리해야 한다. 그러나 잠재적인 파편화가 있더라도 비즈니스 로직을 오케스트레이션에서 분리하는 것은 많은 가치가 있다. 이렇게 분리하면 단위 테스트 프로세스가 크게 간소화되기 때문이다.

컨트롤러에 비즈니스 로직이 있는 것을 피할 수 없는 것처럼, 도메인 클래스에서 모든 협력자를 제거할 수 있는 경우는 거의 없을 것이다. 하지만 괜찮다. 협력자가 하나나 둘, 심지어 셋이 있더라도 프로세스 외부 의존성을 참조하지 않는 한, 도메인 클래스는 지나치게 복잡한 코드가 아닐 것이다.

그러나 이러한 협력자와의 상호 작용을 검증하려고 목을 사용하지는 말라. 이러한 상호 작용은 도메인 모델의 식별할 수 있는 동작과 아무런 관련이 없다. 컨트롤러에서 도메인 클래스로 가는 첫 번째 호출만 컨트롤러 목표에 직접적인 연관이 있다. 같은 연산 내에서 인접 도메인 클래스에 대해 수행하는 후속 호출은 모두 구현 세부 사항이다.

그림 7.13에서 이 아이디어를 보여준다. 이를 통해 CRM의 구성 요소 간 통신과 식별할 수 있는 동작과의 관계를 확인할 수 있다. 5장에서 살펴봤듯이, 메서드가 클래스의 식별할 수 있는 동작인지 여부는 클라이언트가 누구인지와 클라이언트의 목표가 무엇인지에 달려 있다. 식별할 수 있는 동작이 되려면 메서드는 다음 두 가지 기준 중 하나를 충족해야 한다.

- 클라이언트 목표 중 하나에 직접적인 연관이 있음
- 외부 애플리케이션에서 볼 수 있는 프로세스 외부 의존성에서 사이드 이펙트가 발생함

컨트롤러의 ChangeEmail() 메서드는 식별할 수 있는 동작이며, 메시지 버스에 대한 호출도 마찬가지다. 첫 번째 메서드는 외부 클라이언트의 진입점이므로, 첫 번째 기준을 충족한다. 메시지 버스에 대한 호출은 외부 애플리케이션으로 메시지를 보내기 때문에 두 번째 기준을 충족한다. 이 두 메서드의 호출을 모두 확인해야 한다(다음 장의 주제에 해당함). 그러나 컨트롤러에서 User로 가는 후속 호출은 외부 클라이언트의 목표와 직접적인 연관이 없다. 클라이언트는 시스템의 최종 상태가 올바르고 메시지 버스 호출이 잘되는 한, 컨트롤러가 이메일 변경을 어떻게 구현하기로 하든 상관하지 않는다. 따라서 컨트롤러의 동작을 테스트할 때 컨트롤러가 User에 수행하는 호출을 검증해서는 안 된다.

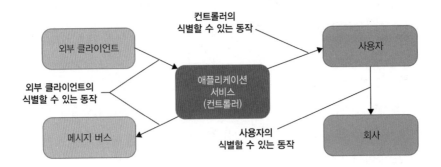

호출 스택을 한 단계 내려봐도 상황은 비슷하다. 이제 클라이언트는 컨트롤러이고 User 의 ChangeEmail 메서드는 사용자 이메일을 변경하는 클라이언트의 목표에 직접적인 연관이 있으므로 테스트해야 한다. 그러나 User에서 Company로 가는 후속 호출은 컨트롤러의 관점에서 구현 세부 사항이다. 따라서 User의 ChangeEmail 메서드를 다루는 테스트는 User가 Company에 어떤 메서드를 호출하는지 검증해서는 안 된다. 한 단계 더 내려가서 Company의 두 가지 메서드를 User 관점에서 테스트할 때도 마찬가지다.

식별할 수 있는 동작과 구현 세부 사항을 양파의 여러 겹으로 생각하라. 외부 계층의 관점에서 각 계층을 테스트하고, 해당 계층이 기지 계층과 어떻게 통신하는지는 무시하라. 이러한 계층을 하나씩 벗겨가면서 관점을 바꾸게 된다. 이전에 구현 세부 사항이었던 것이 이제는 식별할 수 있는 동작이 되며, 이는 또 다른 테스트로 다루게 된다.

요약

- 코드 복잡도는 코드에서 의사 결정 지점 수에 따라 명시적으로(코드) 그리고 암시적으로(코드가 사용하는 라이브러리) 정의된다.

- 도메인 유의성은 프로젝트의 문제 도메인에 대해 코드가 얼마나 중요한지를 보여준다. 복잡한 코드는 종종 도메인 유의성이 높고 그 반대의 경우도 있지만, 모든 경우에 100% 해당하지는 않는다.

- 복잡한 코드와 도메인 유의성을 갖는 코드는 해당 테스트의 회귀 방지가 뛰어나기 때문에 단위 테스트에서 가장 이롭다.

- 협력자가 많은 코드를 다루는 단위 테스트는 유지비가 많이 든다. 이러한 테스트는 협력자를 예상 상태로 만들고 나서 상태나 상호 작용을 확인하고자 공간을 많이 필요로 한다.

- 모든 제품 코드는 복잡도 또는 도메인 유의성과 협력자 수에 따라 네 가지 유형의 코드로 분류할 수 있다.

- 도메인 모델 및 알고리즘(복잡도 또는 도메인 유의성이 높음. 협력자가 거의 없음)은 단위 테스트에 대한 노력 대비 가장 이롭다.
- 간단한 코드(복잡도와 도메인 유의성이 낮음. 협력자가 거의 없음)는 테스트할 가치가 전혀 없다.
- 컨트롤러(복잡도와 도메인 유의성이 낮음. 협력자가 많음)는 통합 테스트를 통해 간단히 테스트해야 한다.
- 지나치게 복잡한 코드(복잡도 또는 도메인 유의성이 높음. 협력자가 많음)는 컨트롤러와 복잡한 코드로 분할해야 한다.

- 코드가 중요하거나 복잡할수록 협력자가 적어야 한다.
- 험블 객체 패턴은 해당 코드에서 비즈니스 로직을 별도의 클래스로 추출해 복잡한 코드를 테스트할 수 있는 데 도움이 된다. 그 결과, 나머지 코드는 비즈니스 로직을 둘러싼 얇은 험블 래퍼, 즉 컨트롤러가 된다.
- 육각형 아키텍처와 함수형 아키텍처는 험블 객체 패턴을 구현한다. 육각형 아키텍처는 비즈니스 로직과 프로세스 외부 의존성과의 통신을 분리하도록 한다. 함수형 아키텍처는 프로세스 외부 의존성뿐만 아니라 모든 협력자와의 통신과 비즈니스 로직을 분리한다.
- 코드의 깊이와 너비의 관점에서 비즈니스 로직과 오케스트레이션 책임을 생각하라. 코드는 깊을 수도 있고(복잡하거나 중요함) 넓을 수도 있지만(협력자가 많음), 둘 다는 아니다.
- 도메인 유의성이 있으면 전제 조건을 테스트하고, 그 외의 경우에는 테스트하지 않는다.
- 비즈니스 로직과 오케스트레이션을 분리할 때는 다음과 같이 세 가지 중요한 특성이 있다.
  - **도메인 모델 테스트 유의성**: 도메인 클래스 내 협력자 수와 유형에 대한 함수
  - **컨트롤러 단순성**: 컨트롤러에 의사 결정 지점이 있는지에 따라 다름
  - **성능**: 프로세스 외부 의존성에 대한 호출 수로 정의
- 항상 세 가지 특성 중 최대 두 가지를 가질 수 있다.

- 외부에 대한 모든 읽기와 쓰기를 비즈니스 연산 가장자리로 밀어내기: 컨트롤러를 단순하게 유지하고 도메인 모델 테스트 유의성을 지키지만, 성능이 저하된다.
- **도메인 모델에 프로세스 외부 의존성을 주입하기**: 성능을 유지하고 컨트롤러를 단순하게 하지만, 도메인 모델의 테스트 유의성이 떨어진다.
- **의사 결정 프로세스 단계를 더 세분화하기**: 성능과 도메인 모델 테스트 유의성을 지키지만, 컨트롤러의 단순함을 포기한다.
- 의사 결정 프로세스 단계를 더 세분화하는 것이 장단점을 고려할 때 가장 효과적인 절충이다. 다음 두 가지 패턴을 사용해 컨트롤러 복잡도 증가를 완화할 수 있다.
  - CanExecute/Execute 패턴은 각 Do() 메서드에 대해 CanDo()를 두고, CanDo()가 성공적으로 실행되는 것을 Do()의 전제 조건으로 한다. 이 패턴은 Do() 전에 CanDo()를 호출하지 않을 수 없기 때문에 컨트롤러의 의사 결정을 근본적으로 제거한다.
  - 도메인 이벤트는 도메인 모델의 중요한 변경 사항을 추적하고 해당 변경 사항을 프로세스 외부 의존성에 대한 호출로 변환한다. 이 패턴으로 컨트롤러에서 추적에 대한 책임이 없어진다.
- 추상화할 것을 테스트하기보다는 추상화를 테스트하는 것이 더 쉽다. 도메인 이벤트는 프로세스 외부 의존성 호출 위의 추상화에 해당한다. 도메인 클래스의 변경은 데이터 저장소의 향후 수정에 대한 추상화에 해당한다.

Part 3

통합 테스트

단위 테스트를 모두 통과했지만 애플리케이션이 여전히 작동하지 않는 상황에 처해본 적이 있는가? 소프트웨어 구성 요소를 서로 격리해서 검증하는 것도 중요하지만, 해당 구성 요소가 어떻게 외부 시스템과 통합돼 작동하는지 확인하는 것도 중요하다. 여기서 통합 테스트가 시작된다.

8장에서는 통합 테스트를 전반적으로 살펴보고, 테스트 피라미드 개념을 다시 살펴본다. 또한 통합 테스트 고유의 장단점과 이를 어떻게 처리하는지 알아본다. 9장과 10장에서는 더 구체적인 주제를 다룬다. 9장에서는 어떻게 하면 목을 최대로 활용할 수 있는지 설명한다. 10장에서는 테스트에서 관계형 데이터베이스를 다루는 방법을 자세히 설명한다.

8
통합 테스트를 하는 이유

단위 테스트에만 전적으로 의존하면 시스템이 전체적으로 잘 작동하는지 확신할 수 없다. 단위 테스트가 비즈니스 로직을 확인하는 데 좋지만, 비즈니스 로직을 외부와 단절된 상태로 확인하는 것만으로는 충분하지 않다. 각 부분이 데이터베이스나 메시지 버스 등의 외부 시스템과 어떻게 통합되는지 확인해야 한다.

이 장에서는 통합 테스트의 역할, 즉 언제 적용해야 하는지와 일반적인 단위 테스트나 심지어 빠른 실패Fail Fast 원칙과 같은 다른 기법에 의존하는 것이 좋을지 등을 알아본다. 또한 프로세스 외부 의존성 중에서 어느 것을 통합 테스트에서 그대로 사용하고 어느 것을 목으로 대체할지를 알 수 있다. 도메인 모델 경계를 명시하고 애플리케이션의 계층 수를 줄이고 순환 의존성을 제거하는 등 코드베이스의 상태를 개선하는 데 도움이 되는 통합 테스트 모범 사례도 볼 수 있다. 마지막으로, 구현이 하나뿐인 인터페이스를 가끔 사용해야 하는 이유와 로깅^{logging} 기능을 언제, 어떻게 테스트하는지 알아본다.

8.1 통합 테스트는 무엇인가?

통합 테스트는 테스트 스위트에서 중요한 역할을 하며, 단위 테스트 개수와 통합 테스트 개수의 균형을 맞추는 것도 중요하다. 곧 그 역할이 무엇이고 어떻게 균형을 지키는지 알게 되겠지만, 먼저 통합 테스트와 단위 테스트의 차이점을 다시 한 번 알아보자.

8.1.1 통합 테스트의 역할

2장에서 살펴봤듯이, 단위 테스트는 다음 세 가지 요구 사항을 충족하는 테스트다.

- 단일 동작 단위를 검증하고,
- 빠르게 수행하고,
- 다른 테스트와 별도로 처리한다.

이 세 가지 요구 사항 중 하나라도 충족하지 못하는 테스트는 통합 테스트 범주에 속한다. 단위 테스트가 아닌 모든 테스트가 통합 테스트에 해당한다.

실제로 통합 테스트는 대부분 시스템이 프로세스 외부 의존성과 통합해 어떻게 작동하는지를 검증한다. 다시 말해, 이 테스트는 컨트롤러 사분면에 속하는 코드를 다룬다(코드 사분면에 대한 자세한 내용은 7장 참조). 그림 8.1의 도표는 단위 테스트와 통합 테스트의 전형적인 책임을 보여준다. 단위 테스트는 도메인 모델을 다루는 반면, 통합 테스트는 프로세스 외부 의존성과 도메인 모델을 연결하는 코드를 확인한다.

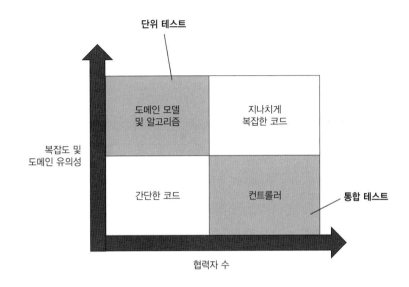

▲ **그림 8.1** 통합 테스트는 컨트롤러를 다루는 반면, 단위 테스트는 도메인 모델과 알고리즘을 다룬다. 간단한 코드와 지나치게 복잡한 코드는 전혀 테스트해서는 안 된다.

컨트롤러 사분면을 다루는 테스트가 단위 테스트일 수도 있다. 모든 프로세스 외부 의존성을 목으로 대체하면 테스트 간에 공유하는 의존성이 없어지므로 테스트 속도가 빨라지고 서로 격리될 수 있다. 그러나 대부분의 애플리케이션은 목으로 대체할 수 없는 프로세스 외부 의존성이 있다. 대개 데이터베이스이며, 다른 애플리케이션에서 볼 수 없는 의존성이다.

또한 7장에서 살펴봤듯이, 그림 8.1의 다른 두 사분면(간단한 코드와 지나치게 복잡한 코드)은 전혀 테스트해서는 안 된다. 간단한 코드는 노력을 들일 만한 가치가 없고, 지나치게 복잡한 코드는 알고리즘과 컨트롤러로 리팩터링해야 한다. 따라서 모든 테스트는 도메인 모델과 컨트롤러 사분면에만 초점을 맞춰야 한다.

8.1.2 다시 보는 테스트 피라미드

단위 테스트와 통합 테스트 간의 균형을 유지하는 것이 중요하다. 통합 테스트가 프로세스 외부 의존성에 직접 작동하면 느려지며, 이러한 테스트는 유지비가 많이 든다. 유지비 증가의 이유는 다음과 같다.

- 프로세스 외부 의존성 운영이 필요함
- 관련된 협력자가 많아서 테스트가 비대해짐

반면 통합 테스트는 코드(애플리케이션 코드와 애플리케이션에서 사용하는 라이브러리의 코드를 모두 포함)를 더 많이 거치므로 회귀 방지가 단위 테스트보다 우수하다. 또한 제품 코드와의 결합도가 낮아서 리팩터링 내성도 우수하다.

단위 테스트와 통합 테스트의 비율은 프로젝트의 특성에 따라 다를 수 있지만, 일반적인 경험에 비춰본 규칙은 다음과 같다. 단위 테스트로 가능한 한 많이 비즈니스 시나리오의 예외 상황을 확인하고, 통합 테스트는 주요 흐름$^{happy\ path}$과 단위 테스트가 다루지 못하는 기타 예외 상황$^{edge\ case}$을 다룬다.

> |정의| 주요 흐름은 시나리오의 성공적인 실행이다. 예외 상황은 비즈니스 시나리오 수행 중 오류가 발생하는 경우다.

대부분을 단위 테스트로 전환하면 유지비를 절감할 수 있다. 또한 중요한 통합 테스트가 비즈니스 시나리오당 하나 또는 두 개 있으면 시스템 전체의 정확도를 보장할 수 있다. 이 지침은 그림 8.2와 같이 단위 테스트와 통합 테스트 사이의 피라미드 같은 비율을 만든다. (2장에서 설명했듯이 엔드 투 엔드 테스트는 통합 테스트의 하위 집합이다.)

테스트 피라미드는 프로젝트의 복잡도에 따라 모양이 다를 수 있다. 단순 애플리케이션은 도메인 모델과 알고리즘 사분면에 거의 코드가 없다. (있어도 극히 적다.) 결국 테스트 구성이 피라미드 대신 직사각형 모양이 되며, 단위 테스트와 통합 테스트의 수가 같다(그림 8.3). 아주 단순한 경우라면, 어떠한 단위 테스트도 없을 것이다.

통합 테스트는 단순한 애플리케이션에서도 가치가 있다. 코드가 얼마나 간단한지보다 다른 서브 시스템과 통합해 어떻게 작동하는지 확인하는 것이 더 중요하다.

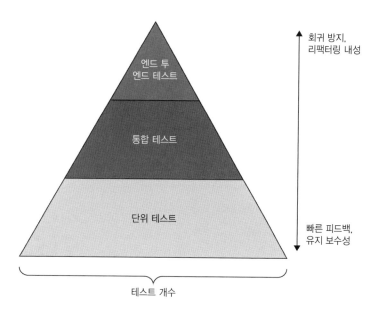

▲ **그림 8.2** 테스트 피라미드는 대부분의 애플리케이션에 가장 적합한 절충안을 나타낸다. 빠르고 저렴한 단위 테스트는 대부분의 예외 상황을 다루는 반면, 느리고 비용이 많이 드는 통합 테스트는 개수가 적지만 시스템 전체의 정확성을 보장한다.

▲ **그림 8.3** 간단한 프로젝트의 테스트 피라미드. 복잡도가 낮으면 일반 피라미드에 비해 단위 테스트가 적다.

8.1.3 통합 테스트와 빠른 실패

이 절에서는 통합 테스트를 사용해 비즈니스 시나리오당 하나의 주요 흐름과 단위 테스트로 처리할 수 없는 모든 예외 상황을 다루는 지침을 자세히 설명한다.

통합 테스트에서 프로세스 외부 의존성과의 상호 작용을 모두 확인하려면 가장 긴 주요 흐름을 선택하라. 이렇게 모든 상호 작용을 거치는 흐름이 없으면, 외부 시스템과의 통신을 모두 확인하는 데 필요한 만큼 통합 테스트를 추가로 작성하라.

단위 테스트에 다룰 수 없는 예외 상황이 있듯이 이 부분도 예외가 있다. 어떠한 예외 상황에 잘못 실행돼 전체 애플리케이션이 즉시 실패하면 해당 예외 상황은 테스트할 필요가 없다. 예를 들어, 7장에서는 샘플 CRM 시스템의 User가 CanChangeEmail 메서드를 어떻게 구현했고 성공적인 실행을 ChangeEmail()의 전제 조건으로 어떻게 삼았는지 살펴봤다.

```
public void ChangeEmail(string newEmail, Company company)
{
    Precondition.Requires(CanChangeEmail() == null);
    /* 메서드의 나머지 부분 */
}
```

컨트롤러는 CanChangeEmail()을 호출하고 해당 메서드가 오류를 반환하면 연산을 중단한다.

```
// UserController
public string ChangeEmail(int userId, string newEmail)
{
    object[] userData = _database.GetUserById(userId);
    User user = UserFactory.Create(userData);

    string error = user.CanChangeEmail();
    if (error != null)          예외 상황
        return error;

    /* 메서드의 나머지 부분 */
}
```

이 예제는 이론적으로 통합 테스트로 다룰 수 있는 예외 상황을 보여준다. 그러나 이러한 테스트는 충분한 가치를 가져다주지 못한다. 컨트롤러가 먼저 CanChangeEmail()을 참조하지 않고 이메일을 변경하려고 하면 애플리케이션이 충돌한다. 처음 실행으로 버그가 드러나므로 쉽게 알아차리고 고칠 수 있다. 또한 데이터 손상으로 이어지지 않는다.

> **|팁|** 좋지 않은 테스트를 작성하는 것보다는 테스트를 작성하지 않는 것이 좋다. 가치가 별로 없는
> 테스트는 좋지 않은 테스트다.

컨트롤러에서 CanChangeEmail()을 호출하는 것과 달리, User에 사전 조건이 있는지를 테스트해야 한다. 하지만 단위 테스트로 하는 것이 더 낫고, 통합 테스트는 필요하지 않다.

버그를 빨리 나타나게 하는 것을 빠른 실패 원칙Fast Fail principle이라고 하며, 통합 테스트에서 할 수 있는 대안이다.

빠른 실패 원칙

빠른 실패 원칙은 예기치 않은 오류가 발생하자마자 현재 연산을 중단하는 것을 의미한다. 이 원칙은 다음을 통해 애플리케이션의 안정성을 높인다.

- 피드백 루프 단축: 버그를 빨리 발견할수록 더 쉽게 해결할 수 있다. 이미 운영 환경으로 넘어온 버그는 개발 중에 발견된 버그보다 수정 비용이 훨씬 더 크다.

- 지속성 상태 보호: 버그는 애플리케이션 상태를 손상시킨다. 손상된 상태가 데이터베이스로 침투하면, 고치기가 훨씬 어려워진다. 빨리 실패하면 손상이 확산되는 것을 막을 수 있다.

보통 예외를 던져서 현재 연산을 중단한다. 예외는 그 의미가 빠른 실패 원칙에 완벽히 부합되기 때문이다. 예외는 프로그램 흐름을 중단하고 실행 스택에서 가장 높은 레벨로 올라간 후 로그를 남기고 작업을 종료하거나 재시작할 수 있다.

전제 조건은 빠른 실패 원칙의 예다. 전제 조건이 실패하면 애플리케이션 상태에 대해 가정이 잘못된 것을 의미하는데, 이는 항상 버그에 해당한다. 또 다른 예는 설정 파일에서 데이터를 읽는 것이다. 설정 파일의 데이터가 불완전하거나 잘못된 경우 예외가 발생하도록 판독 로직을 구성할 수 있다. 이 로직을 애플리케이션 시작 부근에 둬서 문제가 있으면 애플리케이션이 시작하지 않도록 할 수 있다.

8.2 어떤 프로세스 외부 의존성을 직접 테스트해야 하는가?

앞서 언급했듯이 통합 테스트는 시스템이 프로세스 외부 의존성과 어떻게 통합하는지를 검증한다. 이러한 검증을 구현하는 방식은 두 가지가 있다. 실제 프로세스 외부 의존성을 사용하거나 해당 의존성을 목으로 대체하는 것이다. 이 절에서는 두 가지 방식을 각각 언제

적용해야 하는지 알아본다.

8.2.1 프로세스 외부 의존성의 두 가지 유형

모든 프로세스 외부 의존성은 두 가지 범주로 나뉜다.

- **관리 의존성**(전체를 제어할 수 있는 프로세스 외부 의존성): 이러한 의존성은 애플리케이션을 통해서만 접근할 수 있으며, 해당 의존성과의 상호 작용은 외부 환경에서 볼 수 없다. 대표적인 예로 데이터베이스가 있다. 외부 시스템은 보통 데이터베이스에 직접 접근하지 않고 애플리케이션에서 제공하는 API를 통해 접근한다.
- **비관리 의존성**(전체를 제어할 수 없는 프로세스 외부 의존성): 해당 의존성과의 상호 작용을 외부에서 볼 수 있다. 예를 들어 SMTP 서버와 메시지 버스 등이 있다. 둘 다 다른 애플리케이션에서 볼 수 있는 사이드 이펙트를 발생시킨다.

5장에서 관리 의존성과의 통신은 구현 세부 사항이라고 했다. 반대로, 비관리 의존성과의 통신은 시스템의 식별할 수 있는 동작이다(그림 8.4). 이러한 차이로 인해 통합 테스트에서 프로세스 외부 의존성의 처리가 달라진다.

> |**중요**| 관리 의존성은 실제 인스턴스를 사용하고, 비관리 의존성은 목으로 대체하라.

5장에서 말했듯이, 비관리 의존성에 대한 통신 패턴을 유지해야 하는 것은 하위 호환성을 지켜야 하기 때문이다. 이 작업에는 목이 제격이다. 목을 사용하면 모든 가능한 리팩터링을 고려해서 통신 패턴 영속성을 보장할 수 있다.

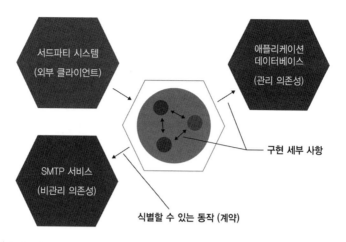

▲ **그림 8.4** 관리 의존성 통신은 구현 세부 사항이다. 통합 테스트에서 해당 의존성을 그대로 사용하라. 비관리 의존성 통신은 시스템의 식별할 수 있는 동작이다. 해당 의존성은 목으로 대체해야 한다.

그러나 관리 의존성과 통신하는 것은 애플리케이션뿐이므로 하위 호환성을 유지할 필요가 없다. 외부 클라이언트는 데이터베이스를 어떻게 구성하는지 신경 쓰지 않는다. 중요한 것은 시스템의 최종 상태다. 통합 테스트에서 관리 의존성의 실제 인스턴스를 사용하면 외부 클라이언트 관점에서 최종 상태를 확인할 수 있다. 또한 컬럼 이름을 변경하거나 데이터베이스를 이관하는 등 데이터베이스 리팩터링에도 도움이 된다.

8.2.2 관리 의존성이면서 비관리 의존성인 프로세스 외부 의존성 다루기

때로는 관리 의존성과 비관리 의존성 모두의 속성을 나타내는 프로세스 외부 의존성이 있을 수 있다. 좋은 예로, 다른 애플리케이션이 접근할 수 있는 데이터베이스가 있다.

그 이야기를 해보면 다음과 같다. 시스템은 전용 데이터베이스로 시작한다. 이내 다른 시스템이 같은 데이터베이스의 데이터를 요구하기 시작한다. 따라서 그 팀은 단지 다른 시스템과 쉽게 통합할 수 있도록 일부 테이블만 접근 권한을 공유하기로 결정한다. 결과적으로 데이터베이스는 관리 의존성이면서 비관리 의존성이다. 여전히 애플리케이션에서만 볼 수 있는 부분이 있다. 그러나 이러한 부분 외에도 다른 애플리케이션에서 접근할 수 있는 테이블이 많이 있다.

시스템 간의 통합을 구현하는 데 데이터베이스를 사용하면 시스템이 서로 결합되고 추가 개발을 복잡하게 만들기 때문에 좋지 않다. 그러므로 다른 방법이 없을 경우에만 이 방법을 사용하라. API(동기식 통신)나 메시지 버스(비동기식 통신)를 사용하는 것이 더 낫다.

그러나 이미 공유 데이터베이스가 있고 근래에 할 수 있는 것이 아무것도 없으면 어떻게 해야 할까? 이 경우 다른 애플리케이션에서 볼 수 있는 테이블을 비관리 의존성으로 취급하라. 이러한 테이블은 사실상 메시지 버스 역할을 하고, 각 행이 메시지 역할을 한다. 이러한 테이블을 이용한 통신 패턴이 바뀌지 않도록 하려면 목을 사용하라. 그리고 나머지 데이터베이스를 관리 의존성으로 처리하고, 데이터베이스와의 상호 작용을 검증하지 말고 데이터베이스의 최종 상태를 확인하라(그림 8.5).

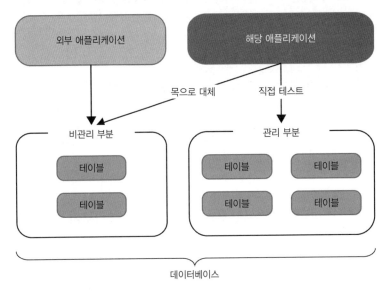

▲ **그림 8.5** 외부 애플리케이션에서 볼 수 있는 데이터베이스 부분을 비관리 의존성으로 처리하라. 통합 테스트에서 목으로 대체한다. 나머지 데이터베이스는 관리 의존성으로 취급하라. 상호 작용이 아닌 최종 상태를 검증하라.

데이터베이스에서 이 두 부분을 구분하는 것이 중요하다. 다시 말하면, 공유 테이블은 외부에서 볼 수 있고 애플리케이션과 테이블 간의 통신 방식을 주의해야 하기 때문이다. 꼭 필요한 경우가 아니라면 시스템이 해당 테이블과 상호 작용하는 방식을 변경하지 말라! 다른 애플리케이션이 이러한 변경에 어떻게 반응하는지 알 수 없다.

8.2.3 통합 테스트에서 실제 데이터베이스를 사용할 수 없으면 어떻게 할까?

때로는 관리 범위를 벗어난다는 이유로, 통합 테스트에서 관리 의존성을 실제 버전으로 사용할 수 없는 경우도 있다(개발자 머신은 말할 나위도 없이). 테스트 자동화 환경에 배포할 수 없는 레거시 데이터베이스를 예로 들 수 있다. IT 보안 정책 때문이거나 테스트 데이터베이스 인스턴스를 설정하고 유지하는 비용이 만만치 않기 때문이다.

이러한 상황에서는 어떻게 해야 할까? 관리 의존성임에도 불구하고 데이터베이스를 목으로 처리해야 할까? 그렇지 않다. 관리 의존성을 목으로 대체하면 통합 테스트의 리팩터링 내성이 저하되기 때문이다. 게다가 이렇게 하면 테스트는 회귀 방지도 떨어진다. 그리고 데이터베이스가 프로젝트에서 유일한 프로세스 외부 의존성이면, 통합 테스트는 회귀 방지에 있어 기존 단위 테스트 세트와 다를 바 없다(단위 테스트가 7장의 지침을 따르는 것으로 가정).

이러한 통합 테스트가 하는 일은 (단위 테스트와 더불어) 컨트롤러가 어떤 리포지터리 메서드를 호출하는지 검증하는 것뿐이다. 다시 말해 컨트롤러에 있는 코드 세 줄을 제외하고 어떠한 것도 신뢰할 수 없으며, 아직도 알아야 할 것이 많이 있다.

데이터베이스를 그대로 테스트할 수 없으면 통합 테스트를 아예 작성하지 말고 도메인 모델의 단위 테스트에만 집중하라. 항상 모든 테스트를 철저히 검토해야 한다. 가치가 충분하지 않은 테스트는 테스트 스위트에 있어서는 안 된다.

8.3 통합 테스트: 예제

7장의 샘플 CRM 시스템으로 돌아가서 통합 테스트를 어떻게 하는지 살펴보자. 기억하겠지만, 이 시스템은 사용자 이메일 변경 기능만 구현돼 있다. 데이터베이스에서 사용자와 회사를 검색하고 의사 결정을 도메인 모델에 위임한 다음, 결과를 데이터베이스에 다시 저장하고 필요한 경우 메시지 버스에 메시지를 싣는다(그림 8.6).

▲ **그림 8.6** 사용자 이메일을 변경하는 유스케이스. 컨트롤러는 데이터베이스, 메시지 버스, 도메인 모델 간의 작업을 조정한다.

다음 예제는 컨트롤러의 현재 모습이다.

```csharp
public class UserController
{
    private readonly Database _database = new Database();
    private readonly MessageBus _messageBus = new MessageBus();

    public string ChangeEmail(int userId, string newEmail)
    {
        object[] userData = _database.GetUserById(userId);
        User user = UserFactory.Create(userData);

        string error = user.CanChangeEmail();
        if (error != null)
            return error;

        object[] companyData = _database.GetCompany();
        Company company = CompanyFactory.Create(companyData);

        user.ChangeEmail(newEmail, company);

        _database.SaveCompany(company);
        _database.SaveUser(user);
        foreach (EmailChangedEvent ev in user.EmailChangedEvents)
        {
```

```
            _messageBus.SendEmailChangedMessage(ev.UserId, ev.NewEmail);
        }
        return "OK";
    }
}
```

다음 절에서는 먼저 통합 테스트를 통해 검증할 시나리오를 개략적으로 설명한다. 그 후 테스트에서 데이터베이스나 메시지 버스와 어떻게 작동하는지 살펴본다.

8.3.1 어떤 시나리오를 테스트할까?

앞서 언급했듯이 통합 테스트에 대한 일반적인 지침은 가장 긴 주요 흐름과 단위 테스트로는 수행할 수 없는 모든 예외 상황을 다루는 것이다. 가장 긴 주요 흐름은 모든 프로세스 외부 의존성을 거치는 것이다.

CRM 프로젝트에서 가장 긴 주요 흐름은 기업 이메일에서 일반 이메일로 변경하는 것이다. 이 변경으로 인해 가장 사이드 이펙트가 많다.

- 데이터베이스에서 사용자와 회사 모두 업데이트된다. 즉 사용자는 유형을 (기업에서 일반으로) 변경하고 이메일도 변경하며, 회사는 직원 수를 변경한다.
- 메시지 버스로 메시지를 보낸다.

단위 테스트로 테스트하지 않는 한 가지 예외 상황이 있는데, 바로 이메일을 변경할 수 없는 시나리오다. 그러나 이 시나리오를 테스트할 필요는 없다. 컨트롤러에 이러한 확인이 없으면 애플리케이션이 빨리 실패하기 때문이다. 다음과 같이 통합 테스트 하나만 남는다.

```
public void Changing_email_from_corporate_to_non_corporate()
```

8.3.2 데이터베이스와 메시지 버스 분류하기

통합 테스트를 작성하기 전에 프로세스 외부 의존성을 두 가지로 분류해서 직접 테스트할 대상과 목으로 대체할 대상을 결정해야 한다. 애플리케이션 데이터베이스는 어떤 시스템도

접근할 수 없으므로 관리 의존성이다. 따라서 실제 인스턴스를 사용해야 한다. 통합 테스트는

- 데이터베이스에 사용자와 회사를 삽입하고,
- 해당 데이터베이스에서 이메일 변경 시나리오를 실행하며,
- 데이터베이스 상태를 검증하게 된다.

반면 메시지 버스는 비관리 의존성이다. 메시지 버스의 목적은 다른 시스템과의 통신을 가능하게 하는 것뿐이다. 통합 테스트는 메시지 버스를 목으로 대체하고 컨트롤러와 목 간의 상호 작용을 검증하게 된다.

8.3.3 엔드 투 엔드 테스트는 어떤가?

샘플 프로젝트에는 엔드 투 엔드 테스트가 없을 것이다. API로 시나리오를 엔드 투 엔드 테스트하면 배포해서 모두 작동하는 버전의 API로 테스트하게 되고, 이는 어떤 프로세스 외부 의존성도 목으로 대체하지 않는 것을 의미한다(그림 8.7). 반면 통합 테스트는 동일한 프로세스 내에서 애플리케이션을 호스팅하고 비관리 의존성을 목으로 대체한다(그림 8.8).

2장에서 언급했듯이, 엔드 투 엔드 테스트의 사용 여부는 각자의 판단에 맡긴다. 대부분의 경우 통합 테스트 범주에 관리 의존성을 포함시키고 비관리 의존성만 목으로 대체하면 통합 테스트의 보호 수준이 엔드 투 엔드 테스트와 비슷해지므로 엔드 투 엔드 테스트를 생략할 수 있다. 하지만 배포 후 프로젝트의 상태 점검을 위해 한 개 또는 두 개 정도의 중요한 엔드 투 엔드 테스트를 작성할 수 있다. 테스트가 가장 긴 주요 흐름을 거치게 해서 애플리케이션이 모든 프로세스 외부 의존성과 올바르게 통신할 수 있도록 한다. 외부 클라이언트의 동작을 모방하려면 메시지 버스는 직접 확인하고, 데이터베이스 상태는 애플리케이션을 통해 검증한다.

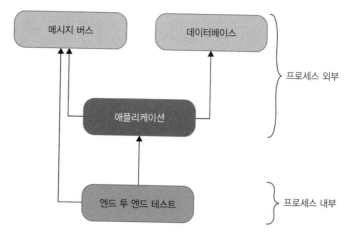

▲ **그림 8.7** 엔드 투 엔드 테스트는 외부 클라이언트를 모방하므로, 테스트 범위에 포함된 모든 프로세스 외부 의존성을 참조하는 배포된 버전의 애플리케이션을 테스트한다. 엔드 투 엔드 테스트는 관리 의존성(데이터베이스 등)을 직접 확인해서는 안 되고, 애플리케이션을 통해 간접적으로 확인해야 한다.

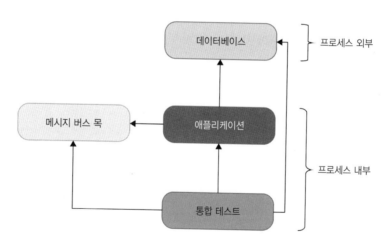

▲ **그림 8.8** 통합 테스트는 동일한 프로세스 내에서 애플리케이션을 호스팅한다. 엔드 투 엔드 테스트와 달리 비관리 의존성을 목으로 대체한다. 통합 테스트를 위한 프로세스 외부 의존성은 관리 의존성뿐이다.

8.3.4 통합 테스트: 첫 번째 시도

다음은 통합 테스트의 첫 번째 버전이다.

예제 8.2 통합 테스트

```
[Fact]
public void Changing_email_from_corporate_to_non_corporate()
{
    // 준비
    var db = new Database(ConnectionString);        ◀── 데이터베이스 저장소
    User user = CreateUser(
        "user@mycorp.com", UserType.Employee, db);   데이터베이스에
    CreateCompany("mycorp.com", 1, db);              사용자와 회사 생성

    var messageBusMock = new Mock<IMessageBus>();    ◀── 메시지 버스 목 설정
    var sut = new UserController(db, messageBusMock.Object);

    // 실행
    string result = sut.ChangeEmail(user.UserId, "new@gmail.com");

    // 검증
    Assert.Equal("OK", result);

    object[] userData = db.GetUserById(user.UserId);
    User userFromDb = UserFactory.Create(userData);       사용자 상태 검증
    Assert.Equal("new@gmail.com", userFromDb.Email);
    Assert.Equal(UserType.Customer, userFromDb.Type);

    object[] companyData = db.GetCompany();
    Company companyFromDb = CompanyFactory               회사 상태 검증
        .Create(companyData);
    Assert.Equal(0, companyFromDb.NumberOfEmployees);

    messageBusMock.Verify(
        x => x.SendEmailChangedMessage(
            user.UserId, "new@gmail.com"),    목 상호 작용 확인
        Times.Once);
}
```

> |팁| 테스트는 준비 구절에서 사용자와 회사를 데이터베이스에 삽입하지 않고, CreateUser와 Create
> Company 헬퍼 메서드를 호출한다. 이러한 메서드는 여러 통합 테스트에서 재사용할 수 있다.

입력 매개변수로 사용한 데이터와 별개로 데이터베이스 상태를 확인하는 것이 중요하다. 이를 위해 통합 테스트는 검증 구절에서 사용자와 회사 데이터를 각각 조회하고, 새로운 userFromDb와 companyFromDb 인스턴스를 생성한 후에 해당 상태를 검증만 한다. 이 방법을 사용하면 테스트가 데이터베이스에 대해 읽기와 쓰기를 모두 수행하므로 회귀 방지를 최대로 얻을 수 있다. 읽기는 컨트롤러에서 내부적으로 사용하는 동일한 코드를 써서 구현해야 한다(이 예제에서는 Database, UserFactory, CompanyFactory 클래스 사용).

이 통합 테스트는 할 일을 다 했지만, 아직 더 개선할 수 있다. 예를 들어, 헬퍼 메서드를 사용하면 검증 구절도 크기를 줄일 수 있다. 그리고 messageBusMock은 회귀 방지가 그다지 좋지 않다. 9장과 10장에서는 목과 데이터베이스 테스트 모범 사례에 관한 개선 사항을 설명한다.

8.4 의존성 추상화를 위한 인터페이스 사용

단위 테스트 영역에서 가장 많이 오해하는 주제 중 하나는 인터페이스 사용이다. 인터페이스를 둔 이유를 개발자들이 자주 잘못 설명하고, 그 결과 남용하는 경향이 있다. 이 절에서는 잘못된 이유를 살펴보고, 인터페이스 사용이 어떤 환경에서 바람직하거나 바람직하지 않은지를 알아본다.

8.4.1 인터페이스와 느슨한 결합

많은 개발자가 데이터베이스나 메시지 버스와 같은 프로세스 외부 의존성을 위해 인터페이스를 도입한다. 심지어 인터페이스에 구현이 하나만 있는 경우에도 그렇다. 이 관습은 오늘날 널리 퍼져 있어서 아무도 의문을 제기하지 않는다. 다음과 비슷한 클래스와 인터페이스 쌍을 자주 볼 수 있다.

```
public interface IMessageBus
public class MessageBus : IMessageBus

public interface IUserRepository
public class UserRepository : IUserRepository
```

이렇게 인터페이스를 사용하는 일반적인 이유는 인터페이스가

- 프로세스 외부 의존성을 추상화해 느슨한 결합을 달성하고,
- 기존 코드를 변경하지 않고 새로운 기능을 추가해 공개 폐쇄 원칙^{OCP, Open-Closed} ^{principle}을 지키기 때문이다.

이 두 가지 이유 모두 오해다. 단일 구현을 위한 인터페이스는 추상화가 아니며, 해당 인터페이스를 구현하는 구체 클래스보다 결합도가 낮지 않다. 진정한 추상화는 발견하는 것이지, 발명하는 것이 아니다. 의미상 추상화가 이미 존재하지만 코드에서 아직 명확하게 정의되지 않았을 때 그 이후에 발견되는 것이다. 따라서 인터페이스가 진정으로 추상화되려면 구현이 적어도 두 가지는 있어야 한다.

두 번째 이유(기존 코드를 변경하지 않고 새로운 기능을 추가하는 것)는 더 기본적인 원칙인 YAGNI('You aren't gonna need it'의 약자)를 위반하기 때문에 잘못된 생각이다. YAGNI는 현재 필요하지 않은 기능에 시간을 들이지 말라는 것이다. 이러한 향후 기능이 어떤지 설명하려고 기능을 개발해서도, 기존 코드를 수정해서도 안 된다. 크게 두 가지 이유가 있으며, 다음과 같다.

- **기회 비용**: 현재 비즈니스 담당자들에게 필요하지 않은 기능에 시간을 보낸다면, 지금 당장 필요한 기능을 제치고 시간을 허비하는 것이다. 게다가 비즈니스 담당자가 마침내 개발한 기능을 요구했을 때, 비즈니스 담당자의 눈높이는 높아졌고 여전히 이미 작성한 코드를 수정해야 한다. 이런 일은 낭비. 처음부터 실제 필요에 따라 기능을 구현하는 것이 더 유리하다.
- 프로젝트 코드가 적을수록 좋다. 요구 사항이 바로 있는 경우가 아닌데도 만일을 위해 코드를 작성하면 코드베이스의 소유 비용이 불필요하게 증가한다. 가능한 한 새

로운 기능의 도입을 미루는 것이 좋다.

> |팁| 코드를 작성하는 것은 문제를 해결하는 값비싼 방법이다. 해결책에 필요한 코드가 적고 간단할수록 더 좋다.

YAGNI가 적용되지 않는 예외적인 경우도 있지만, 이러한 경우는 거의 없다. 이러한 경우는 https://enterprisecraftsmanship.com/posts/ocp-vs-yagni에서 내가 직접 쓴 'OCP와 YAGNI'라는 제목의 글을 참조하라.

8.4.2 프로세스 외부 의존성에 인터페이스를 사용하는 이유는 무엇인가?

그렇다면 각 인터페이스에 구현이 하나만 있다고 가정할 때 프로세스 외부 의존성에 인터페이스를 사용하는 이유는 무엇일까? 진짜 이유는 훨씬 더 실용적이고 현실적이다. 간단히 말하자면, 목을 사용하기 위함이다. 인터페이스가 없으면 테스트 대역을 만들 수 없으므로 테스트 대상 시스템과 프로세스 외부 의존성 간의 상호 작용을 확인할 수 없다.

따라서 이러한 의존성을 목으로 처리할 필요가 없는 한, 프로세스 외부 의존성에 대한 인터페이스를 두지 말라. 비관리 의존성만 목으로 처리하므로, 결국 비관리 의존성에 대해서만 인터페이스를 쓰라는 지침이 된다. 관리 의존성을 컨트롤러에 명시적으로 주입하고, 해당 의존성을 구체 클래스로 사용하라.

진정한 추상화(구현이 둘 이상인 추상화)는 목과 상관없이 인터페이스로 나타낼 수 있다. 그러나 목 대체 이외의 이유로 단일 구현을 위해 인터페이스를 도입하는 것은 YAGNI에 위배된다.

그리고 예제 8.2에서 이제 UserController는 생성자를 통해 메시지 버스와 데이터베이스를 모두 받지만, 메시지 버스만 인터페이스로 돼 있다는 것을 알 수 있다. 데이터베이스는 관리 의존성이므로 이러한 인터페이스가 필요하지 않다. 컨트롤러는 다음과 같다.

```
public class UserController
{
```

```
    private readonly Database _database;      ◀—— 구체 클래스
    private readonly IMessageBus _messageBus;  ◀—— 인터페이스

    public UserController(Database database, IMessageBus messageBus)
    {
        _database = database;
        _messageBus = messageBus;
    }

    public string ChangeEmail(int userId, string newEmail)
    {
        /* _database와 _messageBus를 사용하는 메서드 */
    }
}
```

> |참고| 의존성의 메서드를 가상으로 만들면 인터페이스에 의존하지 않고 목 기반을 클래스로 사용해
> 해당 의존성을 목으로 처리할 수 있다.[1] 그러나 이 방법은 인터페이스를 쓰는 방법에 비해 열악하다.
> 11장에서는 인터페이스와 기초 클래스에 관련된 주제를 자세히 설명한다.

8.4.3 프로세스 내부 의존성을 위한 인터페이스 사용

때로는 프로세스 외부 의존성뿐만 아니라 프로세스 내부 의존성도 인터페이스 기반인 코드
를 볼 수 있다. 예를 들면 다음과 같다.

```
public interface IUser
{
    int UserId { get; set; }
    string Email { get; }
    string CanChangeEmail();
    void ChangeEmail(string newEmail, Company company);
}
```

---

1   다수의 목 라이브러리는 구체 클래스라고 할지라도 프록시 객체 형태로 목을 제공할 수 있다. 따라서 대상이 되는 메서드
     의 재정의가 필요한데, C#에서 가상 멤버는 파생 클래스에서 재정의가 가능하므로 해당 구체 클래스도 목으로 처리할 수
     있다. – 옮긴이

```
public class User : IUser
{
    /* ... */
}
```

IUser에 구현이 하나만 있다고(이렇게 특정 인터페이스가 항상 구현이 하나만 있다고) 가정하면, 이는 좋지 않은 신호다. 프로세스 외부 의존성과 마찬가지로 도메인 클래스에 대해 단일 구현으로 인터페이스를 도입하는 이유는 목으로 처리하기 위한 것뿐이다. 그러나 프로세스 외부 의존성과 달리 도메인 클래스 간의 상호 작용을 확인해서는 안 된다. 그렇게 하면 깨지기 쉬운 테스트(구현 세부 사항과 결합된 테스트)로 이어지고, 결국 리팩터링 내성이 떨어지게 된다(목과 테스트 취약성에 대한 자세한 내용은 5장 참조).

8.5 통합 테스트 모범 사례

통합 테스트를 최대한 활용하는 데 도움이 되는 몇 가지 일반적인 지침이 있다.

- 도메인 모델 경계 명시하기
- 애플리케이션 내 계층 줄이기
- 순환 의존성 제거하기

늘 그렇듯이, 보통 테스트에 유익한 모범 사례가 코드베이스의 상태를 개선하는 편이다.

8.5.1 도메인 모델 경계 명시하기

항상 도메인 모델을 코드베이스에서 명시적이고 잘 알려진 위치에 두도록 하라. 도메인 모델은 프로젝트가 해결하고자 하는 문제에 대한 도메인 지식의 모음이다. 도메인 모델에 명시적 경계를 지정하면 코드의 해당 부분을 더 잘 보여주고 더 잘 설명할 수 있다.

이렇게 하면 테스트에도 도움이 된다. 이 장의 앞부분에서 언급했듯이 단위 테스트는 도메인 모델과 알고리즘을 대상으로 하고, 통합 테스트는 컨트롤러를 대상으로 한다. 도메인 클래스와 컨트롤러 사이의 명확한 경계로 단위 테스트와 통합 테스트의 차이점을 쉽게 구별할 수 있다.

　이러한 경계는 별도의 어셈블리^{assembly} 또는 네임스페이스^{namespace} 형태를 취할 수 있다.[2] 모든 도메인 로직이 하나의 뚜렷한 우산 아래에 있고 코드베이스 여기저기에 흩어져 있지 않는 한, 그 세부 사항은 그다지 중요하지 않다.

8.5.2 계층 수 줄이기

대부분의 프로그래머는 간접 계층을 추가해서 코드를 추상화하고 일반화하려고 한다. 일반적인 엔터프라이즈급 애플리케이션에서 여러 계층을 쉽게 찾아볼 수 있다(그림 8.9).

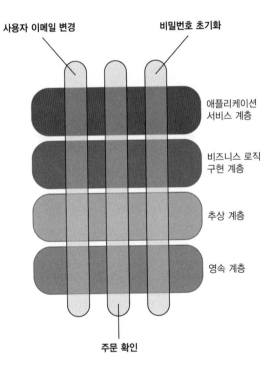

▲ **그림 8.9** 다양한 애플리케이션 문제는 때때로 별도의 간접 계층으로 해결된다. 일반적인 기능은 각 계층의 작은 부분을 차지한다.

2 　어셈블리는 .NET 애플리케이션의 구성 요소로 참조 라이브러리에 해당하고, 네임스페이스는 다른 언어의 패키지에 상응하는 개념이다. – 옮긴이

극단적인 경우로, 애플리케이션에 추상 계층이 너무 많으면 코드베이스를 탐색하기 어렵고 아주 간단한 연산이라 해도 숨은 로직을 이해하기가 너무 어려워진다. 단순히 직면한 문제의 구체적인 해결 방법을 알고 싶을 뿐이지, 외부와 단절된 채로 해결책을 일반화하려는 것은 아니다.

> 컴퓨터 과학의 모든 문제는 또 다른 간접 계층으로 해결할 수 있다. 간접 계층이 너무 많아서 문제가 생기지 않는다면 말이다.
>
> – 데이빗 휠러(David J. Wheeler)

간접 계층은 코드를 추론하는 데 부정적인 영향을 미친다. 모든 기능이 각각의 계층으로 전개되면 모든 조각을 하나의 그림으로 만드는 데 상당한 노력이 필요하다. 이는 개발 과정을 방해해서 정신적으로 더 부담된다.

추상화가 지나치게 많으면 단위 테스트와 통합 테스트에도 도움이 되지 않는다. 간접 계층이 많은 코드베이스는 컨트롤러와 도메인 모델 사이에 명확한 경계가 없는 편이다. (이는 7장에서 살펴봤듯이 효과적인 테스트를 위한 전제 조건이다.) 그리고 각 계층을 따로 검증하는 경향이 훨씬 강하다. 이러한 경향으로 인해 통합 테스트는 가치가 떨어지며, 각 테스트는 특정 계층의 코드만 실행하고 하위 계층은 목으로 처리한다. 최종 결과는 항상 똑같이 낮은 리팩터링 내성과 불충분한 회귀 방지다.

가능한 한 간접 계층을 적게 사용하라. 대부분의 백엔드 시스템에서는 도메인 모델, 애플리케이션 서비스 계층(컨트롤러), 인프라 계층, 이 세 가지만 활용하면 된다. 인프라 계층은 보통 도메인 모델에 속하지 않는 알고리즘과 프로세스 외부 의존성에 접근할 수 있는 코드로 구성된다(그림 8.10).

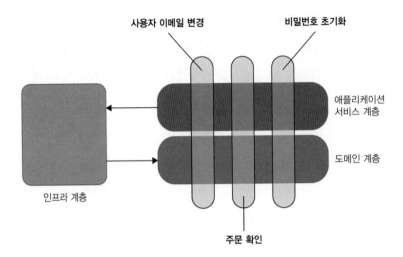

사용자 이메일 변경   비밀번호 초기화

애플리케이션
서비스 계층

도메인 계층

인프라 계층

주문 확인

▲ **그림 8.10** 도메인 계층(도메인 로직 포함), 애플리케이션 서비스 계층(외부 클라이언트에 대한 진입점 제공 및 도메인 클래스와 프로세스 외부 의존성 간의 작업 조정), 인프라 계층(데이터베이스 저장소나 ORM 매핑, SMTP 게이트웨이 등이 이 계층에 있고, 프로세스 외부 의존성과 작동함), 이 세 가지 계층만 활용하면 된다.

8.5.3 순환 의존성 제거하기

코드베이스의 유지 보수성을 대폭 개선하고 테스트를 더 쉽게 할 수 있는 또 다른 방법으로 순환 의존성을 제거하는 것이 있다.

> |**정의**| 순환 의존성(circular dependency 또는 cyclic dependency)은 둘 이상의 클래스가 제대로 작동하고자 직간접적으로 서로 의존하는 것을 말한다.

순환 의존성의 대표적인 예는 콜백callback이다.

```
public class CheckOutService
{
    public void CheckOut(int orderId)
    {
        var service = new ReportGenerationService();
        service.GenerateReport(orderId, this);
```

```
        /* 기타 코드 */
    }
}

public class ReportGenerationService
{
    public void GenerateReport(
        int orderId,
        CheckOutService checkOutService)
    {
        /* 생성이 완료되면 checkOutService 호출 */
    }
}
```

여기서 CheckOutService는 ReportGenerationService 인스턴스를 생성하고 해당 인스턴스에 자신을 인수로 전달한다. ReportGenerationService는 CheckOutService를 다시 호출해 보고서 생성 결과를 알려준다.

추상 계층이 너무 많은 것과 마찬가지로, 순환 의존성은 코드를 읽고 이해하려고 할 때 알아야 할 것이 많아서 큰 부담이 된다. 순환 의존성이 있으면 해결책을 찾기 위한 출발점이 명확하지 않기 때문이다. 하나의 클래스를 이해하려면 주변 클래스 그래프 전체를 한 번에 읽고 이해해야 하며, 심지어 소규모의 독립된 클래스조차도 파악하기가 어려워질 수 있다.

또한 순환 의존성은 테스트를 방해한다. 클래스 그래프를 나눠서 동작 단위를 하나 분리하려면 인터페이스에 의존해 목으로 처리해야 하는 경우가 많으며, 이는 도메인 모델을 테스트할 때 해서는 안 된다(자세한 내용은 5장 참조).

인터페이스 사용은 순환 의존성의 문제만 가린다. CheckOutService에 대한 인터페이스를 두고 ReportGenerationService를 구체 클래스 대신 인터페이스에 의존하게 하는 경우 컴파일 타임에 순환 참조를 제거할 수 있지만(그림 8.11), 여전히 런타임에는 순환이 있다. 컴파일러가 더 이상 클래스 구성을 순환 참조로 여기지 않더라도 코드를 이해하는 데 알아야 하는 부담이 줄어들지 않으며, 오히려 인터페이스 추가로 인해 늘어난다.

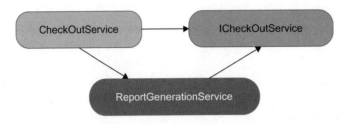

▲ **그림 8.11** 인터페이스를 사용하면 컴파일 타임에 순환 의존성을 제거하지만 런타임에는 제거하지 않으며, 코드를 이해하는 데 알아야 하는 부담이 더 줄어들지 않는다.

순환 의존성을 처리하는 더 좋은 방법은 순환 의존성을 제거하는 것이다. ReportGeneration Service를 리팩터링해서 CheckOutService나 ICheckOutService 인터페이스에 의존하지 않도록 하고, ReportGenerationService가 CheckOutService를 호출하는 대신 작업 결과를 일반 값으로 리턴하게 하라.

```
public class CheckOutService
{
    public void CheckOut(int orderId)
    {
        var service = new ReportGenerationService();
        Report report = service.GenerateReport(orderId);
        /* 기타 작업 */
    }
}

public class ReportGenerationService
{
    public Report GenerateReport(int orderId)
    {
        /* ... */
    }
}
```

코드베이스에서 순환 의존성을 모두 제거하는 것은 거의 불가능하다. 설령 그렇더라도 서로 의존적인 클래스의 그래프를 가능한 한 작게 만들면 손상을 최소화할 수 있다.

8.5.4 테스트에서 다중 실행 구절 사용

3장에서 살펴봤듯이, 테스트에서 두 개 이상의 준비나 실행 또는 검증 구절을 두는 것은 '코드 악취^{code smell}'에 해당한다. 이는 테스트가 여러 가지 동작 단위를 확인해서 테스트의 유지 보수성을 저해한다는 신호다. 예를 들어, 사용자 등록과 사용자 삭제와 같이 두 가지 관련 유스케이스가 있으면 하나의 통합 테스트에서 두 유스케이스를 모두 확인하려고 할 수 있다. 이러한 테스트는 다음과 같은 구조를 가질 수 있다.

- **준비**: 사용자 등록에 필요한 데이터 준비
- **실행**: `UserController.RegisterUser()` 호출
- **검증**: 등록이 성공적으로 완료됐는지 확인하기 위해 데이터베이스 조회
- **실행**: `UserController.DeleteUser()` 호출
- **검증**: 사용자가 삭제됐는지 확인하기 위해 데이터베이스 조회

이러한 방식은 사용자의 상태가 자연스럽게 흐르기 때문에 설득력이 있고, 첫 번째 실행(사용자 등록)은 두 번째 실행(사용자 삭제)의 준비 단계 역할을 할 수 있다. 문제는 이러한 테스트가 초점을 잃고 순식간에 너무 커질 수 있다는 것이다.

각 실행을 고유의 테스트로 추출해 테스트를 나누는 것이 좋다. 불필요한 작업처럼 보일 수 있지만(어쨌든, 왜 하나로 충분한 테스트를 두 개로 만드는가?) 이 작업은 장기적으로 유리하다. 각 테스트가 단일 동작 단위에 초점을 맞추게 하면, 테스트를 더 쉽게 이해하고 필요할 때 수정할 수 있다.

이 지침의 예외로, 원하는 상태로 만들기 어려운 프로세스 외부 의존성으로 작동하는 테스트가 있다. 예를 들어, 사용자를 등록하면 외부 은행 시스템에서 은행 계좌가 만들어진다고 하자. 은행에서 샌드박스^{sandbox}를 제공하기에 엔드 투 엔드 테스트에서 이 샌드박스를 사용한다. 문제는 샌드박스가 너무 느리거나 은행에서 해당 샌드박스에 대한 호출 수를 제한한다는 것이다. 이러한 시나리오에서는 여러 동작을 하나의 테스트로 묶어서 문제가 있는 프로세스 외부 의존성에 대한 상호 작용 횟수를 줄이는 것이 유리하다.

둘 이상의 실행 구절로 테스트를 작성하는 것이 타당한 이유를 생각해보면, 프로세스

외부 의존성을 관리하기 어려운 경우뿐이다. 따라서 단위 테스트는 프로세스 외부 의존성으로 작동하지 않기 때문에 절대로 실행 구절이 여러 개 있어서는 안 된다. 통합 테스트조차도 실행을 여러 단계로 하는 경우는 드물다. 실제로 다단계 테스트는 거의 항상 엔드 투 엔드 테스트 범주에 속한다.

8.6 로깅 기능을 테스트하는 방법

로깅logging은 회색 지대로, 테스트에 관해서는 어떻게 해야 할지 분명하지 않다. 그것은 다음과 같은 질문으로 나눌 수 있는 복잡한 주제다.

- 로깅을 조금이라도 테스트해야 하는가?
- 만약 그렇다면 어떻게 테스트해야 하는가?
- 로깅이 얼마나 많으면 충분한가?
- 로거logger 인스턴스를 어떻게 전달할까?

샘플 CRM 프로젝트를 예로 들어본다.

8.6.1 로깅을 테스트해야 하는가?

로깅은 횡단 기능cross-cutting functionality으로, 코드베이스 어느 부분에서나 필요로 할 수 있다. 다음은 User 클래스의 로깅 예제다.

예제 8.3 User 클래스의 로깅 예제

```
public class User
{
    public void ChangeEmail(string newEmail, Company company)
    {
        _logger.Info(      ◀── 메서드 시작
            $"Changing email for user {UserId} to {newEmail}");

        Precondition.Requires(CanChangeEmail() == null);
```

```
    if (Email == newEmail)
        return;

    UserType newType = company.IsEmailCorporate(newEmail)
        ? UserType.Employee
        : UserType.Customer;
    if (Type != newType)
    {
        int delta = newType == UserType.Employee ? 1 : -1;
        company.ChangeNumberOfEmployees(delta);
        _logger.Info(
            $"User {UserId} changed type" +      │ 사용자 유형 변경
            $"from {Type} to {newType}");         │
    }

    Email = newEmail;
    Type = newType;
    EmailChangedEvents.Add(new EmailChangedEvent(UserId, newEmail));

    _logger.Info(    ◄—— 메서드 끝
        $"Email is changed for user {UserId}");
    }
}
```

User 클래스는 ChangeEmail 메서드의 시작과 끝에서, 그리고 사용자 유형이 변경될 때마다 로그 파일에 기록한다. 이 기능을 테스트해야 하는가?

한편 로깅은 애플리케이션의 동작에 대해 중요한 정보를 생성한다. 그러나 로깅은 너무나 보편적이므로, 테스트 노력을 (꽤나) 더 들일 가치가 있는지 분명하지 않다. 로깅을 테스트해야 하는지를 묻는 질문에 대한 답은 다음과 같다. 로깅이 애플리케이션의 식별할 수 있는 동작인가, 아니면 구현 세부 사항인가?

그런 면에서 다른 기능들과 다르지 않다. 결국 로깅은 텍스트 파일이나 데이터베이스와 같은 프로세스 외부 의존성에 사이드 이펙트를 초래한다. 만약 이러한 사이드 이펙트를 고객이나 애플리케이션의 클라이언트 또는 개발자 이외의 다른 사람이 보는 경우라면, 로깅은 식별할 수 있는 동작이므로 반드시 테스트해야 한다. 하지만 보는 이가 개발자뿐이라면,

아무도 모르게 자유로이 수정할 수 있는 구현 세부 사항이므로 테스트해서는 안 된다.

예를 들어 로깅 라이브러리를 작성하는 경우, 이 라이브러리가 생성하는 로그는 식별할 수 있는 동작에서 가장 중요한(그리고 유일한) 부분이다. 또 다른 예로 비즈니스 담당자가 주요 애플리케이션 작업 흐름을 기록해야 한다고 주장하는 경우가 있다. 이 경우 로그도 비즈니스 요구 사항이므로 테스트를 거쳐야 한다. 그러나 개발자만을 위해 별도로 로깅을 할 수도 있다.

스티브 프리먼^{Steve Freeman}과 냇 프라이스^{Nat Pryce}의 『Growing Object-Oriented Software, Guided by Tests』(Addison-Wesley Professional, 2009)에서는 다음과 같이 두 가지 유형의 로깅으로 나눈다.

- 지원 로깅^{support logging}은 지원 담당자나 시스템 관리자가 추적할 수 있는 메시지를 생성한다.
- 진단 로깅^{diagnostic logging}은 개발자가 애플리케이션 내부 상황을 파악할 수 있도록 돕는다.

8.6.2 로깅을 어떻게 테스트해야 하는가?

로깅에는 프로세스 외부 의존성이 있기 때문에 테스트에 관한 한 프로세스 외부 의존성에 영향을 주는 다른 기능과 동일한 규칙이 적용된다. 애플리케이션과 로그 저장소 간의 상호 작용을 검증하려면 목을 써야 한다.

ILogger 위에 래퍼 도입하기

그러나 ILogger 인터페이스를 목으로 처리하지 말라. 지원 로깅은 비즈니스 요구 사항이므로, 해당 요구 사항을 코드베이스에 명시적으로 반영하라. 비즈니스에 필요한 모든 지원 로깅을 명시적으로 나열하는 특별한 DomainLogger 클래스를 만들고 ILogger 대신 해당 클래스와의 상호 작용을 확인하라.

예를 들어 비즈니스 담당자는 사용자 유형의 모든 변경 사항을 기록하도록 요구하지만,

메서드의 시작과 끝에 대한 로깅은 디버깅 목적으로만 사용한다고 하자. 다음 예제는 DomainLogger 클래스를 도입한 후의 User 클래스다.

예제 8.4 DomainLogger 클래스에 대한 지원 로그 추출

```
public void ChangeEmail(string newEmail, Company company)
{
    _logger.Info(   ◀── 진단 로그
        $"Changing email for user {UserId} to {newEmail}");
    Precondition.Requires(CanChangeEmail() == null);

    if (Email == newEmail)
        return;

    UserType newType = company.IsEmailCorporate(newEmail)
        ? UserType.Employee
        : UserType.Customer;

    if (Type != newType)
    {
        int delta = newType == UserType.Employee ? 1 : -1;
        company.ChangeNumberOfEmployees(delta);
        _domainLogger.UserTypeHasChanged(           지원 로그
            UserId, Type, newType);
    }

    Email = newEmail;
    Type = newType;
    EmailChangedEvents.Add(new EmailChangedEvent(UserId, newEmail));

    _logger.Info(   ◀── 진단 로그
        $"Email is changed for user {UserId}");
}
```

진단 로깅이 여전히 기존 로거(ILogger 타입)를 사용하지만, 지원 로깅은 이제 IDomainLogger 타입의 새로운 domainLogger 인스턴스를 사용한다. 다음 예제는 IDomainLogger의 구현이다.

```
public class DomainLogger : IDomainLogger
{
    private readonly ILogger _logger;

    public DomainLogger(ILogger logger)
    {
        _logger = logger;
    }

    public void UserTypeHasChanged(
        int userId, UserType oldType, UserType newType)
    {
        _logger.Info(
                $"User {userId} changed type " +
                $"from {oldType} to {newType}");
    }
}
```

DomainLogger는 ILogger 위에서 작동한다. 도메인 언어를 사용해 비즈니스에 필요한 특정 로그 항목을 선언하므로 지원 로깅을 더 쉽게 이해하고 유지 보수할 수 있다. 사실 이 구현은 구조화된 로깅 개념과 매우 유사하므로, 로그 파일의 후처리post-processing와 분석에서 유연성이 크게 향상된다.

구조화된 로깅 이해하기

구조화된 로깅structured logging은 로그 데이터 캡처와 렌더링을 분리하는 로깅 기술이다. 전통적인 로깅은 간단한 텍스트로 작동한다. 다음과 같이 호출하면 먼저 문자열을 만든 다음 로그 저장소에 해당 문자열을 기록한다.

```
logger.Info("User Id is " + 12);
```

이러한 방식의 문제점은 구조상 결과 로그 파일을 분석하기 어렵다는 점이다. 예를 들어 특정 유형의 메시지가 몇 개인지, 특정 사용자 ID와 관련된 메시지가 몇 개인지 알기가 쉽지 않다. 이를 위해 전문 도구(또는 직접 작성한 도구)가 필요하다.

반면 구조화된 로깅은 로그 저장소에 구조가 있다. 구조화된 로깅 라이브러리의 사용은 표면적으로 비슷해 보인다.

```
logger.Info("User Id is {userId}", 12);
```

그러나 기저 동작은 크게 다르다. 이 메서드는 이면에서 메시지 템플릿의 해시(공간 효율성을 위해 메시지를 색인 저장소에 저장함)를 계산하고 해당 해시를 입력 매개변수와 결합해 캡처한 데이터 세트를 형성한다. 다음 단계는 이 데이터의 렌더링이다. 기존 로깅과 마찬가지로 평범한 로그 파일을 사용할 수도 있지만, 이는 단지 렌더링 방법 중 하나일 뿐이다. 또한 캡처한 데이터를 JSON 또는 CSV 파일로 렌더링하도록 로깅 라이브러리를 설정할 수 있으며, 이를 통해 분석이 더 쉬워질 수 있다(그림 8.12).

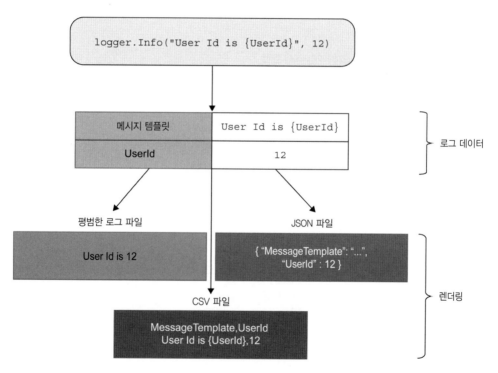

▲ **그림 8.12** 구조화된 로깅은 로그 데이터와 해당 데이터의 렌더링을 분리한다. 평범한 로그 파일이나 JSON 또는 CSV 파일과 같이 여러 렌더링을 설정할 수 있다.

예제 8.5의 DomainLogger는 구조화된 로깅이 아니지만, 동일한 방식으로 작동한다. 다음 메서드를 다시 한 번 살펴보자.

```
public void UserTypeHasChanged(
    int userId, UserType oldType, UserType newType)
{
    _logger.Info(
        $"User {userId} changed type " +
        $"from {oldType} to {newType}");
}
```

UserTypeHasChanged()를 메시지 템플릿의 해시로 볼 수 있다. 이 해시에 userId, oldType, newType 매개변수를 덧붙여 로그 데이터를 만든다. 이 메서드는 로그 데이터를 평범한 로그 파일로 렌더링하게끔 구현돼 있다. 그리고 로그 데이터를 JSON 또는 CSV 파일로도 작성해서 쉽게 렌더링을 추가할 수 있다.

지원 로깅과 진단 로깅을 위한 테스트 작성

앞에서 언급했듯이 DomainLogger에는 프로세스 외부 의존성(로그 저장소)이 있다. 여기에 문제가 있다. User가 해당 의존성과 상호 작용하므로, 비즈니스 로직과 프로세스 외부 의존성과의 통신 간에 분리해야 하는 원칙을 위반한다. DomainLogger를 사용하면 User가 지나치게 복잡한 코드 범주로 들어가 테스트와 유지 보수가 어려워진다(코드 범주에 대한 자세한 내용은 7장 참조).

이 문제는 사용자 이메일 변경에 대해 외부 시스템의 알림을 구현한 것과 같은 방식(도메인 이벤트 사용)으로 해결할 수 있다(자세한 내용은 7장 참조). 사용자 유형의 변경 사항을 추적하고자 별도의 도메인 이벤트를 도입할 수 있다. 그 후 다음 예제와 같이 컨트롤러는 이러한 변경 사항을 DomainLogger 호출로 변환한다.

예제 8.6 User의 DomainLogger를 도메인 이벤트로 교체

```
public void ChangeEmail(string newEmail, Company company)
{
    _logger.Info(
```

```
            $"Changing email for user {UserId} to {newEmail}");

    Precondition.Requires(CanChangeEmail() == null);

    if (Email == newEmail)
        return;

    UserType newType = company.IsEmailCorporate(newEmail)
        ? UserType.Employee
        : UserType.Customer;

    if (Type != newType)
    {
        int delta = newType == UserType.Employee ? 1 : -1;
        company.ChangeNumberOfEmployees(delta);
        AddDomainEvent(
            new UserTypeChangedEvent(          DomainLogger 대신
                UserId, Type, newType));       도메인 이벤트 사용
    }

    Email = newEmail;
    Type = newType;
    AddDomainEvent(new EmailChangedEvent(UserId, newEmail));

    _logger.Info($"Email is changed for user {UserId}");
}
```

UserTypeChangedEvent와 EmailChangedEvent라는 두 가지 도메인 이벤트가 있다. 둘 다 같은 인터페이스(IDomainEvent)를 구현하므로 같은 컬렉션에 저장할 수 있다.

컨트롤러는 다음과 같다.

예제 8.7 UserController의 현재 버전

```
public string ChangeEmail(int userId, string newEmail)
{
    object[] userData = _database.GetUserById(userId);
    User user = UserFactory.Create(userData);

    string error = user.CanChangeEmail();
```

```
    if (error != null)
        return error;

    object[] companyData = _database.GetCompany();
    Company company = CompanyFactory.Create(companyData);

    user.ChangeEmail(newEmail, company);

    _database.SaveCompany(company);
    _database.SaveUser(user);
    _eventDispatcher.Dispatch(user.DomainEvents);    ◀─── 사용자 도메인 이벤트 전달

    return "OK";
}
```

EventDispatcher는 도메인 이벤트를 프로세스 외부 의존성에 대한 호출로 변환하는 새로운 클래스다.

- EmailChangedEvent는 _messageBus.SendEmailChangedMessage()로 변환
- UserTypeChangedEvent는 _domainLogger.UserTypeHasChanged()로 변환

UserTypeChangedEvent를 사용하면 두 가지 책임(프로세스 외부 의존성 통신과 도메인 로직)을 분리할 수 있다. 이제 지원 로깅을 테스트하는 것은 다른 비관리 의존성(메시지 버스 등)을 테스트하는 것과 다르지 않다.

- 단위 테스트는 테스트 대상 User에서 UserTypeChangedEvent 인스턴스를 확인해야 한다.
- 단일 통합 테스트는 목을 써서 DomainLogger와의 상호 작용이 올바른지 확인해야 한다.

도메인 클래스가 아니라 컨트롤러에서 지원 로깅이 필요한 경우 도메인 이벤트를 사용할 필요가 없다. 7장에서 살펴봤듯이, 컨트롤러는 도메인 모델과 프로세스 외부 의존성 간의 협업을 조정한다. DomainLogger는 이러한 의존성에 해당하므로 UserController는 해당 로거를 직접 사용할 수 있다.

그리고 User 클래스가 진단 로깅을 하는 방식을 변경하지 않았다. User는 여전히 Change Email 메서드의 시작과 끝에서 직접 로거 인스턴스를 사용한다. 이는 의도된 것이다. 진단 로깅은 개발자만을 위한 것이다. 그러므로 이 로깅을 테스트할 필요가 없고, 따라서 도메인 모델 테스트에 포함할 필요가 없다.

그래도 가능하면 User나 다른 도메인 클래스에서 진단 로깅을 사용하지 말라. 그 이유는 다음 절에서 설명한다.

8.6.3 로깅이 얼마나 많으면 충분한가?

또 다른 중요한 질문은 최적의 로그 분량에 관한 것이다. 로깅이 얼마나 많으면 충분한가? 지원 로깅은 비즈니스 요구 사항이므로, 여기에는 질문의 여지가 없다. 그러나 진단 로깅은 조절할 수 있다.

다음 두 가지 이유로 진단 로깅을 과도하게 사용하지 않는 것이 중요하다.

- 과도한 로깅은 코드를 혼란스럽게 한다. 이는 특히 도메인 모델에 해당한다. 그렇기 때문에 단위 테스트 관점에서 사용하는 것이 좋을지라도 User에서는 진단 로깅을 사용하지 않는 것이 좋다. 코드가 모호해진다.
- 핵심은 로그의 신호 대비 잡음 비율이다. 로그가 많을수록 관련 정보를 찾기가 어려워진다. 신호를 최대한으로 늘리고 잡음을 최소한으로 줄여라.

도메인 모델에서는 진단 로깅을 절대 사용하지 않도록 하라. 대부분의 경우 이러한 로깅을 도메인 클래스에서 컨트롤러로 안전하게 옮길 수 있다. 무언가를 디버깅해야 할 때만 일시적으로 진단 로깅을 사용하라. 디버깅이 끝나면 제거하라. 이상적으로는 처리되지 않은 예외에 대해서만 진단 로깅을 사용해야 한다.

8.6.4 로거 인스턴스를 어떻게 전달하는가?

마지막 질문은 '코드에서 로거 인스턴스를 어떻게 전달하는가?'이다. 한 가지 방법은 다음 예제와 같이 정적 메서드를 사용하는 것이다.

```
public class User
{
    private static readonly ILogger _logger =        정적 메서드를 통해 ILogger를
        LogManager.GetLogger(typeof(User));          처리하고 비공개 정적 필드에 저장

    public void ChangeEmail(string newEmail, Company company)
    {
        _logger.Info(
            $"Changing email for user {UserId} to {newEmail}");

        /* ... */

        _logger.Info($"Email is changed for user {UserId}");
    }
}
```

스티브 반 듀르센Steven van Deursen과 마크 시먼Mark Seemann의 『Dependency Injection: Principles, Practices, Patterns』(Manning Publications, 2018)에서는 이러한 유형의 의존성 획득을 앰비언트 컨텍스트ambient context3라고 부른다. 이는 안티 패턴이며, 다음과 같은 두 가지 단점이 있다.

- 의존성이 숨어있고 변경하기가 어렵다.
- 테스트가 더 어려워진다.

이 분석에 전적으로 동의한다. 그러나 앰비언트 컨텍스트의 가장 큰 단점은 코드의 잠재적인 문제를 가리는 것이다. 로거를 도메인 클래스에 명시적으로 주입하는 것이 너무 불편해서 앰비언트 컨텍스트에 의존해야 한다면, 이는 문제의 징후가 될 수 있다. 로그를 너무 많이 남기거나 너무 많은 간접 계층을 사용할 수 있다. 어떤 경우라도 앰비언트 컨텍스트가 해결책은 아니다. 대신 문제의 근본 원인을 해결하라.

---

3 유사한 개념으로 서비스 로케이터(service locator)가 있다. 서비스 로케이터는 제한 없이 의존성을 전역에서 접근할 수 있게 하는 데 반해, 앰비언트 컨텍스트는 정적 접근자를 통해 특정 타입의 의존성 하나만 참조하게 한다. 자세한 내용은 https://freecontent.manning.com/the-ambient-context-anti-pattern/을 참고한다. – 옮긴이

로거를 명시적으로 주입하는 한 가지 방법(메서드 인수)은 다음 예제와 같다. 또 다른 방법은 클래스 생성자를 통해 하는 것이다.

예제 8.9 명시적인 로거 주입

```
public void ChangeEmail(
    string newEmail,
    Company company,          메서드 주입
    ILogger logger)
{
    logger.Info(
        $"Changing email for user {UserId} to {newEmail}");

    /* ... */

    _logger.Info($"Email is changed for user {UserId}");
}
```

8.7 결론

식별할 수 있는 동작인지, 아니면 구현 세부 사항인지 여부에 대한 관점으로 프로세스 외부 의존성과의 통신을 살펴보자. 로그 저장소도 그런 면에서 전혀 다르지 않다. 개발자가 아닌 사람이 로그를 볼 수 있으면 로깅 기능을 목으로 처리하고, 그렇지 않으면 테스트하지 말라. 다음 장에서는 목과 관련된 모범 사례를 자세히 설명한다.

요약

- 통합 테스트는 단위 테스트가 아닌 테스트에 해당한다. 통합 테스트는 시스템이 프로세스 외부 의존성과 통합해 작동하는 방식을 검증한다.
  - 통합 테스트는 컨트롤러를 다루고, 단위 테스트는 알고리즘과 도메인 모델을 다룬다.
  - 통합 테스트는 회귀 방지와 리팩터링 내성이 우수하고, 단위 테스트는 유지 보

수성과 피드백 속도가 우수하다.

- 통합 테스트의 기준은 단위 테스트보다 높다. 통합 테스트에서 회귀 방지와 리팩터링 내성 지표에 대한 점수는 단위 테스트보다 유지 보수성과 피드백 속도가 떨어진 만큼은 높아야 한다. 테스트 피라미드가 이러한 절충을 나타낸다. 대부분의 테스트는 빠르면서 비용이 낮아야 하고, 시스템이 전체적으로 올바른지 확인하는 통합 테스트는 속도가 느리고 비용이 많이 발생하므로 그 수가 적어야 한다.

  □ 단위 테스트를 통해 가능한 한 많은 비즈니스 시나리오의 예외 상황을 확인하라. 통합 테스트를 사용해서 하나의 주요 흐름과 단위 테스트로 확인할 수 없는 예외 상황을 다루도록 하라.

  □ 테스트 피라미드의 모양은 프로젝트 복잡도에 따라 달라진다. 간단한 프로젝트는 도메인 모델에 코드가 거의 없으므로 단위 테스트와 통합 테스트의 개수가 동일하다. 아주 단순한 경우 단위 테스트가 없을 수도 있다.

- 빠른 실패 원칙은 버그가 빠르게 나타날 수 있도록 하며 통합 테스트에서 할 수 있는 대안이다.

- 관리 의존성은 애플리케이션을 통해서만 접근할 수 있는 프로세스 외부 의존성이다. 관리 의존성과의 상호 작용은 외부에서 관찰할 수 없다. 대표적인 예는 애플리케이션 데이터베이스다.

- 비관리 의존성은 다른 애플리케이션이 접근할 수 있는 프로세스 외부 의존성이다. 비관리 의존성과의 상호 작용은 외부에서 관찰할 수 있다. 대표적인 예로 SMTP 서버나 메시지 버스 등이 있다.

- 관리 의존성과의 통신은 구현 세부 사항이고, 비관리 의존성과의 통신은 식별할 수 있는 동작이다.

- 통합 테스트에서 관리 의존성은 실제 인스턴스를 사용하라. 비관리 의존성은 목으로 대체하라.

- 때로는 관리 의존성과 비관리 의존성 모두의 특성을 나타내는 프로세스 외부 의존성이 있다. 전형적인 예로는 다른 애플리케이션이 접근할 수 있는 데이터베이스가 있다. 비관리 의존성의 식별 가능한 부분을 비관리 의존성으로 간주하고, 테스트에

서 해당 부분을 목으로 대체하라. 나머지 부분을 관리 의존성으로 간주하고, 해당 부분과의 상호 작용 대신 최종 상태를 검증하라.

- 통합 테스트에서 관리 의존성은 실제 인스턴스를 사용하고, 비관리 의존성은 목으로 대체하라.

- 때때로 프로세스 외부 의존성은 관리 의존성과 비관리 의존성 모두의 속성을 나타낸다. 대표적인 예로 다른 애플리케이션이 접근할 수 있는 데이터베이스가 있다. 의존성 중 관찰할 수 있는 부분을 비관리 의존성으로 취급하라. 즉, 테스트에서 해당 부분을 목으로 대체하라. 나머지 의존성은 관리 의존성으로 취급하라. 상호 작용이 아닌 최종 상태를 검증하라.

- 통합 테스트는 관리 의존성과 작동하는 모든 계층을 거쳐야 한다. 데이터베이스를 예로 들면, 입력 매개변수로 사용한 데이터와 별개로 해당 데이터베이스의 상태를 확인하는 것을 의미한다.

- 구현이 하나뿐인 인터페이스는 추상화가 아니며 해당 인터페이스를 구현하는 구체 클래스보다 결합도가 낮지 않다. 이러한 인터페이스에 대한 향후 구현을 예상하면 YAGNI 원칙을 위배한다.

- 구현이 하나뿐인 인터페이스를 사용하기에 타당한 이유는 목을 사용하기 위한 것뿐이다. 비관리 의존성에만 사용하고, 관리 의존성은 구체 클래스를 사용하라.

- 프로세스 내부 의존성에 대해 구현이 하나뿐인 인터페이스는 좋지 않다. 이러한 인터페이스는 목을 사용해 도메인 클래스 간의 상호 작용을 확인하게 되고, 테스트가 코드의 구현 세부 사항에 결합된다.

- 도메인 모델을 코드베이스에 명시적이고 잘 알려진 위치에 둬라. 도메인 클래스와 컨트롤러 사이의 경계가 명확하면 단위 테스트와 통합 테스트를 좀 더 쉽게 구분할 수 있다.

- 간접 계층이 너무 많으면 코드를 추론하기가 어려워진다. 간접 계층을 가능한 한 적게 하라. 대부분의 백엔드 시스템은 도메인 모델, 애플리케이션 서비스 계층(컨트롤러), 인프라 계층, 이 세 가지 계층만 있다.

- 순환 의존성이 있으면 코드를 이해하려고 할 때 알아야 하는 부담이 커진다. 대표적

인 예는 콜백(수신자가 발신자에게 작업 결과를 알리는 경우)이다. 값 객체를 도입해 순환을 없애고, 호출부에 주는 결과를 값 객체로 반환하라.

■ 테스트에 여러 실행 구절이 있는 것은 올바른 상태가 되기 어려운 프로세스 외부 의존성으로 작동하는 경우에만 타당하다. 단위 테스트는 프로세스 외부 의존성으로 수행되지 않기 때문에 여러 가지 실행을 해서는 안 된다. 다단계 테스트는 대부분 엔드 투 엔드 테스트 범주에 속한다.

■ 지원 로깅은 지원 부서나 시스템 관리자를 위한 것이며, 애플리케이션의 식별할 수 있는 동작이다. 진단 로깅은 개발자가 애플리케이션 내부에서 진행되는 작업을 이해하는 데 도움을 주며, 구현 세부 사항이다.

■ 지원 로깅은 비즈니스 요구 사항이므로 해당 요구 사항을 코드베이스에 명시적으로 반영하라. 비즈니스에 필요한 모든 지원 로깅이 나열돼 있는 특별한 `DomainLogger` 클래스를 도입하라.

■ 지원 로깅을 프로세스 외부 의존성으로 작동하는 다른 기능처럼 취급하라. 도메인 이벤트를 사용해 도메인 모델의 변경 사항을 추적하라. 컨트롤러에서 도메인 이벤트를 `DomainLogger` 호출로 변환하라.

■ 진단 로깅을 테스트하지 말라. 지원 로깅과 달리 도메인 모델에서 직접 진단 로그를 남길 수도 있다.

■ 진단 로깅은 가끔 사용하라. 진단 로깅을 너무 많이 쓰면 코드를 복잡하게 하고 로그의 신호 대비 잡음 비율이 나빠진다. 이상적으로는 진단 로깅을 처리되지 않은 예외에 대해서만 사용해야 한다.

■ 항상 모든 의존성(로거 포함)을 생성자 또는 메서드 인수를 통해 명시적으로 주입하라.

9

목 처리에 대한 모범 사례

5장에서 살펴봤듯이, 목은 테스트 대상 시스템과 의존성 간의 상호 작용을 모방하고 검사하는 데 도움이 되는 테스트 대역이다. 또한 8장에서 살펴봤듯이, 목은 비관리 의존성(외부 애플리케이션에서 식별할 수 있음)에만 적용해야 한다. 다른 것에 목을 사용하면 깨지기 쉬운 테스트(리팩터링 내성이 없는 테스트)가 된다. 목에 관한 한, 이 지침 하나면 대략 3분의 2 정도의 성공을 거둘 수 있다.

이 장에서는 목에 대해 리팩터링 내성과 회귀 방지를 최대화해서 최대 가치의 통합 테스트를 개발하는 데 도움이 되는 지침을 마저 알아본다. 먼저 일반적인 목 사용법과 그 단점을 알아보고, 단점을 극복할 수 있는 방법을 살펴본다.

9.1 목의 가치를 극대화하기

비관리 의존성에만 목을 사용하게끔 제한하는 것이 중요하지만, 이는 목의 가치를 극대화하기 위한 첫 번째 단계일 뿐이다. 이 주제는 예를 들어 설명하는 것이 가장 효과적이므로, 이전 장의 CRM 시스템을 샘플 프로젝트로 계속 쓸 것이다. 기능을 되짚어보고 작성했던 통합 테스트를 살펴본다. 그 후에 목에 관해 테스트를 개선할 수 있는 방법을 알아보자.

기억하겠지만, 현재 CRM 시스템은 사용자 이메일 변경이라는 하나의 유스케이스만 지원한다. 다음 예제는 컨트롤러의 마지막 모습이다.

예제 9.1 사용자 컨트롤러

```
public class UserController
{
    private readonly Database _database;
    private readonly EventDispatcher _eventDispatcher;

    public UserController(
        Database database,
        IMessageBus messageBus,
        IDomainLogger domainLogger)
    {
        _database = database;
        _eventDispatcher = new EventDispatcher(
            messageBus, domainLogger);
    }

    public string ChangeEmail(int userId, string newEmail)
    {
        object[] userData = _database.GetUserById(userId);
        User user = UserFactory.Create(userData);

        string error = user.CanChangeEmail();
        if (error != null)
            return error;

        object[] companyData = _database.GetCompany();
        Company company = CompanyFactory.Create(companyData);
```

```
            user.ChangeEmail(newEmail, company);

            _database.SaveCompany(company);
            _database.SaveUser(user);
            _eventDispatcher.Dispatch(user.DomainEvents);

            return "OK";
        }
    }
```

진단 로깅은 이제 없고 지원 로깅(IDomainLogger 인터페이스)만 남아있다(자세한 내용은 8장 참조). 또 예제 9.1에는 EventDispatcher라는 새로운 클래스가 도입됐다. 다음과 같이 도메인 모델에서 생성된 도메인 이벤트를 비관리 의존성에 대한 호출(전에는 컨트롤러가 수행한 것)로 변환한다.

예제 9.2 EventDispatcher

```
public class EventDispatcher
{
    private readonly IMessageBus _messageBus;
    private readonly IDomainLogger _domainLogger;

    public EventDispatcher(
        IMessageBus messageBus,
        IDomainLogger domainLogger)
    {
        _domainLogger = domainLogger;
        _messageBus = messageBus;
    }

    public void Dispatch(List<IDomainEvent> events)
    {
        foreach (IDomainEvent ev in events)
        {
            Dispatch(ev);
        }
    }
```

```
    private void Dispatch(IDomainEvent ev)
    {
        switch (ev) {
            case EmailChangedEvent emailChangedEvent:
                _messageBus.SendEmailChangedMessage(
                    emailChangedEvent.UserId,
                    emailChangedEvent.NewEmail);
                break;

            case UserTypeChangedEvent userTypeChangedEvent:
                _domainLogger.UserTypeHasChanged(
                    userTypeChangedEvent.UserId,
                    userTypeChangedEvent.OldType,
                    userTypeChangedEvent.NewType);
                break;
        }
    }
}
```

마지막으로 다음 예제는 통합 테스트다. 이 테스트는 모든 프로세스 외부 의존성(관리 의존성과 비관리 의존성 모두)을 거친다.

예제 9.3 통합 테스트

```
[Fact]
public void Changing_email_from_corporate_to_non_corporate()
{
    // 준비
    var db = new Database(ConnectionString);
    User user = CreateUser("user@mycorp.com", UserType.Employee, db);
    CreateCompany("mycorp.com", 1, db);

    var messageBusMock = new Mock<IMessageBus>();        │  목 설정
    var loggerMock = new Mock<IDomainLogger>();          │
    var sut = new UserController(
        db, messageBusMock.Object, loggerMock.Object);

    // 실행
    string result = sut.ChangeEmail(user.UserId, "new@gmail.com");
```

```
    // 검증
    Assert.Equal("OK", result);

    object[] userData = db.GetUserById(user.UserId);
    User userFromDb = UserFactory.Create(userData);
    Assert.Equal("new@gmail.com", userFromDb.Email);
    Assert.Equal(UserType.Customer, userFromDb.Type);

    object[] companyData = db.GetCompany();
    Company companyFromDb = CompanyFactory.Create(companyData);
    Assert.Equal(0, companyFromDb.NumberOfEmployees);

    messageBusMock.Verify(
        x => x.SendEmailChangedMessage(
        user.UserId, "new@gmail.com"), Times.Once);          목 상호 작용 검증
    loggerMock.Verify(
        x => x.UserTypeHasChanged(
            user.UserId, UserType.Employee, UserType.Customer),
        Times.Once);
}
```

이 테스트는 비관리 의존성인 IMessageBus와 IDomainLogger를 목으로 처리했다. 먼저 IMessageBus에 초점을 맞춰본다. 이 장의 뒷부분에서 IDomainLogger를 설명한다.

9.1.1 시스템 끝에서 상호 작용 검증하기

예제 9.3의 통합 테스트에서 사용했던 목이 회귀 방지와 리팩터링 내성 측면에서 이상적이지 않은 이유와 이를 해결하는 방법을 살펴보자.

> |**팁**| 목을 사용할 때 항상 다음 지침을 따르자. 시스템 끝에서 비관리 의존성과의 상호 작용을 검증하라.

예제 9.3에서 messageBusMock의 문제점은 IMessageBus 인터페이스가 시스템 끝에 있지 않다는 것이다. 이 인터페이스의 구현을 살펴보자.

```
public interface IMessageBus
{
    void SendEmailChangedMessage(int userId, string newEmail);
}

public class MessageBus : IMessageBus
{
    private readonly IBus _bus;

    public void SendEmailChangedMessage(
        int userId, string newEmail)
    {
        _bus.Send("Type: USER EMAIL CHANGED; " +
            $"Id: {userId}; " +
            $"NewEmail: {newEmail}");
    }
}

public interface IBus
{
    void Send(string message);
}
```

MessageBus와 IBus 인터페이스(그리고 이를 구현하는 클래스) 둘 다 프로젝트 코드베이스에 속한다. IBus는 메시지 버스 SDK 라이브러리(메시지 버스를 개발하는 회사에서 제공) 위에 있는 래퍼^{wrapper}다. 이 래퍼는 연결 자격 증명과 같이 꼭 필요하지 않은 기술 세부 사항을 캡슐화하고, 임의의 텍스트 메시지를 메시지 버스로 보낼 수 있는 멋지고 깔끔한 인터페이스다. IMessageBus는 IBus 위에 있는 래퍼로, 도메인과 관련된 메시지를 정의한다. IMessageBus를 사용하면 이러한 모든 메시지를 한 곳에 보관하고 애플리케이션에서 재사용할 수 있다.

IBus와 IMessageBus 인터페이스를 합칠 수 있지만, 그것은 어디까지나 차선책이다. 이렇게 두 가지 책임(외부 라이브러리의 복잡성을 숨기는 것과 모든 애플리케이션 메시지를 한 곳에 두는 것)은 분리돼 있는 것이 좋다. 이는 8장에서 봤던 ILogger와 IDomainLogger 같은 상황이다. IDomainLogger는 비즈니스에 필요한 특정 로깅 기능을 구현하며, 이를 위해 이면에서 일반

ILogger를 사용한다.

그림 9.1은 육각형 아키텍처 관점에서 본 IBus와 IMessageBus의 위치다. IBus는 컨트롤러와 메시지 버스 사이의 타입 사슬에서 마지막 고리이며, IMessageBus는 중간이다.

IMessageBus 대신 IBus를 목으로 처리하면 회귀 방지를 극대화할 수 있다. 4장에서 살펴봤듯이, 회귀 방지는 테스트 중에 실행되는 코드 양에 대한 함수다. 비관리 의존성과 통신하는 마지막 타입을 목으로 처리하면 통합 테스트가 거치는 클래스의 수가 증가하므로 보호가 향상된다. 이 지침은 EventDispatcher를 목으로 처리하고 싶지 않은 이유이기도 하다. 시스템 끝에서부터의 거리가 IMessageBus에 비해 더 멀다.

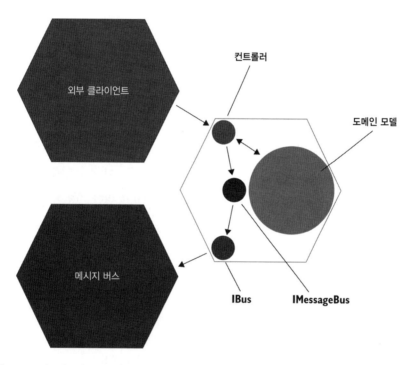

▲ **그림 9.1** IBus는 시스템 끝에 있다. IMessageBus는 컨트롤러와 메시지 버스 사이의 타입 사슬에서 중간 고리일 뿐이다. IMessageBus 대신 IBus를 목으로 처리하면 회귀 방지가 좋아진다.

다음은 IMessageBus에서 IBus로 대상을 바꾼 후의 통합 테스트다. 예제 9.3에서 변경되지 않은 부분은 생략했다.

```
[Fact]
public void Changing_email_from_corporate_to_non_corporate()
{
    var busMock = new Mock<IBus>();
    var messageBus = new MessageBus(busMock.Object);    ◀── 인터페이스 대신 구체 클래스 사용
    var loggerMock = new Mock<IDomainLogger>();
    var sut = new UserController(db, messageBus, loggerMock.Object);

    /* ... */

    busMock.Verify(
        x => x.Send(
            "Type: USER EMAIL CHANGED; " +
            $"Id: {user.UserId}; " +          메시지 버스로 보낸
            "NewEmail: new@gmail.com"),       실제 메시지 검증
        Times.Once);
}
```

이제 테스트에서 해당 IMessageBus 인터페이스가 아닌 MessageBus 구체 클래스를 어떻게
사용하는지 보라. IMessageBus는 구현이 하나뿐인 인터페이스이며, 8장에서 살펴봤듯이,
이러한 인터페이스를 두기에 타당한 이유는 목으로 처리하기 위한 것뿐이다. IMessageBus
를 더 이상 목으로 처리하지 않기 때문에 이 인터페이스를 삭제하고 MessageBus로 대체할
수 있다.

또한 예제 9.5의 테스트가 메시지 버스로 전송된 텍스트 메시지를 어떻게 확인하는지
살펴보라. 이전 버전과 비교해보라.

```
messageBusMock.Verify(
    x => x.SendEmailChangedMessage(user.UserId, "new@gmail.com"),
    Times.Once);
```

작성했던 사용자 정의 클래스에 대한 호출을 검증한 것과 외부 시스템에 전송한 실제
텍스트 사이에는 큰 차이가 있다. 외부 시스템은 애플리케이션으로부터 텍스트 메시지를
수신하고, MessageBus와 같은 클래스를 호출하지 않는다. 실제로 텍스트 메시지는 외부에서

식별할 수 있는 유일한 사이드 이펙트이다. 이러한 메시지를 생성하는 데 참여하는 클래스는 단지 구현 세부 사항일 뿐이다. 따라서 시스템 끝에서 상호 작용을 확인하면 회귀 방지가 좋아질 뿐만 아니라 리팩터링 내성도 향상된다. 결국 테스트는 잠재적인 거짓 양성에 노출될 가능성이 낮아진다. 리팩터링을 하더라도 메시지 구조를 유지하는 한, 해당 테스트는 빨간색으로 바뀌지 않는다.

단위 테스트에 비해 통합 테스트와 엔드 투 엔드 테스트가 리팩터링 내성이 우수한 것처럼, 여기서도 동일한 메커니즘을 가진다. 그러므로 이러한 코드는 코드베이스와의 결합도가 낮기 때문에 낮은 수준의 리팩터링에도 영향을 많이 받지 않는다.

> |**팁**| 비관리 의존성에 대한 호출은 애플리케이션을 떠나기 전에 몇 단계를 거친다. 마지막 단계를 선택하라. 외부 시스템과의 하위 호환성을 보장하는 가장 좋은 방법이며, 하위 호환성은 목을 통해 달성할 수 있는 목표다.

9.1.2 목을 스파이로 대체하기

5장에서 살펴봤듯이, 스파이는 목과 같은 목적을 수행하는 테스트 대역이다. 스파이는 수동으로 작성하는 반면에 목은 목 프레임워크의 도움을 받아 생성한다는 것이 유일한 차이점이다. 실제로 스파이는 종종 직접 작성한 목이라고도 한다.

시스템 끝에 있는 클래스의 경우 스파이가 목보다 낫다. 스파이는 검증 단계에서 코드를 재사용해 테스트 크기를 줄이고 가독성을 향상시킨다. 다음 예제는 IBus 위에서 작동하는 스파이다.

예제 9.6 스파이(직접 작성한 목이라고도 함)

```
public interface IBus
{
    void Send(string message);
}

public class BusSpy : IBus
```

```
{
    private List<string> _sentMessages =
        new List<string>();                          ┐
                                                     │  전송된 모든 메시지를
    public void Send(string message)                 │  로컬에 저장
    {                                                │
        _sentMessages.Add(message);                  │
    }                                                ┘

    public BusSpy ShouldSendNumberOfMessages(int number)
    {
        Assert.Equal(number, _sentMessages.Count);
        return this;
    }

    public BusSpy WithEmailChangedMessage(int userId, string newEmail)
    {
        string message = "Type: USER EMAIL CHANGED; " +
            $"Id: {userId}; " +
            $"NewEmail: {newEmail}";
        Assert.Contains(
            _sentMessages, x => x == message);        전송 메시지 검증
        return this;
    }
}
```

다음 예제는 통합 테스트의 새 버전이다. 또 다시 관련된 부분만 표시했다.

예제 9.7 예제 9.5에서 스파이 사용

```
[Fact]
public void Changing_email_from_corporate_to_non_corporate()
{
    var busSpy = new BusSpy();
    var messageBus = new MessageBus(busSpy);
    var loggerMock = new Mock<IDomainLogger>();
    var sut = new UserController(db, messageBus, loggerMock.Object);

    /* ... */
```

```
busSpy.ShouldSendNumberOfMessages(1)
    .WithEmailChangedMessage(user.UserId, "new@gmail.com");
}
```

BusSpy가 제공하는 플루언트 인터페이스[fluent interface] 덕분에 이제 메시지 버스와의 상호 작용을 검증하는 것이 간결해졌고 표현력도 생겼다. 이 플루언트 인터페이스 덕분에 여러 가지 검증을 묶을 수 있으므로 응집도가 높고 쉬운 영어 문장을 형성할 수 있다.[1]

|팁| BusSpy의 이름을 BusMock으로 바꿀 수 있다. 앞서 언급했듯이, 목과 스파이 간의 차이점은 구현 세부 사항에 있다. 하지만 대부분의 프로그래머가 스파이라는 용어에 익숙치 않다는 이유로 스파이의 이름을 BusMock으로 바꾸면, 동료에게 불필요한 혼란을 줄 수 있다.

여기서 다음과 같은 질문을 할 만하다. 다시 원점으로 돌아오지 않았는가? 예제 9.7에 있는 테스트 버전은 IMessageBus를 목으로 처리했던 이전 버전과 매우 유사하다.

```
messageBusMock.Verify(
    x => x.SendEmailChangedMessage(        │ WithEmailChangedMessage
        user.UserId, "new@gmail.com"),     │ (user.UserId, "new@gmail.com")과 같음
    Times.Once);    ◀── ShouldSendNumberOfMessages(1)과 같음
```

BusSpy와 MessageBus는 모두 IBus의 래퍼이기 때문에 검증은 비슷하다. 그러나 둘 사이에는 결정적인 차이가 있다. BusSpy는 테스트 코드에, MessageBus는 제품 코드에 속한다. 테스트에서 검증문을 작성할 때 제품 코드에 의존하면 안 되므로 이 차이는 중요하다.

테스트를 감시자로 생각하라. 훌륭한 감시자는 피감시자의 말을 액면 그대로 받아들이지 않는다. 그들은 모든 것을 재확인한다. 스파이에서도 마찬가지다. 메시지 구조가 변경될 때 알람이 생기게끔 별도의 검사점이 있는 셈이다. 반면에 IMessageBus를 목으로 처리하면 제품 코드를 너무 많이 신뢰하게 된다.

---

1   플루언트 인터페이스는 메서드 체이닝(method chaining)을 기반으로 코드가 쉬운 영어 문장으로 보이게끔 가독성을 향상시키는 API 설계 기법이다. 에릭 에반스와 마틴 파울러가 고안한 것으로, 자세한 내용은 https://martinfowler.com/bliki/FluentInterface.html을 참조한다. 메서드 체이닝은 메서드가 해당 객체를 반환하고 나서 반환된 객체를 다시 호출하는 식으로 여러 메서드를 한 번에 호출하는 기법이다. – 옮긴이

9.1.3 IDomainLogger는 어떤가?

이전에는 IMessageBus에 목을 사용해 상호 작용을 검증했지만, 이제는 시스템 끝에 있는 IBus를 대상으로 한다. 다음은 현재 통합 테스트에서의 목 검증문이다.

예제 9.8 목 검증문

```
busSpy.ShouldSendNumberOfMessages(1)          IBus 상호 작용 확인
    .WithEmailChangedMessage(
        user.UserId, "new@gmail.com");


loggerMock.Verify(
    x => x.UserTypeHasChanged(                 IDomainLogger
        user.UserId, UserType.Employee, UserType.Customer),   상호 작용 확인
    Times.Once);
```

MessageBus가 IBus 위의 래퍼인 것과 마찬가지로 DomainLogger는 ILogger 위의 래퍼다(자세한 내용은 8장 참조). 이 ILogger 인터페이스도 애플리케이션 경계에 있기 때문에 테스트도 이 인터페이스로 대상을 다시 지정해야 하지 않을까?

대부분의 프로젝트에서 이렇게 대상을 바꿀 필요는 없다. 로거와 메시지 버스는 비관리 의존성이므로 두 버전 모두 하위 호환성을 유지해야 하지만, 호환성의 정확도가 같을 필요는 없다. 메시지 버스를 사용하면 외부 시스템이 이러한 변경에 어떻게 반응하는지 알 수 없으므로 메시지 구조를 변경하지 않는 것이 중요하다. 그러나 텍스트 로그의 정확한 구조는 대상 독자(지원 부서와 시스템 관리자)에게 그다지 중요하지 않다. 중요한 것은 로그가 있다는 사실과 로그에 있는 정보다. 따라서 IDomainLogger만 목으로 처리해도 보호 수준은 충분하다.

9.2 목 처리에 대한 모범 사례

목을 처리하는 것과 관련해 지금까지 두 가지 주요 모범 사례를 배웠다.

- 비관리 의존성에만 목 적용하기
- 시스템 끝에 있는 의존성에 대해 상호 작용 검증하기

이 절에서는 나머지 모범 사례를 설명한다.

- 통합 테스트에서만 목을 사용하고 단위 테스트에서는 하지 않기
- 항상 목 호출 수 확인하기
- 보유 타입만 목으로 처리하기

9.2.1 목은 통합 테스트만을 위한 것

목이 통합 테스트만을 위한 것이며 단위 테스트에서 목을 사용하면 안 된다는 지침은 7장에서 설명한 기본 원칙인 비즈니스 로직과 오케스트레이션의 분리에서 비롯된다. 코드가 복잡하거나 프로세스 외부 의존성과 통신할 수 있지만, 둘 다는 아니다. 이 원칙은 자연스럽게 도메인 모델(복잡도 처리)과 컨트롤러(통신 처리)라는 고유 계층 두 개로 만들어지게 된다.

도메인 모델에 대한 테스트는 단위 테스트 범주에 속하며, 컨트롤러를 다루는 테스트는 통합 테스트다. 목은 비관리 의존성에만 해당하며 컨트롤러만 이러한 의존성을 처리하는 코드이기 때문에 통합 테스트에서 컨트롤러를 테스트할 때만 목을 적용해야 한다.

9.2.2 테스트당 목이 하나일 필요는 없음

테스트당 목을 하나만 두라는 지침을 들을 수도 있다. 이 지침에 따르면, 목이 둘 이상인 경우 한 번에 여러 가지를 테스트할 가능성이 있다.

이는 2장에서 다뤘던 기본적인 오해(단위 테스트에서의 '단위'는 코드 단위를 나타내며, 이러한 모든 단위는 서로 격리해 테스트해야 한다는 것)에서 비롯된 또 다른 오해다. 오히려 '단위'라는 용어는 코드 단위가 아니라 동작 단위를 의미한다. 동작 단위를 구현하는 데 필요한 코드의 양은 관계가 없다. 단일 클래스부터 여러 클래스에 이르기까지 다양하게 걸쳐 있을 수 있고, 아주 작은 메서드에 불과할 수도 있다.

목을 사용해도 같은 원칙이 적용된다. 동작 단위를 검증하는 데 필요한 목의 수는 관계가 없다. 이 장의 앞부분에서 사용자 이메일을 기업에서 일반으로 변경하는 시나리오를 확인하는 데 두 가지 목(로거와 메시지 버스)이 필요했다. 개수는 더 많을 수 있다. 실제로 통합

테스트에 사용할 목의 수를 통제할 수 없다. 목의 수는 운영에 참여하는 비관리 의존성 수에만 의존한다.

9.2.3 호출 횟수 검증하기

비관리 의존성과의 통신에 관해서는 다음 두 가지 모두 확인하는 것이 중요하다.

- 예상하는 호출이 있는가?
- 예상치 못한 호출은 없는가?

이 요구 사항은 다시 비관리 의존성과 하위 호환성을 지켜야 하는 데서 비롯된다. 호환성은 양방향이어야 한다. 즉, 애플리케이션은 외부 시스템이 예상하는 메시지를 생략해서는 안 되며 예상치 못한 메시지도 생성해서는 안 된다. 테스트 대상 시스템이 다음과 같이 메시지를 전송하는지 확인하는 것만으로는 충분하지 않다.

```
messageBusMock.Verify(
    x => x.SendEmailChangedMessage(user.UserId, "new@gmail.com"));
```

그리고 이 메시지가 정확히 한 번만 전송되는지 확인해야 한다.

```
messageBusMock.Verify(
    x => x.SendEmailChangedMessage(user.UserId, "new@gmail.com"),
    Times.Once);     ◀── 해당 메서드를 한 번만 호출하는지 확인
```

대부분의 목 라이브러리는 목에 다른 호출이 없는지 명시적으로 확인할 수 있게 도와준다. Moq(이 책에서 선택한 목 라이브러리)를 사용하면 검증문은 다음과 같다.

```
messageBusMock.Verify(
    x => x.SendEmailChangedMessage(user.UserId, "new@gmail.com"),
    Times.Once);
messageBusMock.VerifyNoOtherCalls();     ◀── 추가 확인
```

BusSpy도 이러한 기능을 구현한다.

```
busSpy
    .ShouldSendNumberOfMessages(1)
    .WithEmailChangedMessage(user.UserId, "new@gmail.com");
```

스파이에 있는 ShouldSendNumberOfMessages(1)이라는 확인은 목에서 Times.Once와 Veri
fyNoOtherCalls() 검증을 모두 포함한다.

9.2.4 보유 타입만 목으로 처리하기

마지막 지침은 보유 타입만 목으로 처리하는 것이다. 이는 스티브 프리먼과 냇 프라이스가
처음 소개했다.[2] 이 지침에 따르면, 서드파티 라이브러리 위에 항상 어댑터를 작성하고 기
본 타입 대신 해당 어댑터adapter를 목으로 처리해야 한다. 관련된 몇 가지 주장을 소개하면
다음과 같다.

- 서드파티 코드의 작동 방식에 대해 깊이 이해하지 못하는 경우가 많다.
- 해당 코드가 이미 내장 인터페이스를 제공하더라도 목으로 처리한 동작이 실제로
  외부 라이브러리와 일치하는지 확인해야 하므로, 해당 인터페이스를 목으로 처리하
  는 것은 위험하다.
- 서드파티 코드의 기술 세부 사항까지는 꼭 필요하지 않기에 어댑터는 이를 추상화
  하고, 애플리케이션 관점에서 라이브러리와의 관계를 정의한다.

이 분석에 대해서는 전적으로 동의한다. 실제로 어댑터는 코드와 외부 환경 사이의 손
상 방지 계층anti-corruption layer으로 작동한다.[3] 어댑터를 통해

- 기본 라이브러리의 복잡성을 추상화하고
- 라이브러리에서 필요한 기능만 노출하며
- 프로젝트 도메인 언어를 사용해 수행할 수 있다.

---

2   스티브 프리먼과 냇 프라이스의 『Growing Object-Oriented Software, Guided by Tests』(Addison-Wesley Professional,
    2009) 중 69페이지 참조
3   에릭 에반스의 『도메인 주도 설계』(위키북스, 2011) 참조

샘플 CRM 프로젝트에서 IBus 인터페이스가 바로 그 목적에 부합한다. 기본 메시지 버스의 라이브러리가 IBus만큼 훌륭하고 깔끔한 인터페이스를 제공하더라도, 고유의 래퍼를 그 위에 두는 것이 좋다. 라이브러리를 업그레이드할 때 서드파티 코드가 어떻게 변경될지 알 수는 없다. 업그레이드를 하면 전체 코드베이스에 걸쳐 파급 효과가 일어날 수 있다! 또한 추상 계층을 두면 이러한 파급 효과를 하나의 클래스(어댑터 등)로 제한할 수 있다.

'보유 타입을 목으로 처리하라.'라는 지침은 프로세스 내부 의존성에 적용되지 않는다. 앞서 설명한 것처럼 목은 비관리 의존성에만 해당한다. 따라서 인메모리 의존성이나 관리 의존성을 추상화할 필요가 없다. 예를 들어, 라이브러리가 날짜와 시간 API를 제공하는 경우 비관리 의존성에 도달하지 않으므로 해당 API를 있는 그대로 사용할 수 있다. 마찬가지로 ORM이 외부 애플리케이션에서 볼 수 없는 데이터베이스를 접근하는 데 사용하는 한, ORM을 추상화할 필요는 없다. 물론 모든 라이브러리 위에 고유의 래퍼를 둘 수 있지만, 비관리 의존성 이외의 다른 용도로는 노력을 들일 만한 가치가 없다.

요약

- 시스템 끝에서 비관리 의존성과의 상호 작용을 검증하라. 컨트롤러와 비관리 의존성 사이의 타입 사슬에서 마지막 고리를 목으로 처리하라. 이로써 회귀 방지(통합 테스트로 검증된 코드가 더 많기 때문)와 리팩터링 내성(코드의 구현 세부 사항에서 목을 분리하기 때문)이 향상될 수 있다.

- 스파이는 직접 작성한 목이다. 시스템 끝에 있는 클래스에 대해서는 스파이가 목보다 낫다. 검증 단계에서 코드를 재사용해 테스트 크기가 줄고 가독성이 개선된다.

- 검증문을 작성할 때 제품 코드에 의존하지 말라. 테스트에서 별도의 리터럴과 상수 집합을 사용하라. 필요하면 리터럴과 상수를 복제하라. 테스트는 제품 코드와 독립적으로 검사점을 제공해야 한다. 그렇지 않으면, 이름만 바꿀 뿐 동어 반복 테스트(아무것도 검증하지 않고 무의미한 검증문만 있는 테스트)를 만들 위험이 있다.

- 모든 비관리 의존성에 하위 호환성이 동일한 수준으로 필요한 것은 아니다. 메시지의 정확한 구조가 중요하지 않고 메시지의 존재 여부와 전달하는 정보만 검증하면

시스템의 끝에서 비관리 의존성과의 상호 작용을 검증하라는 지침을 무시할 수 있다. 대표적인 예가 로깅이다.

- 목은 비관리 의존성만을 위한 것이고 이러한 의존성을 처리하는 코드는 컨트롤러뿐이므로 통합 테스트에서 컨트롤러를 테스트할 때만 목을 적용해야 한다. 단위 테스트에서는 목을 사용하지 말라.

- 테스트에서 사용된 목의 수는 관계가 없다. 목의 수는 비관리 의존성의 수에 따라 달라진다.

- 목에 예상되는 호출이 있는지와 예상치 못한 호출이 없는지를 확인하라.

- 보유 타입만 목으로 처리하라. 비관리 의존성에 접근하는 서드파티 라이브러리 위에 어댑터를 작성하라. 기본 타입 대신 해당 어댑터를 목으로 처리하라.

10

데이터베이스 테스트

통합 테스트라는 퍼즐의 마지막 조각은 프로세스 외부 관리 의존성이다. 가장 일반적인 예는 애플리케이션 데이터베이스다. 애플리케이션 데이터베이스는 다른 애플리케이션이 접근할 수 없는 데이터베이스다.

실제 데이터베이스를 테스트하면 회귀 방지가 아주 뛰어나지만 설정하기가 쉽지 않다. 이 장에서는 데이터베이스 테스트를 시작하기 전에 거쳐야 할 준비 단계를 살펴본다. 데이터베이스 스키마^{database schema}를 추적하고, 상태 기반 데이터베이스 배포 방식과 마이그레이션 기반 데이터베이스 배포 방식의 차이점을 설명하며, 상태 기반보다 마이그레이션 기반을 선택해야 하는 이유를 알아본다.

기본 지식을 학습한 후 테스트 중에 트랜잭션을 관리하는 방법과 남은 데이터를 정리하는 방법, 그리고 중요하지 않은 부분을 제거하고 필수 요소를 강조해 테스트를 작게 할 수 있는 방법을 살펴본다. 이 장에서는 관계형 데이터베이스를 중점적으로 다루지만, 문서형 document-oriented 데이터베이스나 일반 텍스트 파일 저장소와 같은 다른 유형의 데이터 저장에도 동일한 원칙을 적용할 수 있다.

10.1 데이터베이스 테스트를 위한 전제 조건

8장에서 살펴봤듯이, 통합 테스트에서는 관리 의존성이 그대로 있어야 한다. 목을 사용하는 것은 불가능하기 때문에 비관리 의존성보다 작업하기가 더 힘들 수 있다. 그러나 테스트를 작성하기 전에 통합 테스트가 가능하게끔 준비 단계를 수행해야 한다. 이 절에서는 다음과 같은 전제 조건을 살펴본다.

- 형상 관리 시스템에 데이터베이스 유지
- 모든 개발자를 위한 별도의 데이터베이스 인스턴스 사용
- 데이터베이스 배포에 마이그레이션 기반 방식 적용

그러나 테스트에 있어 거의 모든 것과 마찬가지로, 테스트를 용이하게 하면 보통 데이터베이스 상태도 개선된다. 통합 테스트를 작성하지 않더라도 이러한 실천으로 가치를 얻을 수 있다.

10.1.1 데이터베이스를 형상 관리 시스템에 유지

데이터베이스를 테스트하는 방법의 첫 번째 단계는 데이터베이스 스키마를 일반 코드로 취급하는 것이다. 일반 코드와 마찬가지로 데이터베이스 스키마는 Git과 같은 형상 관리 시스템source control system에 저장하는 것이 최선이다.

프로그래머가 전용 데이터베이스 인스턴스를 유지 보수하는 프로젝트를 진행한 적이 있다. 그 데이터베이스 인스턴스는 기준점reference point(모델 데이터베이스) 역할을 했다. 개발 중에 모든 스키마 변경 사항이 해당 인스턴스에 쌓여갔다. 운영 배포할 때 팀은 운영 데이

터베이스와 모델 데이터베이스를 비교하고, 업그레이드 스크립트를 생성하기 위한 전문 도구를 사용했으며, 운영 환경에서 해당 스크립트를 실행했다(그림 10.1).

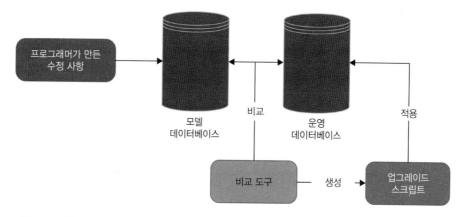

▲ **그림 10.1** 전용 인스턴스를 모델 데이터베이스로 사용하는 것은 안티 패턴이다. 데이터베이스 스키마를 저장하기에는 형상 관리 시스템이 가장 적합하다.

모델 데이터베이스를 사용하는 것은 데이터베이스 스키마를 유지하는 데 상당히 좋지 못한 방법이다. 그 이유는 다음과 같다.

- **변경 내역 부재**: 데이터베이스 스키마를 과거의 특정 시점으로 되돌릴 수 없다. 이는 운영 환경에서 버그를 재현할 때 중요할 수 있다.
- **복수의 원천 정보**: 모델 데이터베이스는 개발 상태에 대한 원천 정보를 둘러싸고 경합하게 된다. 이렇게 기준을 두 가지(Git과 모델 데이터베이스)로 두면 부담이 가중된다.

반면 모든 데이터베이스 스키마 업데이트를 형상 관리 시스템에 두면 원천 정보를 하나로 할 수 있고, 일반 코드 변경과 함께 데이터베이스 변경을 추적할 수 있다. 형상 관리 외부에서는 데이터베이스 구조를 수정하면 안 된다.

10.1.2 참조 데이터도 데이터베이스 스키마다

데이터베이스 스키마에 관해 유력한 용의자는 테이블, 뷰, 인덱스, 저장 프로시저 그리고 데이터베이스가 어떻게 구성되는지에 대한 청사진을 형성하는 나머지 모든 것이다. 스키마는 SQL 스크립트 형태로 표현된다. 개발 중에 언제든지 이러한 스크립트로 기능을 완전히 갖춘 최신 데이터베이스 인스턴스를 만들 수 있어야 한다. 그러나 데이터베이스 스키마에 속하지만, 데이터베이스 스키마로 거의 여기지 않는 부분이 있다. 바로 참조 데이터[reference data]다.

> |정의| 참조 데이터는 애플리케이션이 제대로 작동하도록 미리 채워야 하는 데이터다.

이전 장의 CRM 시스템을 예로 들어보자. 사용자 유형은 Customer 또는 Employee일 수 있다. 모든 사용자 유형이 포함된 테이블을 만들고 User에서 해당 테이블로 외래 키 제약 조건을 두고 싶다고 가정하자. 이러한 제약 조건으로 애플리케이션이 사용자에게 존재하지 않는 유형을 할당하지 않게끔 보증할 수 있다. 이 시나리오에서 UserType 테이블의 내용이 참조 데이터에 해당한다. 애플리케이션이 데이터베이스에 사용자를 저장하려면 UserType 테이블에 데이터가 있어야 하기 때문이다.

> |팁| 참조 데이터와 일반 데이터를 구별할 수 있는 간단한 방법이 있다. 애플리케이션이 데이터를 수정할 수 있으면 일반 데이터이고, 그렇지 않으면 참조 데이터다.

참조 데이터는 애플리케이션의 필수 사항이므로, 테이블, 뷰 그리고 다른 데이터베이스 스키마와 함께 SQL INSERT 문 형태로 형상 관리 시스템에 저장해야 한다.

참조 데이터는 보통 일반 데이터와 별도로 저장되지만, 두 데이터가 동일한 테이블에 공존하는 경우도 있다. 이렇게 하려면 수정할 수 있는 데이터(일반 데이터)와 수정할 수 없는 데이터(참조 데이터)를 구분하는 플래그를 두고, 애플리케이션이 참조 데이터를 변경하지 못하게 해야 한다.

10.1.3 모든 개발자를 위한 별도의 데이터베이스 인스턴스

실제 데이터베이스로 테스트하는 것은 충분히 어렵다. 다른 개발자들과 데이터베이스를 공유해야 한다면 훨씬 더 어려워진다. 공유 데이터베이스를 사용하면 개발 프로세스를 방해하게 된다. 그 이유는 다음과 같다.

- 서로 다른 개발자가 실행한 테스트는 서로 간섭되기 때문이다.
- 하위 호환성이 없는 변경으로 다른 개발자의 작업을 막을 수 있기 때문이다.

테스트 실행 속도를 극대화하려면 개발자마다 (가능하면 개발자 머신에서) 별도로 데이터베이스 인스턴스를 사용하라.

10.1.4 상태 기반 데이터베이스 배포와 마이그레이션 기반 데이터베이스 배포

데이터베이스 배포에는 상태 기반과 마이그레이션 기반이라는 두 가지 방식이 있다. 마이그레이션 기반 방식은 초기에는 구현하고 유지 보수하기가 어렵지만 장기적으로 상태 기반 방식보다 훨씬 효과적이다.

상태 기반 방식

상태 기반 데이터베이스 배포 방식은 그림 10.1에서 설명한 것과 유사하며, 개발 내내 유지 보수하는 모델 데이터베이스가 있다. 배포 중에 비교 도구가 스크립트를 생성해서 운영 데이터베이스를 모델 데이터베이스와 비교해 최신 상태로 유지한다. 차이점은 상태 기반 방식을 사용하면 물리적인 모델 데이터베이스는 원천 데이터가 아니라는 것이다. 대신 해당 데이터베이스를 작성하는 데 사용할 수 있는 SQL 스크립트가 있다. 스크립트는 형상 관리에 저장된다.

상태 기반 접근 방식에서 비교 도구는 모든 어려운 작업을 수행한다. 운영 데이터베이스의 상태와 관계없이, 비교 도구는 불필요한 테이블을 삭제하고 새 테이블을 생성하고 컬럼명을 바꾸는 등 모델 데이터베이스와 동기화하는 데 필요한 모든 작업을 수행한다.

마이그레이션 기반 방식

반면 마이그레이션 기반 방식은 데이터베이스를 어떤 버전에서 다른 버전으로 전환하는 명시적인 마이그레이션을 의미한다(그림 10.2). 이 방식은 운영 데이터베이스와 개발 데이터베이스를 자동으로 동기화하기 위한 도구를 쓸 수 없고, 업그레이드 스크립트를 직접 작성해야 한다. 하지만 운영 데이터베이스 스키마에서 문서화되지 않은 변경 사항을 발견할 때 데이터베이스 비교 도구가 아직 유용할 수 있다.

마이그레이션 1   마이그레이션 2   마이그레이션 3

```
CREATE TABLE          ALTER TABLE           CREATE TABLE
dbo.Customer (…)      dbo.Customer (…)      dbo.User (…)
```

▲ **그림 10.2** 마이그레이션 기반 방식이란 데이터베이스를 어떤 버전에서 다른 버전으로 전환하는 명시적인 마이그레이션을 말한다.

마이그레이션 기반 방식에서 형상 관리에 저장하는 산출물은 데이터베이스 상태가 아닌 마이그레이션이다. 마이그레이션은 일반적으로 평이한 SQL 스크립트(대표적으로 Flyway(https://flywaydb.org)와 Liquibase(https://liquibase.org) 등이 있음)로 표시하지만, SQL로 변환할 수 있는 DSL 같은 언어를 사용해 작성할 수도 있다. 다음 예제는 FluentMigrator(https://github.com/fluentmigrator/fluentmigrator) 라이브러리로 데이터베이스 마이그레이션을 나타내는 C# 클래스다.

```
[Migration(1)]    ◀── 마이그레이션 번호
public class CreateUserTable : Migration
{
    public override void Up()    ◀── 상위 마이그레이션
    {
        Create.Table("Users");
    }

    public override void Down()    ◀── 하위 마이그레이션
    {                                   (버그를 재현하고자 이전 데이터베이스
        Delete.Table("Users");          버전으로 다운그레이드할 때 유용)
```

```
        }
}
```

상태 기반 방식보다 마이그레이션 기반 방식을 선호하라

데이터베이스 배포와 관련해 상태 기반 방식과 마이그레이션 기반 방식의 차이점은 이름에서 알 수 있듯이 상태와 마이그레이션에 해당한다(그림 10.3 참조).

- 상태 기반 방식은 상태를 형상 관리에 저장함으로써 상태를 명시하고 비교 도구가 마이그레이션을 암묵적으로 제어할 수 있게 한다.
- 마이그레이션 기반 방식은 마이그레이션을 명시적으로 하지만 상태를 암묵적으로 둔다. 데이터베이스 상태를 직접 볼 수 없으며 마이그레이션으로 조합해야 한다.

	데이터베이스 상태	마이그레이션 메커니즘
상태 기반 방식	✓ 명시적	✗ 암묵적
마이그레이션 기반 방식	✗ 암묵적	✓ 명시적

▲ **그림 10.3** 상태 기반 방식은 상태를 명시적으로 만들고 마이그레이션을 암시적으로 만든다. 마이그레이션 기반 방식은 그와 반대로 한다.

이렇게 구분하면 다른 형태의 절충으로 이어진다. 데이터베이스 상태가 명확하면 병합 충돌을 처리하기가 수월한 반면, 명시적 마이그레이션은 데이터 모션data motion 문제를 해결하는 데 도움이 된다.

> |**정의**| 데이터 모션은 새로운 데이터베이스 스키마를 준수하도록 기존 데이터의 형태를 변경하는 과정이다.

병합 충돌 완화와 데이터 모션 용이성은 똑같이 중요한 이점처럼 보일 수 있지만, 대부분의 프로젝트에서는 데이터 모션이 병합 충돌보다 훨씬 더 중요하다. 아직 애플리케이션을 운영 환경에 릴리스하지 않은 경우가 아니라면 쉽게 폐기할 수 없는 데이터가 반드시 있을 것이다.

예를 들어 Name 컬럼을 FirstName과 LastName으로 나눌 때는 Name 컬럼을 삭제하고 FirstName과 LastName 컬럼을 만들어야 하며, 기존의 모든 이름도 둘씩 나누는 스크립트를 작성해야 한다. 상태 주도 방식을 사용하면 변경을 구현하기가 쉽지 않다. 데이터 관리에서 비교 도구는 별로 좋지 않다. 그 이유는 데이터베이스 스키마가 객관적(해석하는 방법이 하나뿐이라는 의미)이지만 데이터는 상황에 따라 달라지기 때문이다. 업그레이드 스크립트를 생성하는 데 있어 데이터에 대한 가정을 신뢰할 수 있는 도구는 없다. 적절한 변환을 구현하려면 도메인에 특화된 규칙을 적용해야 한다.

결과적으로 상태 기반 방식은 대다수의 프로젝트에서 실용적이지 않다. 그러나 프로젝트가 아직 운영으로 릴리스되지 않은 상태라면 일시적으로 사용할 수는 있다. 결국 테스트 데이터는 그다지 중요하지 않으며, 데이터베이스를 변경할 때마다 데이터를 다시 생성할 수 있다. 그러나 첫 번째 버전을 릴리스하면 마이그레이션 기반 방식으로 전환해서 데이터 모션을 올바르게 처리한다.

> |팁| 마이그레이션을 통해 데이터베이스 스키마에 (참조 데이터를 포함해) 모든 수정 사항을 적용하라. 형상 관리에 마이그레이션이 커밋(commit)된 후에는 수정하지 말라. 마이그레이션이 잘못된 경우 이전 마이그레이션을 수정하는 대신 새 마이그레이션을 생성하라. 잘못된 마이그레이션으로 인해 데이터가 손실될 수 있는 경우에만 이 규칙을 예외로 하라.

10.2 데이터베이스 트랜잭션 관리

데이터베이스 트랜잭션^{database transaction} 관리는 제품 코드와 테스트 코드 모두에 중요한 주제다. 제품 코드에서 트랜잭션 관리를 적절히 하면 데이터 모순을 피할 수 있다. 테스트에서는 운영 환경에 근접한 설정으로 데이터베이스 통합을 검증하는 데 도움이 된다.

이 절에서는 먼저 제품 코드(컨트롤러)에서 트랜잭션을 처리하는 방법과 통합 테스트에서 트랜잭션을 사용하는 방법을 알아본다. 앞 장에서 본 CRM 프로젝트를 예로 들어 설명해본다.

10.2.1 제품 코드에서 데이터베이스 트랜잭션 관리하기

샘플 CRM 프로젝트는 Database 클래스를 사용해 User 및 Company와 작동한다. Database는 각 메서드 호출에서 별도의 SQL 연결을 생성한다. 이러한 연결은 다음 예제에서 볼 수 있듯이 뒤에서 암묵적으로 트랜잭션을 독립적으로 처리한다.

예제 10.1 데이터베이스에 접근할 수 있는 클래스

```
public class Database
{
    private readonly string _connectionString;

    public Database(string connectionString)
    {
        _connectionString = connectionString;
    }

    public void SaveUser(User user)
    {
        bool isNewUser = user.UserId == 0;
        using (var connection =
            new SqlConnection(_connectionString))          ◄─────┐
        {                                                        │
            /* isNewUser에 따라 사용자 생성 또는 업데이트 */        │
        }                                                        │
    }                                                            │  데이터베이스
                                                                 │  트랜잭션 개방
    public void SaveCompany(Company company)                     │
    {                                                            │
        using (var connection =                                  │
            new SqlConnection(_connectionString))          ◄─────┘
```

```
        {
            /* 회사는 하나만 있기 때문에 업데이트만 함 */
        }
    }
}
```

결국 사용자 컨트롤러는 다음 예제와 같이 단일 비즈니스 연산 간에 총 네 개의 데이터
베이스 트랜잭션을 생성한다.

예제 10.2 사용자 컨트롤러

```
public string ChangeEmail(int userId, string newEmail)
{
    object[] userData = _database.GetUserById(userId);   ◄──── 데이터베이스 트랜잭션 개방
    User user = UserFactory.Create(userData);

    string error = user.CanChangeEmail();
    if (error != null)
        return error;

    object[] companyData = _database.GetCompany();
    Company company = CompanyFactory.Create(companyData);
                                                                   데이터베이스
    user.ChangeEmail(newEmail, company);                           트랜잭션 개방

    _database.SaveCompany(company);
    _database.SaveUser(user);
    _eventDispatcher.Dispatch(user.DomainEvents);

    return "OK";
}
```

읽기 전용 연산(예: 사용자 정보를 외부 클라이언트에 반환할 때) 중에는 여러 트랜잭션을 열
어도 괜찮다. 그러나 비즈니스 연산에 데이터 변경이 포함된다면, 모순을 피하고자 이 연산
에 포함된 모든 업데이트는 원자적이어야 한다. 예를 들어, 컨트롤러가 회사는 잘 저장해도
데이터베이스 연결 문제가 생기면 사용자를 저장할 때 실패하게 된다. 결국 회사의 Number
OfEmployees는 데이터베이스에 있는 Employee 사용자 수와 일치하지 않을 수 있다.

> **|정의|** 원자적 업데이트(atomic update)는 모두 수행하거나 전혀 수행하지 않는 것이다. 원자적 업데이트 세트의 각 업데이트는 전체적으로 완료되거나 아무런 영향도 미치지 않아야 한다.

데이터베이스 트랜잭션에서 데이터베이스 연결 분리하기

잠재적인 모순을 피하려면 결정 유형을 두 가지로 나눠야 한다.

- 업데이트할 데이터
- 업데이트 유지 또는 롤백 여부

컨트롤러가 이러한 결정을 동시에 내릴 수 없으므로 이렇게 분리하는 것이 중요하며, 비즈니스 연산의 모든 단계가 성공했을 때 업데이트를 수행할 수 있는지 여부만 안다. 또한 데이터베이스에 접근하고 업데이트를 시도해야만 이러한 단계를 밟을 수 있다. Database 클래스를 리포지터리^{repository}와 트랜잭션으로 나눠서 이러한 책임을 구분할 수 있다.

- 리포지터리는 데이터베이스의 데이터에 대한 접근과 수정을 가능하게 하는 클래스다. 샘플 프로젝트에는 User를 위한 리포지터리와 Company를 위한 리포지터리, 이렇게 두 개가 있게 된다.
- 트랜잭션은 데이터 업데이트를 완전히 커밋하거나 롤백하는 클래스다. 데이터 수정의 원자성 확보를 위해 기본 데이터베이스 트랜잭션에 의존하는 사용자 정의 클래스다.

리포지터리와 트랜잭션은 책임이 서로 다를 뿐만 아니라 수명도 다르다. 트랜잭션은 전체 비즈니스 연산 동안 있으며 연산이 끝나면 폐기된다. 반면에 리포지터리는 수명이 짧다. 데이터베이스 호출이 완료되는 즉시 리포지터리를 폐기할 수 있다. 결국 리포지터리는 항상 현재 트랜잭션 위에서 작동한다. 데이터베이스에 연결할 때는 리포지터리가 트랜잭션에 등록해서 연결 중에 이뤄진 모든 데이터 수정 사항이 나중에 트랜잭션에 의해 롤백될 수 있도록 한다.

컨트롤러와 데이터베이스 간의 통신이 예제 10.2에서 어떻게 보이는지 그림 10.4에서 확인할 수 있다. 각 데이터베이스 호출은 고유의 트랜잭션으로 래핑된다. 업데이트에 원자성은 없다.

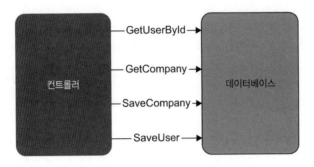

▲ **그림 10.4** 각 데이터베이스 호출을 별도의 트랜잭션으로 묶으면 하드웨어 또는 소프트웨어 장애로 인해 모순이 발생할 위험이 있다. 예를 들어, 애플리케이션이 회사의 직원 수를 업데이트할 수 있지만 직원은 업데이트할 수 없는 경우가 있다.

그림 10.5는 명시적 트랜잭션을 도입한 후의 애플리케이션을 나타낸다. 트랜잭션은 컨트롤러와 데이터베이스 간의 상호 작용을 조정한다. 네 개의 데이터베이스 호출은 모두 그대로지만, 이제 데이터 수정은 커밋되거나 완전히 롤백된다.

▲ **그림 10.5** 트랜잭션이 컨트롤러와 데이터베이스 간의 상호 작용을 조정해서 원자적으로 데이터를 수정할 수 있다.

다음 예제는 트랜잭션과 리포지터리를 도입한 후의 컨트롤러다.

```
public class UserController
{
    private readonly Transaction _transaction;
    private readonly UserRepository _userRepository;
    private readonly CompanyRepository _companyRepository;
    private readonly EventDispatcher _eventDispatcher;

    public UserController(
        Transaction transaction,        ◄──── 트랜잭션 인자
        MessageBus messageBus,
        IDomainLogger domainLogger)
    {
        _transaction = transaction;
        _userRepository = new UserRepository(transaction);
        _companyRepository = new CompanyRepository(transaction);
        _eventDispatcher = new EventDispatcher(
            messageBus, domainLogger);
    }

    public string ChangeEmail(int userId, string newEmail)
    {
        object[] userData = _userRepository
            .GetUserById(userId);
        User user = UserFactory.Create(userData);

        string error = user.CanChangeEmail();
        if (error != null)
            return error;

        object[] companyData = _companyRepository
            .GetCompany();
        Company company = CompanyFactory.Create(companyData);

        user.ChangeEmail(newEmail, company);

        _companyRepository.SaveCompany(company);
        _userRepository.SaveUser(user);
        _eventDispatcher.Dispatch(user.DomainEvents);
```

Database 클래스 대신
리포지터리 사용

```
            _transaction.Commit();    ◄─── 성공 시 트랜잭션 커밋
            return "OK";
        }
    }
}

public class UserRepository
{
    private readonly Transaction _transaction;

    public UserRepository(Transaction transaction)    ◄─── 리포지터리에 트랜잭션 주입
    {
        _transaction = transaction;
    }

    /* ... */
}

public class Transaction : IDisposable
{
    public void Commit() { /* ... */ }
    public void Dispose() { /* ... */ }
}
```

Transaction 클래스의 내부는 중요하지 않지만, 혹시라도 궁금해하는 독자를 위해 말하자면 내 경우 .NET 표준인 TransactionScope를 배후에서 사용하고 있다. Transaction에서 중요한 점은 다음 두 가지 메서드가 있다는 것이다.

- Commit()은 트랜잭션을 성공으로 표시한다. 비즈니스 연산이 성공하고 모든 데이터 수정을 저장할 준비가 된 경우에만 호출된다.
- Dispose()는 트랜잭션을 종료한다. 비즈니스 연산이 끝날 때 항상 호출된다. 이전에 Commit()이 호출된 경우 Dispose()는 모든 데이터 업데이트를 저장하고, 그렇지 않으면 롤백한다.

Commit()과 Dispose()의 조합은 주요 흐름(비즈니스 시나리오의 성공적인 실행) 동안에만 데이터베이스가 변경되도록 한다. 이는 Commit()이 ChangeEmail() 메서드의 끝에 위치한 이유

다. 오류가 발생하면 (유효성 검사 오류 또는 처리되지 않은 예외 등) 실행 흐름이 일찍 반환돼서 트랜잭션이 커밋되지 않는다.

Commit() 호출은 의사 결정이 필요하기 때문에 컨트롤러가 한다. Dispose() 호출은 의사 결정이 필요하지 않으므로 인프라 계층의 클래스에 메서드 호출을 위임할 수 있다. 컨트롤러를 인스턴스화하고 필요한 의존성을 제공하는 클래스는 모두 컨트롤러가 작업을 수행한 후에는 트랜잭션을 폐기해야 한다.

UserRepository에서 생성자 매개변수로 트랜잭션을 어떻게 요구하는지 살펴보자. 이는 리포지터리가 항상 트랜잭션 위에서 작동한다는 것을 명시적으로 보여준다. 즉, 리포지터리는 스스로 데이터베이스를 호출할 수 없다.

작업 단위로 트랜잭션 업그레이드하기

리포지터리와 트랜잭션을 도입하면 잠재적인 데이터 모순을 피할 수 있지만 더 좋은 방법이 있다. Transaction 클래스를 작업 단위$^{\text{unit of work}}$로 업그레이드할 수 있다.

> |**정의**| 작업 단위에는 비즈니스 연산의 영향을 받는 객체 목록이 있다. 작업이 완료되면, 작업 단위는 데이터베이스를 변경하기 위해 해야 하는 업데이트를 모두 파악하고 이러한 업데이트를 하나의 단위로 실행한다(이러한 이유로 패턴 이름이 됨).

일반 트랜잭션과 비교해서 작업 단위가 갖는 가장 큰 장점은 업데이트 지연이다. 트랜잭션과 달리 작업 단위는 비즈니스 연산 종료 시점에 모든 업데이트를 실행하므로 데이터베이스 트랜잭션의 기간을 단축하고 데이터 혼잡을 줄인다(그림 10.6 참조). 이 패턴은 종종 데이터베이스 호출 수를 줄이는 데도 도움이 된다.

> |**참고**| 데이터베이스 트랜잭션은 작업 단위 패턴도 구현한다.

▲ **그림 10.6** 작업 단위는 비즈니스 연산이 끝날 때 모든 업데이트를 실행한다. 업데이트가 여전히 데이터베이스 트랜잭션으로 래핑돼 있지만, 트랜잭션이 지속되는 시간이 짧으므로 데이터 혼잡을 줄일 수 있다.

수정된 객체 목록을 관리하고 생성하기 위한 SQL 스크립트를 파악하는 것은 작업이 많아 보일 수 있다. 그러나 실제로는 이러한 작업을 직접 할 필요가 없다. 대부분의 ORM Object-Relational Mapping 라이브러리가 작업 단위 패턴을 구현한다. 예를 들어 .NET에서는 NHibernate나 엔티티 프레임워크Entity Framework 등을 사용할 수 있고, 둘 다 모든 어려운 작업을 수행하는 클래스를 제공한다(각각 ISession과 DbContext에 해당). UserController에 엔티티 프레임워크를 적용하면 다음 예제와 같다.

예제 10.4 엔티티 프레임워크가 적용된 사용자 컨트롤러

```
public class UserController
{
    private readonly CrmContext _context;
    private readonly UserRepository _userRepository;
    private readonly CompanyRepository _companyRepository;
    private readonly EventDispatcher _eventDispatcher;

    public UserController(
        CrmContext context,
        MessageBus messageBus,
        IDomainLogger domainLogger)
    {
        _context = context;
        _userRepository = new UserRepository(
            context);
```

CrmContext가 트랜잭션을
대체함

```
            _companyRepository = new CompanyRepository(
                context);      ←── CrmContext가 트랜잭션을 대체함
            _eventDispatcher = new EventDispatcher(
                messageBus, domainLogger);
        }


        public string ChangeEmail(int userId, string newEmail)
        {
            User user = _userRepository.GetUserById(userId);
            string error = user.CanChangeEmail();
            if (error != null)
                return error;

            Company company = _companyRepository.GetCompany();

            user.ChangeEmail(newEmail, company);

            _companyRepository.SaveCompany(company);
            _userRepository.SaveUser(user);
            _eventDispatcher.Dispatch(user.DomainEvents);

            _context.SaveChanges();      ←── CrmContext가 트랜잭션을 대체함
            return "OK";
        }
    }
}
```

CrmContext는 데이터베이스(엔티티 프레임워크의 DbContext에서 상속)와 도메인 모델 간의 매핑을 포함하는 사용자 정의 클래스다. 예제 10.4의 컨트롤러는 Transaction 대신 CrmContext를 사용한다. 결과적으로,

- 이전 버전에서 두 리포지터리가 Transaction 위에서 작동한 것처럼 CrmContext 위에서 작동한다.
- 컨트롤러는 transaction.Commit() 대신 context.SaveChanges()를 통해 데이터베이스에 변경 사항을 커밋한다.

이제 엔티티 프레임워크가 원시 데이터베이스 데이터와 도메인 개체 사이의 매퍼mapper

역할을 하므로 UserFactory와 CompanyFactory는 더 이상 필요하지 않다.

비관계형 데이터베이스에서의 데이터 모순

관계형 데이터베이스를 사용할 때는 데이터 모순을 피하기가 쉽다. 모든 주요 관계형 데이터베이스는 필요한 만큼 여러 행에 걸쳐 원자적 업데이트를 제공한다. 그러나 MongoDB와 같은 비관계형 데이터베이스에서는 동일한 수준으로 어떻게 보호할 수 있을까?

대부분의 비관계형 데이터베이스가 갖는 문제점은 고전적인 의미에서 트랜잭션이 없다는 것이다. 원자적 업데이트는 단일 도큐먼트 내에서만 보장된다. 비즈니스 연산이 여러 문서에 영향을 주는 경우 모순이 생기기 쉽다(비관계형 데이터베이스에서 도큐먼트는 행과 동일함).

비관계형 데이터베이스는 모순을 다른 각도에서 접근한다. 한 번에 둘 이상의 도큐먼트를 수정하는 비즈니스 연산이 없도록 도큐먼트를 설계해야 한다. 관계형 데이터베이스의 행보다 도큐먼트가 더 유연하기 때문에 가능하다. 단일 도큐먼트는 어떠한 형태로든 그리고 아무리 복잡한 데이터라도 저장할 수 있으므로 아주 복잡한 비즈니스 연산의 사이드 이펙트도 포착할 수 있다.

도메인 주도 설계에서는 비즈니스 연산당 둘 이상의 집계를 수정하면 안 된다는 지침이 있다. 이 지침은 데이터 모순으로부터 보호하는 것과 같은 목표가 있으며, 각 도큐먼트가 하나의 집계에 해당하는 도큐먼트 데이터베이스를 사용하는 시스템에만 적용된다.

10.2.2 통합 테스트에서 데이터베이스 트랜잭션 관리하기

통합 테스트에서 데이터베이스 트랜잭션을 관리하는 경우 다음 지침을 준수하라. 테스트 구절 간에 데이터베이스 트랜잭션이나 작업 단위를 재사용하지 말라. 다음 예제는 통합 테스트를 엔티티 프레임워크로 전환해서 CrmContext를 재사용하는 예다.

예제 10.5 CrmContext를 재사용하는 통합 테스트

```
[Fact]
public void Changing_email_from_corporate_to_non_corporate()
{
    using (var context =              컨텍스트 생성
        new CrmContext(ConnectionString))
    {
        // 준비
```

```
var userRepository =
    new UserRepository(context);
var companyRepository =
    new CompanyRepository(context);
var user = new User(0, "user@mycorp.com",
    UserType.Employee, false);
userRepository.SaveUser(user);
var company = new Company("mycorp.com", 1);
companyRepository.SaveCompany(company);
context.SaveChanges();
```
준비 구절에서
컨텍스트 사용…

```
var busSpy = new BusSpy();
var messageBus = new MessageBus(busSpy);
var loggerMock = new Mock<IDomainLogger>();
var sut = new UserController(
    context,        ◀─── 실행..
    messageBus,
    loggerMock.Object);
```

```
// 실행
string result = sut.ChangeEmail(user.UserId, "new@gmail.com");
```

```
// 검증
Assert.Equal("OK", result);
```

```
User userFromDb = userRepository
    .GetUserById(user.UserId);
Assert.Equal("new@gmail.com", userFromDb.Email);
Assert.Equal(UserType.Customer, userFromDb.Type);
```
또 검증문에서..

```
Company companyFromDb = companyRepository
    .GetCompany();
Assert.Equal(0, companyFromDb.NumberOfEmployees);
```
또 검증문에서..

```
busSpy.ShouldSendNumberOfMessages(1)
    .WithEmailChangedMessage(user.UserId, "new@gmail.com");
loggerMock.Verify(
    x => x.UserTypeHasChanged(
        user.UserId, UserType.Employee, UserType.Customer),
    Times.Once);
```

```
        }
}
```

이 테스트는 준비, 실행, 검증이라는 세 구절 모두에 동일한 CrmContext 인스턴스를 사용한다. 이렇게 작업 단위를 재사용하는 것은 컨트롤러가 운영 환경에서 하는 것과 다른 환경을 만들기 때문에 문제가 된다. 운영 환경에서는 각 비즈니스 연산에 CrmContext의 전용 인스턴스가 있다. 전용 인스턴스는 컨트롤러 메서드 호출 직전에 생성되고 직후에 폐기된다.

동작 모순에 빠지지 않으려면 통합 테스트를 가능한 한 운영 환경에서와 비슷하게 해야 한다. 즉, 실행 구절에서 CrmContext를 다른 것과 공유하면 안 된다. 8장에서 살펴봤듯이, 입력 매개변수로 사용되는 데이터와는 별개로 데이터베이스 상태를 확인하는 것이 중요하기 때문에 준비 구절과 검증 구절에서 CrmContext 인스턴스를 가져와야 한다. 준비 구절과 별개로 검증 구절이 사용자와 회사를 조회하지만, 같은 데이터베이스 컨텍스트를 공유한다. 컨텍스트(그리고 많은 ORM)가 성능 향상을 위해 요청된 데이터를 캐시할 수 있다.

> |팁| 통합 테스트에서 적어도 세 개의 트랜잭션 또는 작업 단위를 사용하라(준비, 실행, 검증 구절당 하나씩).

10.3 테스트 데이터 생명 주기

공유 데이터베이스를 사용하면 통합 테스트를 서로 분리할 수 없는 문제가 생긴다. 이 문제를 해결하려면,

- 통합 테스트를 순차적으로 실행하라.
- 테스트 실행 간에 남은 데이터를 제거하라.

전체적으로 테스트는 데이터베이스 상태에 따라 달라지면 안 된다. 테스트는 데이터베이스 상태를 원하는 조건으로 만들어야 한다.

10.3.1 병렬 테스트 실행과 순차적 테스트 실행

통합 테스트를 병렬로 실행하려면 상당한 노력이 필요하다. 모든 테스트 데이터가 고유한 지 확인해야 데이터베이스 제약 조건을 위반하지 않고 테스트가 다른 테스트 후에 입력 데이터를 잘못 수집하는 일이 없다. 남은 데이터를 정리하는 것도 까다로워진다. 성능 향상을 위해 시간을 허비하지 말고 순차적으로 통합 테스트를 실행하는 것이 더 실용적이다.

대부분의 단위 테스트 프레임워크는 별도의 테스트 모음을 정의하고 일부에 대해 병렬 처리를 비활성화할 수 있다. 두 가지의 테스트군(단위 테스트와 통합 테스트)을 만들고, 통합 테스트군은 테스트 병렬 처리를 비활성화한다.

대안으로 컨테이너를 사용해 테스트를 병렬 처리할 수도 있다. 예를 들어 모델 데이터베이스를 도커 이미지로 만들고, 각 통합 테스트를 위해 해당 이미지에서 새 컨테이너를 인스턴스화할 수 있다. 그러나 이러한 방식은 실제로 유지 보수 부담이 너무 커지게 된다. 도커를 사용하면 데이터베이스를 추적해야 할 뿐만 아니라,

- 도커 이미지를 유지 보수해야 하고
- 각 테스트마다 컨테이너 인스턴스가 있는지 확인해야 하며
- 통합 테스트를 일괄 처리하고(모든 컨테이너 인스턴스를 한 번에 만들 수 없기 때문에)
- 다 사용한 컨테이너는 폐기해야 한다.

통합 테스트의 실행 시간을 최소화해야 하는 경우가 아니라면 컨테이너를 사용하지 않는 것이 좋다. 다시 말하면, 데이터베이스는 개발자당 하나의 인스턴스만 갖는 것이 더 실용적이다. 물론 그러한 단일 인스턴스를 도커로 실행할 수도 있다.

10.3.2 테스트 실행 간 데이터 정리

테스트 실행 간에 남은 데이터를 정리하는 방법은 네 가지가 있다.

- **각 테스트 전에 데이터베이스 백업 복원하기**: 이 방법은 데이터 정리 문제를 해결할 수 있지만 다른 세 가지 방법보다 훨씬 느리다. 컨테이너를 사용하더라도 컨테이너 인스턴스를 제거하고 새 컨테이너를 생성하는 데 보통 몇 초 정도 걸리기 때문에 전체

테스트 스위트 실행 시간이 빠르게 늘어난다.

- **테스트 종료 시점에 데이터 정리하기**: 이 방법은 빠르지만 정리 단계를 건너뛰기 쉽다. 테스트 도중에 빌드 서버가 중단하거나 디버거에서 테스트를 종료하면 입력 데이터는 데이터베이스에 남아있고 이후 테스트 실행에 영향을 주게 된다.
- **데이터베이스 트랜잭션에 각 테스트를 래핑하고 커밋하지 않기**: 이 경우 테스트와 SUT에서 변경한 모든 내용이 자동으로 롤백된다. 이 접근 방식은 정리 단계를 건너뛰는 문제를 해결하지만 또 다른 문제를 제기한다. 이는 작업 단위를 재사용할 때와 같은 문제인데, 추가 트랜잭션으로 인해 운영 환경과 다른 설정이 생성되는 것이다.
- **테스트 시작 시점에 데이터 정리하기**: 이 방법이 가장 좋다. 빠르게 작동하고 일관성이 없는 동작을 일으키지 않으며, 정리 단계를 실수로 건너뛰지 않는다.

> |**팁**| 별도의 종료 단계는 필요 없다. 준비 구절에 구현하라.

데이터베이스의 외래 키 제약 조건을 준수하려면 특정 순서에 따라 데이터를 제거해야 한다. 때때로 어떤 사람들은 정교한 알고리즘을 사용해 테이블 간의 관계를 파악하고 자동으로 삭제 스크립트를 생성하기도 하며, 모든 무결성 제약 조건을 비활성화하고 나중에 다시 활성화하기도 한다. 하지만 이는 불필요하다. SQL 스크립트를 수동으로 작성하면 더 간단하고 삭제 프로세스를 세밀하게 제어할 수 있다.

모든 통합 테스트의 기초 클래스를 두고, 기초 클래스에 삭제 스크립트를 작성하라. 이렇게 기초 클래스를 사용하면 다음 예제와 같이 테스트가 시작될 때마다 스크립트가 자동으로 실행되도록 할 수 있다.

예제 10.6 통합 테스트를 위한 기초 클래스

```
public abstract class IntegrationTests
{
    private const string ConnectionString = "...";

    protected IntegrationTests()
```

```
    {
        ClearDatabase();
    }

    private void ClearDatabase()
    {
        string query =
            "DELETE FROM dbo.[User];" +
            "DELETE FROM dbo.Company;";    │ 삭제 스크립트

        using (var connection = new SqlConnection(ConnectionString))
        {
            var command = new SqlCommand(query, connection)
            {
                CommandType = CommandType.Text
            };

            connection.Open();
            command.ExecuteNonQuery();
        }
    }
}
```

> |**팁**| 삭제 스크립트는 일반 데이터를 모두 제거해야 하지만 참조 데이터는 제거하지 말아야 한다. 나
> 머지 데이터베이스 스키마와 참조 데이터는 마이그레이션으로만 제어돼야 한다.

10.3.3 인메모리 데이터베이스 피하기

통합 테스트를 서로 분리하는 또 다른 방법으로 데이터베이스를 SQLite와 같은 인메모리
데이터베이스로 교체할 수도 있다. 인메모리 데이터베이스는 다음과 같은 장점이 있다.

- 테스트 데이터를 제거할 필요가 없음
- 작업 속도 향상
- 테스트가 실행될 때마다 인스턴스화 가능

인메모리 데이터베이스는 공유 의존성이 아니기 때문에 통합 테스트는 실제로 10.3.1절에서 설명한 컨테이너 접근 방식과 유사한 단위 테스트가 된다(데이터베이스가 프로젝트에서 유일한 관리 의존성이라고 가정).

이러한 모든 장점에도 불구하고, 인메모리 데이터베이스는 일반 데이터베이스와 기능적으로 일관성이 없기 때문에 사용하지 않는 것이 좋다. 이는 또 다시 운영 환경과 테스트 환경이 일치하지 않는 문제이며, 일반 데이터베이스와 인메모리 데이터베이스의 차이로 인해 테스트에서 거짓 양성 또는 (더 나쁜!) 거짓 음성이 발생하기 쉽다. 이러한 테스트로는 높은 보호 수준을 기대하기 어렵고, 어쨌든 수동으로 회귀 테스트를 많이 수행해야 할 것이다.

> |팁| 테스트에서도 운영 환경과 같은 데이터베이스 관리 시스템(DBMS, Database Management System)을 사용하라. 보통 버전이 달라도 괜찮지만, 공급업체는 같아야 한다.

10.4 테스트 구절에서 코드 재사용하기

통합 테스트가 너무 빨리 커지면 유지 보수 지표가 나빠질 수 있다. 통합 테스트는 가능한 한 짧게 하되 서로 결합하거나 가독성에 영향을 주지 않는 것이 중요하다. 아무리 짧은 테스트일지라도 서로 의존해서는 안 된다. 또한 테스트 시나리오의 전체 컨텍스트를 유지해야 하며, 진행 상황을 이해하려고 테스트 클래스의 다른 부분을 검사해서는 안 된다.

통합 테스트를 짧게 하기에 가장 좋은 방법은 비즈니스와 관련이 없는 기술적인 부분을 비공개 메서드나 헬퍼 클래스로 추출하는 것이다. 더구나 그 부분은 재사용할 수 있다. 이 절에서는 테스트의 세 가지 구절(준비, 동작, 검증)을 어떻게 줄여야 하는지 알아본다.

10.4.1 준비 구절에서 코드 재사용하기

다음 예제는 각 구절에 대해 별도의 데이터베이스 컨텍스트(작업 단위)를 두고 나서의 통합 테스트다.

```
[Fact]
public void Changing_email_from_corporate_to_non_corporate()
{
    // 준비
    User user;
    using (var context = new CrmContext(ConnectionString))
    {
        var userRepository = new UserRepository(context);
        var companyRepository = new CompanyRepository(context);
        user = new User(0, "user@mycorp.com",
            UserType.Employee, false);
        userRepository.SaveUser(user);
        var company = new Company("mycorp.com", 1);
        companyRepository.SaveCompany(company);

        context.SaveChanges();
    }

    var busSpy = new BusSpy();
    var messageBus = new MessageBus(busSpy);
    var loggerMock = new Mock<IDomainLogger>();

    string result;
    using (var context = new CrmContext(ConnectionString))
    {
        var sut = new UserController(
            context, messageBus, loggerMock.Object);

        // 실행
        result = sut.ChangeEmail(user.UserId, "new@gmail.com");
    }

    // 검증
    Assert.Equal("OK", result);

    using (var context = new CrmContext(ConnectionString))
    {
        var userRepository = new UserRepository(context);
```

```
        var companyRepository = new CompanyRepository(context);

        User userFromDb = userRepository.GetUserById(user.UserId);
        Assert.Equal("new@gmail.com", userFromDb.Email);
        Assert.Equal(UserType.Customer, userFromDb.Type);

        Company companyFromDb = companyRepository.GetCompany();
        Assert.Equal(0, companyFromDb.NumberOfEmployees);

        busSpy.ShouldSendNumberOfMessages(1)
            .WithEmailChangedMessage(user.UserId, "new@gmail.com");
        loggerMock.Verify(
            x => x.UserTypeHasChanged(
                user.UserId, UserType.Employee, UserType.Customer),
            Times.Once);
    }
}
```

3장에서 살펴봤듯이, 테스트 준비 구절 간에 코드를 재사용하기에 가장 좋은 방법은 비공개 팩토리 메서드를 도입하는 것이다. 예를 들면 다음 예제처럼 사용자를 생성하는 것이다.

```
private User CreateUser(
    string email, UserType type, bool isEmailConfirmed)
{
    using (var context = new CrmContext(ConnectionString))
    {
        var user = new User(0, email, type, isEmailConfirmed);
        var repository = new UserRepository(context);
        repository.SaveUser(user);

        context.SaveChanges();

        return user;
    }
}
```

다음과 같이 메서드 인수에 대한 기본값을 정의할 수도 있다.

예제 10.9 팩토리 메서드에 기본값 추가

```
private User CreateUser(
    string email = "user@mycorp.com",
    UserType type = UserType.Employee,
    bool isEmailConfirmed = false)
{
    /* ... */
}
```

기본값을 사용하면 인수를 선택적으로 지정할 수 있으므로 테스트를 단축할 수 있다. 선택적 인수를 사용하면 어떤 인수가 테스트 시나리오와 관련이 있는지도 강조할 수 있다.

예제 10.10 팩토리 메서드 사용

```
User user = CreateUser(
    email: "user@mycorp.com",
    type: UserType.Employee);
```

오브젝트 마더와 테스트 데이터 빌더

예제 10.9와 예제 10.10에 나타난 패턴을 오브젝트 마더(Object Mother)라고 한다. 오브젝트 마더는 테스트 픽스처(테스트 실행 대상)를 만드는 데 도움이 되는 클래스 또는 메서드다.

준비 구절에서 코드를 재사용하는 목표를 달성하는 데 도움이 되는 패턴으로 테스트 데이터 빌더(Test Data Builder)도 있다. 이는 오브젝트 마더와 유사하게 작동하지만 일반 메서드 대신 플루언트 인터페이스를 제공한다. 테스트 데이터 빌더의 사용 예는 다음과 같다.

```
User user = new UserBuilder()
    .WithEmail("user@mycorp.com")
    .WithType(UserType.Employee)
    .Build();
```

테스트 데이터 빌더는 테스트 가독성을 약간 향상시키지만 상용구가 너무 많이 필요하다. 이러한 이유로 (적어도 C#에서는 언어 특성으로 선택적 인수가 있으므로) 계속 오브젝트 마더를 쓰는 것이 좋다.

팩토리 메서드를 배치할 위치

테스트에서 중요한 부분만 남기고자 기술적인 부분을 팩토리 메서드로 옮길 때는 이 메서드를 어디에 둬야 하는지를 묻는 질문에 직면하게 된다. 테스트와 같은 클래스에 있어야 할까? 기초 클래스인 IntegrationTests에 둘까? 아니면 별도의 헬퍼 클래스에 둘까?

단순하게 시작하라. 기본적으로 팩토리 메서드를 동일한 클래스에 배치하라. 코드 복제가 중요한 문제가 될 경우에만 별도의 헬퍼 클래스로 이동하라. 기초 클래스에 팩토리 메서드를 넣지 말라. 기초 클래스는 데이터 정리와 같이 모든 테스트에서 실행해야 하는 코드를 위한 클래스로 남겨둬야 한다.

10.4.2 실행 구절에서 코드 재사용하기

모든 통합 테스트의 실행 구절에서 데이터베이스 트랜잭션이나 작업 단위를 만든다. 예제 10.7에서의 실행 구절은 다음과 같다.

```
string result;
using (var context = new CrmContext(ConnectionString))
{
    var sut = new UserController(
        context, messageBus, loggerMock.Object);

    // 실행
    result = sut.ChangeEmail(user.UserId, "new@gmail.com");
}
```

실행 구절도 줄일 수 있다. 어떤 컨트롤러 기능을 호출해야 하는지에 대한 정보가 있는 대리자^{delegate}를 받는 메서드를 도입할 수 있다. 그러면 다음 예제와 같이 메서드가 데이터베이스 컨텍스트를 생성해서 컨트롤러 호출을 감싼다.

예제 10.11 데코레이터 메서드

```
private string Execute(
    Func<UserController, string> func,     ◀── 컨트롤러 기능을 정의한 대리자
    MessageBus messageBus,
```

```
        IDomainLogger logger)
    {
        using (var context = new CrmContext(ConnectionString))
        {
            var controller = new UserController(
                context, messageBus, logger);
            return func(controller);
        }
    }
}
```

데코레이터^{decorator} 메서드를 사용하면 테스트의 실행 구절은 몇 줄만으로 충분하다.

```
string result = Execute(
    x => x.ChangeEmail(user.UserId, "new@gmail.com"),
    messageBus, loggerMock.Object);
```

10.4.3 검증 구절에서 코드 재사용하기

마지막으로 검증 구절도 줄일 수 있다. 가장 쉬운 방법은 다음 예제와 같이 CreateUser나 CreateCompany와 유사한 헬퍼 메서드를 두는 것이다.

예제 10.12 조회 로직 추출 후 데이터 검증

```
User userFromDb = QueryUser(user.UserId);          ◄──────┐
Assert.Equal("new@gmail.com", userFromDb.Email);         │
Assert.Equal(UserType.Customer, userFromDb.Type);    ├─ 새 헬퍼 메서드

Company companyFromDb = QueryCompany();            ◄──────┘
Assert.Equal(0, companyFromDb.NumberOfEmployees);
```

한 발짝 더 나아가, 9장에서 본 BusSpy와 같이 데이터 검증을 위한 플루언트 인터페이스를 만들 수 있다. 다음 예제와 같이 C#에서는 기존 도메인 클래스 위에 플루언트 인터페이스를 확장 메서드로 구현할 수 있다.

```
public static class UserExtensions
{
    public static User ShouldExist(this User user)
    {
        Assert.NotNull(user);
        return user;
    }

    public static User WithEmail(this User user, string email)
    {
        Assert.Equal(email, user.Email);
        return user;
    }
}
```

플루언트 인터페이스를 사용하면 검증문을 읽기가 훨씬 쉬워진다.

```
User userFromDb = QueryUser(user.UserId);
userFromDb
    .ShouldExist()
    .WithEmail("new@gmail.com")
    .WithType(UserType.Customer);

Company companyFromDb = QueryCompany();
companyFromDb
    .ShouldExist()
    .WithNumberOfEmployees(0);
```

10.4.4 테스트가 데이터베이스 트랜잭션을 너무 많이 생성하는가?

이전에 설명한 대로 통합 테스트를 간결하게 하면 더 읽기 쉽고 유지 보수가 용이하다. 그러나 한 가지 단점이 있는데, 이전에는 데이터베이스 트랜잭션을 세 개만 사용한 데 반해 이 테스트는 다음 예제에 나와 있는 것처럼 총 다섯 개의 데이터베이스 트랜잭션(작업 단위)을 사용한다는 것이다.

```csharp
public class UserControllerTests : IntegrationTests
{
    [Fact]
    public void Changing_email_from_corporate_to_non_corporate()
    {
        // 준비
        User user = CreateUser(
            email: "user@mycorp.com",
            type: UserType.Employee);
        CreateCompany("mycorp.com", 1);

        var busSpy = new BusSpy();
        var messageBus = new MessageBus(busSpy);
        var loggerMock = new Mock<IDomainLogger>();

        // 실행
        string result = Execute(
            x => x.ChangeEmail(user.UserId, "new@gmail.com"),
            messageBus, loggerMock.Object);

        // 검증
        Assert.Equal("OK", result);

        User userFromDb = QueryUser(user.UserId);
        userFromDb
            .ShouldExist()
            .WithEmail("new@gmail.com")
            .WithType(UserType.Customer);

        Company companyFromDb = QueryCompany();
        companyFromDb
            .ShouldExist()
            .WithNumberOfEmployees(0);

        busSpy.ShouldSendNumberOfMessages(1)
            .WithEmailChangedMessage(user.UserId, "new@gmail.com");
        loggerMock.Verify(
            x => x.UserTypeHasChanged(
```

배후에서 새로운
데이터베이스 컨텍스트를
인스턴스화함

```
                user.UserId, UserType.Employee, UserType.Customer),
            Times.Once);
    }
}
```

데이터베이스 트랜잭션 수가 증가하는 것이 문제가 되는가? 그렇다면 어떻게 해야 하는가? 데이터베이스 컨텍스트를 추가하면 테스트가 느려지기 때문에 어느 정도 문제가 되기는 하지만, 할 수 있는 것은 많지 않다. 이는 가치 있는 테스트에서 여러 측면을 절충하는 또 다른 예로, 여기서는 빠른 피드백과 유지 보수성 간의 절충을 의미한다. 이러한 경우에는 유지 보수성을 위해 성능을 양보함으로써 절충하는 것이 좋다. 그리고 성능 저하가 그다지 크지 않아야 한다. 특히 데이터베이스가 개발자 머신에 있는 경우 그렇다. 또한 유지 보수성 측면에서도 상당한 이점이 있다.

10.5 데이터베이스 테스트에 대한 일반적인 질문

이 장의 마지막 절에서는 데이터베이스 테스트에 관한 일반적인 질문에 답하고, 8장과 9장에서 다룬 몇 가지 중요 사항을 간단히 되짚어본다.

10.5.1 읽기 테스트를 해야 하는가?

앞서 여러 장에 걸쳐 사용자 이메일을 변경하는 샘플 시나리오를 다뤘다. 이 시나리오는 쓰기 작업(데이터베이스와 기타 프로세스 외부 의존성에 사이드 이펙트를 남기는 작업)의 예다. 대부분의 애플리케이션에는 쓰기와 읽기 작업이 모두 있다. 읽기 작업의 예는 사용자 정보를 외부 클라이언트로 반환하는 것이다. 쓰기와 읽기를 모두 테스트해야 하는가?

쓰기를 철저히 테스트하는 것이 매우 중요하다. 왜냐하면 위험성이 높기 때문이다. 쓰기 작업이 잘못되면 데이터가 손상돼 데이터베이스뿐만 아니라 외부 애플리케이션에도 영향을 미칠 수 있다. 쓰기를 다루는 테스트는 이러한 실수에 대비한 보호책이 되므로 매우 가치가 있다.

그러나 읽기는 이에 해당하지 않는다. 읽기 작업의 버그에는 보통 해로운 문제가 없다.

따라서 읽기 테스트 임계치는 쓰기 테스트 임계치보다 높아야 한다. 가장 복잡하거나 중요한 읽기 작업만 테스트하고, 나머지는 무시하라.

또한 읽기에는 도메인 모델도 필요하지 않다. 도메인 모델링의 주요 목표 중 하나는 캡슐화다. 그리고 5장과 6장에서 살펴봤듯이, 캡슐화는 변경 사항에 비춰 데이터 일관성을 유지하는 것이다. 데이터 변경이 없으면 읽기 캡슐화는 의미가 없다. 실제로 NHibernate 또는 엔티티 프레임워크와 같이 필요한 자격을 다 갖춘 ORM은 필요하지 않다. 불필요한 추상화 계층을 피해서 성능 면에서 ORM보다 우수한 일반 SQL을 사용하는 것이 좋다(그림 10.7).

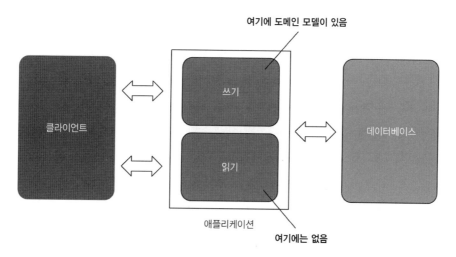

▲ **그림 10.7** 읽기에는 도메인 모델이 필요 없다. 또한 읽기 오류의 비용이 쓰기의 경우보다 낮기 때문에 통합 테스트도 크게 필요하지 않다.

읽기에는 추상화 계층이 거의 없기 때문에(도메인 모델은 이러한 계층 중 하나임) 단위 테스트가 아무 소용이 없다. 읽기를 테스트하기로 결정한 경우에는 실제 데이터베이스에서 통합 테스트를 하라.

10.5.2 리포지터리 테스트를 해야 하는가?

리포지터리는 데이터베이스 위에 유용한 추상화를 제공한다. 다음은 샘플 CRM 프로젝트에서 나온 사용 예다.

```
User user = _userRepository.GetUserById(userId);
_userRepository.SaveUser(user);
```

리포지터리를 다른 통합 테스트와는 독립적으로 테스트해야 하는가? 리포지터리가 도메인 객체를 어떻게 데이터베이스에 매핑하는지를 테스트하는 것이 유익할지 모른다. 결국이 기능에는 실수가 상당히 있을 여지가 있다. 그러나 이러한 테스트는 유지비가 높고 회귀방지가 떨어져서 테스트 스위트에 손실이 된다. 이 두 가지 단점을 자세히 설명한다.

높은 유지비

리포지터리는 7장의 코드 유형 다이어그램에서 컨트롤러 사분면에 포함되며(그림 10.8), 복잡도가 거의 없고 프로세스 외부 의존성인 데이터베이스와 통신한다. 프로세스 외부 의존성이 있으면 테스트의 유지비가 증가한다.

유지비와 관련해 리포지터리 테스트와 일반 통합 테스트는 그 부담 정도가 비슷하다. 그러나 이러한 테스트가 그 대가로 유익한 것도 비슷한가? 안타깝게도 그렇지는 않다.

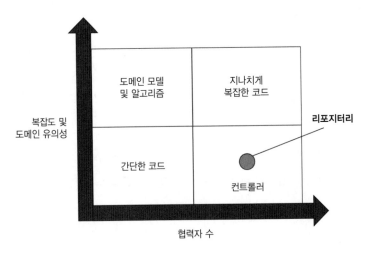

▲ **그림 10.8** 리포지터리는 복잡도가 거의 없고 프로세스 외부 의존성과 통신하므로 코드 유형 다이어그램의 컨트롤러 사분면에 속한다.

낮은 회귀 방지

리포지터리는 그렇게 복잡하지 않으며 회귀 방지에서 일반적인 통합 테스트가 주는 이점과 겹친다. 따라서 리포지터리에 대한 테스트는 가치를 충분히 더 주지 못한다.

리포지터리를 테스트하기에 가장 좋은 방법은 리포지터리가 갖고 있는 약간의 복잡도를 별도의 알고리즘으로 추출하고 해당 알고리즘 전용 테스트를 작성하는 것이다. 바로 이전 장에서 설명한 `UserFactory`와 `CompanyFactory`가 여기에 해당한다. 이 두 클래스는 협력자나 프로세스 외부 의존성 등의 다른 의존성을 두지 않고 모든 매핑을 수행했다. 리포지터리(Database 클래스)에는 간단한 SQL 쿼리만 있다.

안타깝게도 ORM을 사용할 때 데이터 매핑(전에는 팩토리가 수행함)과 데이터베이스 상호작용(전에는 Database가 수행함) 간의 분리는 불가능하다. 적어도 리팩터링 내성이 저하되지 않고서는 데이터베이스 호출 없이 ORM 매핑을 테스트할 수 없다. 따라서 다음 지침을 준수하라. 리포지터리는 직접 테스트하지 말고, 포괄적인 통합 테스트 스위트의 일부로 취급하라.

`EventDispatcher`도 별도로 테스트하지 말라(이 클래스는 도메인 이벤트를 비관리 의존성 호출로 변환함). 목 체계가 복잡해서 유지비가 너무 많이 들지만, 회귀 방지의 이점은 너무 적다.

10.6 결론

데이터베이스 테스트를 잘 만들면 버그로부터 훌륭히 보호할 수 있다. 경험상 아주 효과적인 도구인데, 이러한 도구 없이는 해당 소프트웨어를 완전히 신뢰할 수 없다. 이러한 테스트는 데이터베이스를 리팩터링하거나 ORM을 전환하거나 데이터베이스 공급업체를 변경할 때 큰 도움이 된다.

실제로 이 장 초반에서는 샘플 프로젝트를 엔티티 프레임워크 ORM으로 전환했고, 통합 테스트에서 코드 몇 줄만 수정해 잘 바꿀 수 있었다. 관리 의존성에 직접 작동하는 통합테스트는 대규모 리팩터링에서 발생하는 버그로부터 보호하기에 가장 효율적인 방법이다.

요약

- 데이터베이스 스키마를 소스 코드와 같이 형상 관리 시스템에 저장하라. 테이블, 뷰, 인덱스, 저장 프로시저와 데이터베이스 구성 방식에 대한 청사진이 되는 기타 모든 항목 등이 데이터베이스 스키마에 해당한다.

- 참조 데이터도 데이터베이스 스키마에 해당한다. 이는 애플리케이션이 제대로 작동하도록 미리 채워져야 하는 데이터다. 참조 데이터와 일반 데이터를 구별하려면 애플리케이션에서 해당 데이터를 수정할 수 있는지 확인하면 된다. 수정할 수 있으면 일반 데이터이고, 그렇지 않으면 참조 데이터다.

- 개발자마다 데이터베이스 인스턴스를 별도로 두게 하라. 더 좋은 방법은 개발자 장비에 인스턴스를 호스팅하는 것인데, 이렇게 하면 테스트 실행 속도를 극대화할 수 있다.

- 상태 기반 데이터베이스 배포 방식은 상태를 명시적으로 만들고 비교 도구가 마이그레이션을 암묵적으로 제어할 수 있도록 한다. 마이그레이션 기반 방식은 데이터베이스를 특정 상태에서 다른 상태로 전환하게끔 명시적 마이그레이션을 사용하도록 한다. 데이터베이스 상태가 명확하면 병합 충돌을 좀 더 쉽게 처리할 수 있는 데 반해, 명시적 마이그레이션은 데이터 모션 문제를 해결하는 데 도움이 된다.

- 상태 기반 방식보다는 마이그레이션 기반 방식을 선호한다. 왜냐하면 데이터 모션 처리가 병합 충돌보다 훨씬 중요하기 때문이다. 마이그레이션을 통해 모든 수정 사항을 데이터베이스 스키마(참조 데이터 포함)에 적용하라.

- 비즈니스 연산은 데이터를 원자적으로 업데이트해야 한다. 원자성을 얻으려면 데이터베이스 트랜잭션 매커니즘에 의존하라.

- 가능하면 작업 단위 패턴을 사용하라. 작업 단위는 데이터베이스 트랜잭션에 의존하며, 비즈니스 연산 종료 시점까지 업데이트를 모두 지연시켜서 성능을 향상시킨다.

- 테스트 구절마다 데이터베이스 트랜잭션이나 작업 단위를 재사용하지 말라. 준비, 실행, 검증 구절에 각각 고유의 트랜잭션이나 작업 단위가 있어야 한다.

- 통합 테스트는 순차적으로 실행하라. 병렬 실행에는 상당한 노력이 필요하며, 보통

그럴 가치가 없다.

- 테스트 시작 시점에 남은 데이터를 정리하라. 이 방식은 빠르고 일관성 없는 동작을 일으키지 않으며, 정리 단계를 실수로 건너뛰지 않는다. 이렇게 하면 별도의 종료 단계도 둘 필요가 없다.

- SQLite와 같은 인메모리 데이터베이스는 사용하지 말라. 다른 업체의 데이터베이스로 테스트를 실행하면 보호 수준이 떨어진다. 테스트에서도 운영 환경과 같이 동일한 DBMS를 사용하라.

- 필수가 아닌 부분을 비공개 메서드 또는 헬퍼 클래스로 추출해 테스트를 단축하라.
  - 준비 구절에서는 테스트 데이터 빌더 대신 오브젝트 마더를 선택하라.
  - 실행 구절에서는 데코레이터 메서드를 작성하라.
  - 검증 구절에서는 플루언트 인터페이스를 도입하라.

- 읽기 테스트 임계치는 쓰기 테스트 임계치보다 높아야 한다. 가장 복잡하거나 중요한 읽기 작업만 테스트하라. 나머지는 무시하라.

- 리포지터리는 직접 테스트하지 말고 포괄적인 통합 테스트 스위트로 취급하라. 리포지터리 테스트는 회귀 방지에 대한 이득이 너무 적은 데 반해 유지비가 너무 높다.

Part 4

단위 테스트 안티 패턴

이 책의 마지막 부에서는 일반적인 단위 테스트 안티 패턴을 다룬다. 그중 몇몇은 전에 본 적이 있을 것이다. 4장에서 정의한 좋은 단위 테스트의 4대 요소로 이 주제를 살펴보면 재미있다. 단위 테스트 개념이나 패턴을 4대 요소로 분석할 수 있으며, 안티 패턴도 예외는 아니다.

11

단위 테스트 안티 패턴

11장에서 다루는 내용

- 비공개 메서드 단위 테스트
- 단위 테스트를 하기 위한 비공개 메서드 노출
- 테스트로 유출된 도메인 지식
- 구체 클래스 목 처리

이번 장에서는 이 책의 앞부분과 맞지 않고 따로 보는 편이 좋을 정도로 덜 관련된 주제(주로 안티 패턴)를 모았다. 안티 패턴은 겉으로 적절한 것처럼 보이지만 장래에 더 큰 문제로 이어지는 반복적인 문제에 대한 일반적인 해결책이다.

테스트에서 시간을 어떻게 다루는지 알아보고, 비공개 메서드 단위 테스트, 코드 오염, 구체 클래스 목 처리 등과 같은 안티 패턴을 설명하며 이를 피하는 방법도 살펴본다. 이 주제는 대부분 2부에서 설명한 기본 원칙을 따른다. 아직 더 자세히 설명할 필요가 있다. 이전에 이러한 안티 패턴을 조금이라도 들어봤겠지만, 이 장을 통해 확실히 알게 될 것이다. 이를테면, 그 기초가 어떤지 알 수 있을 것이다.

11.1 비공개 메서드 단위 테스트

단위 테스트와 관련해 자주 받는 질문 중 하나는 '비공개 메서드를 어떻게 테스트하는가?'이다. 짧게 대답하면 '전혀 하지 말아야 한다.'이지만, 이 주제는 약간의 뉘앙스를 담고 있다.

11.1.1 비공개 메서드와 테스트 취약성

단위 테스트를 하려고 비공개 메서드를 노출하는 경우에는 5장에서 다룬 기본 원칙 중 하나인 식별할 수 있는 동작만 테스트하는 것을 위반한다. 비공개 메서드를 노출하면 테스트가 구현 세부 사항과 결합되고 결과적으로 리팩터링 내성이 떨어진다. (4대 요소를 여기서 잠시 되짚어보면 회귀 방지, 리팩터링 내성, 빠른 피드백, 유지 보수성이 있다.) 비공개 메서드를 직접 테스트하는 대신, 포괄적인 식별할 수 있는 동작으로서 간접적으로 테스트하는 것이 좋다.

11.1.2 비공개 메서드와 불필요한 커버리지

때로는 비공개 메서드가 너무 복잡해서 식별할 수 있는 동작으로 테스트하기에 충분히 커버리지를 얻을 수 없는 경우가 있다. 식별할 수 있는 동작에 이미 합리적인 테스트 커버리지가 있다고 가정하면 다음 두 가지 문제가 발생할 수 있다.

- 죽은 코드다. 테스트에서 벗어난 코드가 어디에도 사용되지 않는다면 리팩터링 후에도 남아서 관계없는 코드일 수 있다. 이러한 코드는 삭제하는 것이 좋다.
- 추상화가 누락돼 있다. 비공개 메서드가 너무 복잡하면(그래서 클래스의 공개 API를 통해 테스트하기 어렵다면) 별도의 클래스로 도출해야 하는 추상화가 누락됐다는 징후다.

두 번째 문제는 예를 들어 살펴보자.

예제 11.1 복잡한 비공개 메서드가 있는 클래스

```
public class Order
{
    private Customer _customer;
    private List<Product> _products;
```

```
    public string GenerateDescription()
    {
        return $"Customer name: {_customer.Name}, " +
            $"total number of products: {_products.Count}, " +
            $"total price: {GetPrice()}";      ◄── 복잡한 비공개 메서드를
    }                                              간단한 공개 메서드에서
                                                   사용하고 있음

    private decimal GetPrice()      ◄── 복잡한 비공개 메서드
    {
        decimal basePrice = /* _products에 기반한 계산 */;
        decimal discounts = /* _customer에 기반한 계산 */;
        decimal taxes = /* _products에 기반한 계산 */;
        return basePrice - discounts + taxes;
    }
}
```

GenerateDescription() 메서드는 매우 간단하며, 주문에 대한 일반적인 설명을 반환한다. 그러나 훨씬 더 복잡한 GetPrice() 비공개 메서드를 사용한다. 중요한 비즈니스 로직이 있기 때문에 테스트를 철저히 해야 한다. 이 로직은 추상화가 누락됐다. GetPrice 메서드를 노출하기보다는 다음 예제와 같이 추상화를 별도의 클래스로 도출해서 명시적으로 작성하는 것이 좋다.

예제 11.2 복잡한 비공개 메서드 추출

```
public class Order
{
    private Customer _customer;
    private List<Product> _products;

    public string GenerateDescription()
    {
        var calc = new PriceCalculator();

        return $"Customer name: {_customer.Name}, " +
            $"total number of products: {_products.Count}, " +
            $"total price: {calc.Calculate(_customer, _products)}";
    }
}
```

```
public class PriceCalculator
{
    public decimal Calculate(Customer customer, List<Product> products)
    {
        decimal basePrice = /* _products에 기반한 계산 */;
        decimal discounts = /* _customer에 기반한 계산 */;
        decimal taxes = /* _products에 기반한 계산 */;
        return basePrice - discounts + taxes;
    }
}
```

이제 Order와 별개로 PriceCalculator를 테스트할 수 있다. PriceCalculator에는 숨은 입출력이 없으므로 출력 기반 (함수형) 스타일의 단위 테스트를 사용할 수도 있다. 단위 테스트 스타일에 대한 자세한 내용은 6장을 참조하라.

11.1.3 비공개 메서드 테스트가 타당한 경우

비공개 메서드를 절대 테스트하지 말라는 규칙에도 예외가 있다. 예외를 이해하려면 5장에서 다룬 코드의 공개 여부와 목적 간의 관계를 다시 살펴봐야 한다. 표 11.1은 그 관계를 요약한 것이다(이미 5장에서 살펴봤고 편의상 복사함).

▼ 표 11.1 코드의 공개 여부와 목적의 관계

	식별할 수 있는 동작	구현 세부 사항
공개	좋음	나쁨
비공개	해당 없음	좋음

5장에서 살펴봤듯이, 식별할 수 있는 동작을 공개로 하고 구현 세부 사항을 비공개로 하면 API가 잘 설계됐다고 할 수 있다. 반면에 구현 세부 사항이 유출되면 코드 캡슐화를 해친다. 표에서 식별할 수 있는 동작과 비공개 메서드가 만나는 부분은 '해당 없음'으로 돼 있다. 메서드가 식별할 수 있는 동작이 되려면 클라이언트 코드에서 사용돼야 하므로 해당 메서드가 비공개인 경우에는 불가능하다.

비공개 메서드를 테스트하는 것 자체는 나쁘지 않다. 비공개 메서드가 구현 세부 사항의 프록시에 해당하므로 나쁜 것이다. 구현 세부 사항을 테스트하면 궁극적으로 테스트가 깨지기 쉽다. 그렇기는 해도 메서드가 비공개이면서 식별할 수 있는 동작인 경우는 드물다. (따라서 표 11.1의 '해당 없음' 표시가 완전히 맞지는 않다.)

신용 조회를 관리하는 시스템을 예로 들어보자. 하루에 한 번 데이터베이스에 직접 대량으로 새로운 조회를 로드한다. 관리자는 그 조회를 하나씩 검토하고 승인 여부를 결정한다. 이 시스템에서 Inquiry 클래스는 다음과 같다.

예제 11.3 비공개 생성자가 있는 클래스

```
public class Inquiry
{
    public bool IsApproved { get; private set; }
    public DateTime? TimeApproved { get; private set; }

    private Inquiry(
        bool isApproved, DateTime? timeApproved)        비공개 생성자
    {
        if (isApproved && !timeApproved.HasValue)
            throw new Exception();

        IsApproved = isApproved;
        TimeApproved = timeApproved;
    }

    public void Approve(DateTime now)
    {
        if (IsApproved)
            return;

        IsApproved = true;
        TimeApproved = now;
    }
}
```

ORM(객체 관계 매핑) 라이브러리에 의해 데이터베이스에서 클래스가 복원되기 때문에

비공개 생성자는 비공개다. ORM은 공개 생성자가 필요하지 않으며, 비공개 생성자로 잘 작동할 수 있다. 그리고 시스템이 이러한 조회를 만들어낼 책임도 없기 때문에 생성자가 필요하지 않다.

객체를 인스턴스화할 수 없다는 점을 고려해 Inquiry 클래스를 어떻게 테스트할까? 한편 승인 로직은 분명히 중요하므로 단위 테스트를 거쳐야 한다. 그러나 다른 한편으로 생성자를 공개하는 것은 비공개 메서드를 노출하지 않는 규칙을 위반하게 된다.

Inquiry 생성자는 비공개이면서 식별할 수 있는 동작인 메서드의 예다. 이 생성자는 ORM과의 계약을 지키며, 생성자가 비공개라고 해서 계약이 덜 중요하지 않다. ORM은 생성자 없이 데이터베이스에서 조회를 복원할 수 없기 때문이다.

따라서 이러한 경우에 Inquiry 생성자를 공개한다고 해서 테스트가 쉽게 깨지지는 않는다. 실제로 클래스 API가 잘 설계된 API에 가까워지는 것임은 분명하다. 생성자가 캡슐화를 지키는 데 필요한 전제 조건이 모두 포함돼 있는지 확인하라. 예제 11.3에서의 전제 조건은 승인된 모든 조회에 승인 시간이 있도록 요구하는 것이다.

또한 클래스의 공개 API 노출 영역을 가능한 한 작게 하려면 테스트에서 리플렉션 reflection을 통해 Inquiry를 인스턴스화할 수 있다. 해킹처럼 보이지만, ORM을 따르고 있으며 배후에서 리플렉션을 사용하기도 한다.

11.2 비공개 상태 노출

또 다른 일반적인 안티 패턴으로 단위 테스트 목적으로만 비공개 상태를 노출하는 것이 있다. 이 지침은 비공개로 지켜야 하는 상태를 노출하지 말고 식별할 수 있는 동작만 테스트하라는 비공개 메서드 지침과 같다. 다음 예제를 살펴보자.

예제 11.4 비공개 상태가 있는 클래스

```
public class Customer
{
    private CustomerStatus _status =        │  비공개 상태
        CustomerStatus.Regular;
```

```
    public void Promote()
    {
        _status = CustomerStatus.Preferred;
    }

    public decimal GetDiscount()
    {
        return _status == CustomerStatus.Preferred ? 0.05m : 0m;
    }
}

public enum CustomerStatus
{
    Regular,
    Preferred
}
```

이 예제에서 Customer 클래스를 볼 수 있다. 고객은 각각 Regular 상태로 생성된 후에 Preferred로 업그레이드할 수 있으며, 업그레이드하면 모든 항목에 대해 5% 할인을 받는다.

Promote() 메서드를 어떻게 테스트하겠는가? 이 메서드의 사이드 이펙트는 _status 필드의 변경이지만, 필드는 비공개이므로 테스트할 수 없다. 솔깃한 해결책은 이 필드를 공개하는 것이다. 결국 Promote() 호출의 궁극적인 목표는 상태 변경이 아니겠는가?

그러나 이는 안티 패턴일 것이다. 테스트는 제품 코드와 정확히 같은 방식으로 테스트 대상 시스템(SUT)과 상호 작용해야 하며, 특별한 권한이 따로 있어서는 안 된다. 예제 11.4에서 _status 필드는 제품 코드에 숨어있으므로 SUT의 식별할 수 있는 동작이 아니다. 해당 필드를 공개하면 테스트가 구현 세부 사항에 결합된다. 그렇다면 Promote()를 어떻게 테스트할까?

그 방법은 제품 코드가 이 클래스를 어떻게 사용하는지를 대신 살펴보는 것이다. 이 예제에서 제품 코드는 고객의 상태를 신경 쓰지 않는다. 그렇지 않으면 해당 필드를 공개해야 한다. 제품 코드가 관심을 갖는 정보는 승격 후 고객이 받는 할인뿐이다. 이것이 테스트에서 확인해야 할 사항이다. 그리고 다음 사항을 확인해야 한다.

- 새로 생성된 고객은 할인이 없음
- 업그레이드 시 5% 할인율 적용

나중에 제품 코드가 고객 상태 필드를 사용하기 시작하면 공식적으로 SUT의 식별할 수 있는 동작이 되기 때문에 테스트에서 해당 필드를 결합할 수도 있다.

> |참고| 테스트 유의성을 위해 공개 API 노출 영역을 넓히는 것은 좋지 않은 관습이다.

11.3 테스트로 유출된 도메인 지식

도메인 지식을 테스트로 유출하는 것은 또 하나의 흔한 안티 패턴이며, 보통 복잡한 알고리즘을 다루는 테스트에서 일어난다. 다음과 같이 (분명 그리 복잡하지 않은) 계산 알고리즘을 예로 들어보자.

```
public static class Calculator
{
    public static int Add(int value1, int value2)
    {
        return value1 + value2;
    }
}
```

다음 예제는 잘못된 테스트 방법을 보여준다.

예제 11.5 알고리즘 구현 유출

```
public class CalculatorTests
{
    [Fact]
    public void Adding_two_numbers()
    {
        int value1 = 1;
```

```
        int value2 = 3;
        int expected = value1 + value2;    ◄── 유출

        int actual = Calculator.Add(value1, value2);

        Assert.Equal(expected, actual);
    }
}
```

추가 비용 없이 몇 가지 테스트 사례를 추가로 처리하도록 테스트를 매개변수화할 수도 있다.

예제 11.6 같은 테스트의 매개변수화 버전

```
public class CalculatorTests
{
    [Theory]
    [InlineData(1, 3)]
    [InlineData(11, 33)]
    [InlineData(100, 500)]
    public void Adding_two_numbers(int value1, int value2)
    {
        int expected = value1 + value2;    ◄── 유출

        int actual = Calculator.Add(value1, value2);

        Assert.Equal(expected, actual);
    }
}
```

예제 11.5와 11.6은 처음에는 괜찮아 보이지만, 사실은 안티 패턴의 예다. 이러한 테스트는 제품 코드에서 알고리즘 구현을 복사했다. 물론 큰 문제는 아닌 것처럼 보인다. 결국한 줄짜리다. 그러나 이는 예제가 꽤 단순하기 때문일 뿐이다. 복잡한 알고리즘을 다루는 테스트를 본 적이 있는데, 준비 부분에 해당 알고리즘을 다시 구현하는 것 외에는 아무것도 하지 않았다. 단순히 제품 코드에서 복사—붙여넣기를 했을 뿐이었다.

이러한 테스트는 구현 세부 사항과 결합되는 또 다른 예다. 리팩터링 내성 지표에서 거의 0점을 받게 되고 결국 가치가 없다. 이러한 테스트는 타당한 실패와 거짓 양성을 구별할 가능성이 없다. 알고리즘 변경으로 인해 테스트가 실패하면 개발 팀은 원인을 파악하려고 노력하지 않으며 해당 알고리즘의 새 버전을 테스트에 복사할 가능성이 높다. (애초에 단순히 알고리즘을 테스트에 복사했기 때문에 이해할 수 있다.)

그렇다면 어떻게 알고리즘을 올바르게 테스트할 수 있는가? 테스트를 작성할 때 특정 구현을 암시하지 말라. 알고리즘을 복제하는 대신 다음 예제와 같이 결과를 테스트에 하드코딩한다.

예제 11.7 도메인 지식이 없는 테스트

```
public class CalculatorTests
{
    [Theory]
    [InlineData(1, 3, 4)]
    [InlineData(11, 33, 44)]
    [InlineData(100, 500, 600)]
    public void Adding_two_numbers(int value1, int value2, int expected)
    {
        int actual = Calculator.Add(value1, value2);
        Assert.Equal(expected, actual);
    }
}
```

처음에는 직관적이지 않아 보일 수 있지만, 단위 테스트에서는 예상 결과를 하드코딩하는 것이 좋다. 하드코딩된 값의 중요한 부분은 (이상적으로 도메인 전문가의 도움을 받아) SUT가 아닌 다른 것을 사용해 미리 계산하는 것이다. 물론 알고리즘이 충분히 복잡한 경우에만 그렇다. (모든 독자는 숫자 두 개를 더하는 데 있어서 전문가다.) 또는 레거시 애플리케이션을 리팩터링할 경우에는 레거시 코드가 이러한 결과를 생성하도록 한 후 테스트에서 예상 값으로 사용할 수 있다.

11.4 코드 오염

다음 안티 패턴은 코드 오염이다.

> **|정의|** 코드 오염은 테스트에만 필요한 제품 코드를 추가하는 것이다.

코드 오염은 종종 다양한 유형의 스위치 형태를 취한다. 로거를 예로 들어보자.

예제 11.8 불 스위치가 있는 로거

```
public class Logger
{
    private readonly bool _isTestEnvironment;

    public Logger(bool isTestEnvironment)     ◄── 스위치
    {
        _isTestEnvironment = isTestEnvironment;
    }

    public void Log(string text)
    {
        if (_isTestEnvironment)     ◄── 스위치
            return;
        /* text에 대한 로깅 */
    }
}

public class Controller
{
    public void SomeMethod(Logger logger)
    {
        logger.Log("SomeMethod 호출");
    }
}
```

이 예제의 Logger에는 클래스가 운영 환경에서 실행되는지 여부를 나타내는 생성자 매개변수가 있다. 운영 환경에서 실행되면 로거는 메시지를 파일에 기록하고, 그렇지 않으면

아무것도 하지 않는다. 이렇게 불 스위치^{Boolean switch}를 사용하면 다음 예제와 같이 테스트 실행 중에 로거를 비활성화할 수 있다.

예제 11.9 불 스위치를 사용한 테스트

```
[Fact]
public void Some_test()
{
    var logger = new Logger(true);      ◀── 테스트 환경임을 나타내고자
    var sut = new Controller();             매개변수를 true로 설정

    sut.SomeMethod(logger);

    /* 검증 */
}
```

코드 오염의 문제는 테스트 코드와 제품 코드가 혼재돼 유지비가 증가하는 것이다. 이러한 안티 패턴을 방지하려면 테스트 코드를 제품 코드베이스와 분리해야 한다.

Logger의 예제에서는 ILogger 인터페이스를 도입해 두 가지 구현을 생성하라. 하나는 운영을 위한 진짜 구현체이고, 다른 하나는 테스트를 목적으로 한 가짜 구현체다. 그 후 다음 예제와 같이 구체 클래스 대신 인터페이스를 받도록 컨트롤러에서 대상을 다시 지정한다.

예제 11.10 스위치가 없는 버전

```
public interface ILogger
{
    void Log(string text);
}

public class Logger : ILogger
{                                       제품 코드에 속함
    public void Log(string text)
    {
        /* text에 대한 로깅 */
    }
}
```

```
public class FakeLogger : ILogger
{
    public void Log(string text)
    {                                          테스트 코드에 속함
        /* 아무것도 하지 않음 */
    }
}

public class Controller
{
    public void SomeMethod(ILogger logger)
    {
        logger.Log("SomeMethod 호출");
    }
}
```

이렇게 분리하면 더 이상 다른 환경을 설명할 필요가 없으므로 단순하게 할 수 있다. ILogger는 제품 코드베이스에 있지만 테스트에만 필요한 코드 오염의 한 형태일 것이다. 그렇다면 새로운 구현에는 어떤 것이 좋을까?

ILogger와 같은 코드 오염은 덜 손상되고 다루기 쉽다. 처음 Logger를 구현한 것과 달리, 새 버전에서는 운영 목적으로 사용하지 않는 코드 경로를 잘못 호출할 일이 없다. 인터페이스에는 코드가 없기 때문에 버그가 있을 수 없다. 불 스위치와 달리 인터페이스는 잠재적인 버그에 대한 노출 영역을 늘리지 않는다.[1]

11.5 구체 클래스를 목으로 처리하기

지금까지 이 책에서는 인터페이스를 이용해 목을 처리하는 예를 보여줬지만, 다른 방식도 있다. 구체 클래스를 대신 목으로 처리해서 본래 클래스의 기능 일부를 보존할 수 있으며, 이는 때때로 유용할 수 있다. 그러나 이 대안은 단일 책임 원칙을 위배하는 중대한 단점이 있다. 다음 예제를 통해 이해할 수 있다.

---

1   현대 프로그래밍 언어에서는 인터페이스에 구현이 포함될 수 있게 개선되고 있다. 대표적으로 자바 버전 8 이상이면 인터페이스에 디폴트 메서드를 선언할 수 있다. 따라서 인터페이스라고 해도 주의를 기울여야 한다. – 옮긴이

```
public class StatisticsCalculator
{
    public (double totalWeight, double totalCost) Calculate(
        int customerId)
    {
        List<DeliveryRecord> records = GetDeliveries(customerId);
        double totalWeight = records.Sum(x => x.Weight);
        double totalCost = records.Sum(x => x.Cost);

        return (totalWeight, totalCost);
    }

    public List<DeliveryRecord> GetDeliveries(int customerId)
    {
        /* 프로세스 외부 의존성을 호출해 배달 목록 조회 */
    }
}
```

StatisticsCalculator는 특정 고객에게 배달된 모든 배송물의 무게와 비용 같은 고객 통계를 수집하고 계산한다. 이 클래스는 외부 서비스(GetDeliveries 메서드)에서 검색한 배달 목록을 기반으로 계산한다. 다음 예제와 같이 StatisticsCalculator를 사용하는 컨트롤러가 있다고 하자.

```
public class CustomerController
{
    private readonly StatisticsCalculator _calculator;

    public CustomerController(StatisticsCalculator calculator)
    {
        _calculator = calculator;
    }

    public string GetStatistics(int customerId)
    {
        (double totalWeight, double totalCost) = _calculator
```

```
            .Calculate(customerId);

        return
            $"Total weight delivered: {totalWeight}. " +
            $"Total cost: {totalCost}";
    }
}
```

이 컨트롤러를 어떻게 테스트하겠는가? 실제 StatisticsCalculator 인스턴스를 넣을 수는 없다. 이 인스턴스는 비관리 프로세스 외부 의존성을 참조하기 때문이다. 비관리 의존성을 스텁으로 대체해야 한다. 동시에 StatisticsCalculator를 완전히 교체하고 싶지도 않다. 이 클래스는 중요한 계산 기능이 있으므로 그대로 뒤야 한다.

이 딜레마를 극복하는 한 가지 방법은 StatisticsCalculator 클래스를 목으로 처리하고 GetDeliveries() 메서드만 재정의하는 것이다. 이는 다음 예제와 같이 해당 메서드를 가상으로 만들면 가능하다.[2]

예제 11.13 구체 클래스를 목으로 처리하는 테스트

```
[Fact]
public void Customer_with_no_deliveries()
{
    // 준비
    var stub = new Mock<StatisticsCalculator> { CallBase = true };
    stub.Setup(x => x.GetDeliveries(1))          ◀── GetDeliveries()는
        .Returns(new List<DeliveryRecord>());          반드시 가상으로
    var sut = new CustomerController(stub.Object);      돼 있어야 함

    // 실행
    string result = sut.GetStatistics(1);

    // 검증
    Assert.Equal("Total weight delivered: 0. Total cost: 0", result);
}
```

---

2 8장에서 설명했듯이 C#에서 virtual 키워드를 사용해 가상 메서드로 정의하면 파생 클래스에서 해당 메서드를 재정의할 수 있다. - 옮긴이

CallBase = true 설정은 명시적으로 재정의하지 않는 한 목이 기초 클래스의 동작을 유지하도록 한다. 이 방식으로 클래스의 일부만 대체하고 나머지는 그대로 유지할 수 있다. 앞서 언급했듯이 이는 안티 패턴이다.

> |참고| 일부 기능을 지키려고 구체 클래스를 목으로 처리해야 하면, 이는 단일 책임 원칙을 위반하는 결과다.

StatisticsCalculator에는 비관리 의존성과 통신하는 책임과 통계를 계산하는 책임이 서로 관련이 없음에도 결합돼 있다. 예제 11.11을 다시 보라. Calculate() 메서드에는 도메인 로직이 있다. GetDeliveries()는 해당 로직에 대한 입력을 수집한다. StatisticsCalculator를 목으로 처리하는 대신 다음 예제와 같이 이 클래스를 둘로 나눈다.

예제 11.14 StatisticsCalculator를 두 클래스로 나누기

```
public class DeliveryGateway : IDeliveryGateway
{
    public List<DeliveryRecord> GetDeliveries(int customerId)
    {
        /* 프로세스 외부 의존성을 호출해 배달 목록 조회 */
    }
}

public class StatisticsCalculator
{
    public (double totalWeight, double totalCost) Calculate(
        List<DeliveryRecord> records)
    {
        double totalWeight = records.Sum(x => x.Weight);
        double totalCost = records.Sum(x => x.Cost);

        return (totalWeight, totalCost);
    }
}
```

다음 예제는 리팩터링 후의 컨트롤러다.

```csharp
public class CustomerController
{
    private readonly StatisticsCalculator _calculator;
    private readonly IDeliveryGateway _gateway;

    public CustomerController(
        StatisticsCalculator calculator,          두 개의 별도 의존성
        IDeliveryGateway gateway)
    {
        _calculator = calculator;
        _gateway = gateway;
    }

    public string GetStatistics(int customerId)
    {
        var records = _gateway.GetDeliveries(customerId);
        (double totalWeight, double totalCost) = _calculator
            .Calculate(records);

        return
            $"Total weight delivered: {totalWeight}. " +
            $"Total cost: {totalCost}";
    }
}
```

비관리 의존성과 통신하는 책임은 이제 DeliveryGateway로 넘어갔다. 이 게이트웨이 뒤에 인터페이스가 있으므로 구체 클래스 대신 인터페이스를 목에 사용할 수 있다. 예제 11.15의 코드가 험블 객체 디자인 패턴의 실제 예다. 이 패턴에 대한 자세한 내용은 7장을 참조하라.

11.6 시간 처리하기

많은 애플리케이션 기능에서는 현재 날짜와 시간에 대한 접근이 필요하다. 그러나 시간에 따라 달라지는 기능을 테스트하면 거짓 양성이 발생할 수 있다. 실행 단계의 시간이 검증

단계의 시간과 다를 수 있다. 이 의존성을 안정화하는 데는 세 가지 방법이 있다. 그중 하나는 안티 패턴이고, 나머지 두 가지 중에 바람직한 방법이 있다.

11.6.1 앰비언트 컨텍스트로서의 시간

첫 번째 방법은 앰비언트 컨텍스트$^{ambient\ context}$ 패턴을 사용하는 것이다. 8장의 로거 테스트를 다룬 절에서 이 패턴을 이미 살펴본 적이 있다. 시간 컨텍스트에서 앰비언트 컨텍스트는 프레임워크의 내장 DateTime.Now 대신 다음 예제와 같이 코드에서 사용할 수 있는 사용자 정의 클래스에 해당한다.

예제 11.16 앰비언트 컨텍스트로서의 현재 날짜와 시간

```
public static class DateTimeServer
{
    private static Func<DateTime> _func;
    public static DateTime Now => _func();

    public static void Init(Func<DateTime> func)
    {
        _func = func;
    }
}

DateTimeServer.Init(() => DateTime.Now);          ◀─── 운영 환경 초기화 코드
DateTimeServer.Init(() => new DateTime(2020, 1, 1));  ◀─── 단위 테스트 환경 초기화 코드
```

로거 기능과 마찬가지로 시간을 앰비언트 컨텍스트로 사용하는 것도 안티 패턴이다. 앰비언트 컨텍스트는 제품 코드를 오염시키고 테스트를 더 어렵게 한다. 또한 정적 필드는 테스트 간에 공유하는 의존성을 도입해 해당 테스트를 통합 테스트 영역으로 전환한다.

11.6.2 명시적 의존성으로서의 시간

더 나은 방법으로 (앰비언트 컨텍스트에서 정적 메서드를 통해 참조하는 대신) 다음 예제와 같이 서비스 또는 일반 값으로 시간 의존성을 명시적으로 주입하는 것이 있다.

```csharp
public interface IDateTimeServer
{
    DateTime Now { get; }
}

public class DateTimeServer : IDateTimeServer
{
    public DateTime Now => DateTime.Now;
}

public class InquiryController
{
    private readonly IDateTimeServer _dateTimeServer;

    public InquiryController(
        IDateTimeServer dateTimeServer)      ◄─── 시간을 서비스로 주입
    {
        _dateTimeServer = dateTimeServer;
    }

    public void ApproveInquiry(int id)
    {
        Inquiry inquiry = GetById(id);

        inquiry.Approve(_dateTimeServer.Now);   ◄─── 시간을 일반 값으로 주입
        SaveInquiry(inquiry);
    }
}
```

이 두 가지 옵션 중에서 시간을 서비스로 주입하는 것보다는 값으로 주입하는 것이 더 낫다. 제품 코드에서 일반 값으로 작업하는 것이 더 쉽고, 테스트에서 해당 값을 스텁으로 처리하기도 더 쉽다.

아마 시간을 항상 일반 값으로 주입할 수는 없을 것이다. 의존성 주입 프레임워크가 값 객체와 잘 어울리지 않기 때문이다. 비즈니스 연산을 시작할 때는 서비스로 시간을 주입한 다음, 나머지 연산에서 값으로 전달하는 것이 좋다. 예제 11.17에서 이러한 방식을 볼 수

있다. 컨트롤러가 생성자에서 `DateTimeServer`(서비스)를 받지만, 이후에는 `Inquiry` 도메인 클래스에 `DateTime` 값을 전달한다.

11.7 결론

이 장에서는 꽤 유명한 실제 단위 테스트 사용 사례를 살펴봤고, 좋은 테스트의 4대 요소를 사용해 그 사례들을 분석했다. 이 책의 모든 아이디어와 지침을 한 번에 적용하기 시작하는 것은 부담스러울 수 있다. 그리고 상황이 그다지 뚜렷하지 않은 독자도 있을 수 있다. 내 블로그(https://enterprisecraftsmanship.com)에서 다른 사람의 코드 리뷰와 (보통 단위 테스트와 코드 디자인에 관련된) 질문 및 답변을 볼 수 있으며, https://enterprisecraftsmanship.com/about에서 직접 질문할 수도 있다. 또 온라인 과정에 관심이 있다면, 이 책에서 설명한 모든 원칙을 적용해 처음부터 애플리케이션을 만드는 방법을 https://unittestingcourse.com에서 배울 수 있다.

트위터 @vkhorikov로 언제든지 나와 연락할 수 있고, https://enterprisecraftsmanship.com/about으로 직접 연락할 수도 있다. 따라서 독자 여러분의 의견을 기다릴 것이다!

요약

- 단위 테스트를 가능하게 하고자 비공개 메서드를 노출하게 되면 테스트가 구현에 결합되고, 결국 리팩터링 내성이 떨어진다. 비공개 메서드를 직접 테스트하는 대신, 식별할 수 있는 동작으로서 간접적으로 테스트하라.

- 비공개 메서드가 너무 복잡해서 공개 API로 테스트할 수 없다면, 추상화가 누락됐다는 뜻이다. 비공개 메서드를 공개로 하지 말고 해당 추상화를 별도 클래스로 추출하라.

- 드물지만, 비공개 메서드가 클래스의 식별할 수 있는 동작에 속한 경우가 있다. 보통 클래스와 ORM 또는 팩토리 간의 비공개 계약을 구현하는 것이 여기에 해당한다.

- 비공개였던 상태를 단위 테스트만을 위해 노출하지 말라. 테스트는 제품 코드와 같

은 방식으로 테스트 대상 시스템과 상호 작용해야 한다. 어떠한 특권도 가져서는 안 되기 때문이다.

- 테스트를 작성할 때 특정 구현을 암시하지 말라. 블랙박스 관점에서 제품 코드를 검증하라. 또한 도메인 지식을 테스트에 유출하지 않도록 하라(블랙박스 및 화이트박스 테스트에 대한 자세한 내용은 4장 참조).

- 코드 오염은 테스트에만 필요한 제품 코드를 추가하는 것이다. 이는 테스트 코드와 제품 코드가 혼재되게 하고 제품 코드의 유지비를 증가시키기 때문에 안티 패턴이다.

- 기능을 지키려고 구체 클래스를 목으로 처리해야 하면, 이는 단일 책임 원칙을 위반하는 결과다. 해당 클래스를 두 가지 클래스, 즉 도메인 로직이 있는 클래스와 프로세스 외부 의존성과 통신하는 클래스로 분리하라.

- 현재 시간을 앰비언트 컨텍스트로 하면 제품 코드가 오염되고 테스트하기가 더 어려워진다. 서비스나 일반 값의 명시적인 의존성으로 시간을 주입하라. 가능하면 항상 일반 값이 좋다.

│ 찾아보기 │

단위 테스트
생산성과 품질을 위한 단위 테스트 원칙과 패턴

발 행 | 2021년 10월 20일

지은이 | 블라디미르 코리코프
옮긴이 | 임 준 혁

펴낸이 | 권 성 준
편집장 | 황 영 주
편 집 | 김 진 아
　　　　김 은 비
디자인 | 윤 서 빈

에이콘출판주식회사
서울특별시 양천구 국회대로 287 (목동)
전화 02-2653-7600, 팩스 02-2653-0433
www.acornpub.co.kr / editor@acornpub.co.kr

한국어판 ⓒ 에이콘출판주식회사, 2021, Printed in Korea.
ISBN 979-11-6175-574-8
http://www.acornpub.co.kr/book/unit-testing

책값은 뒤표지에 있습니다.

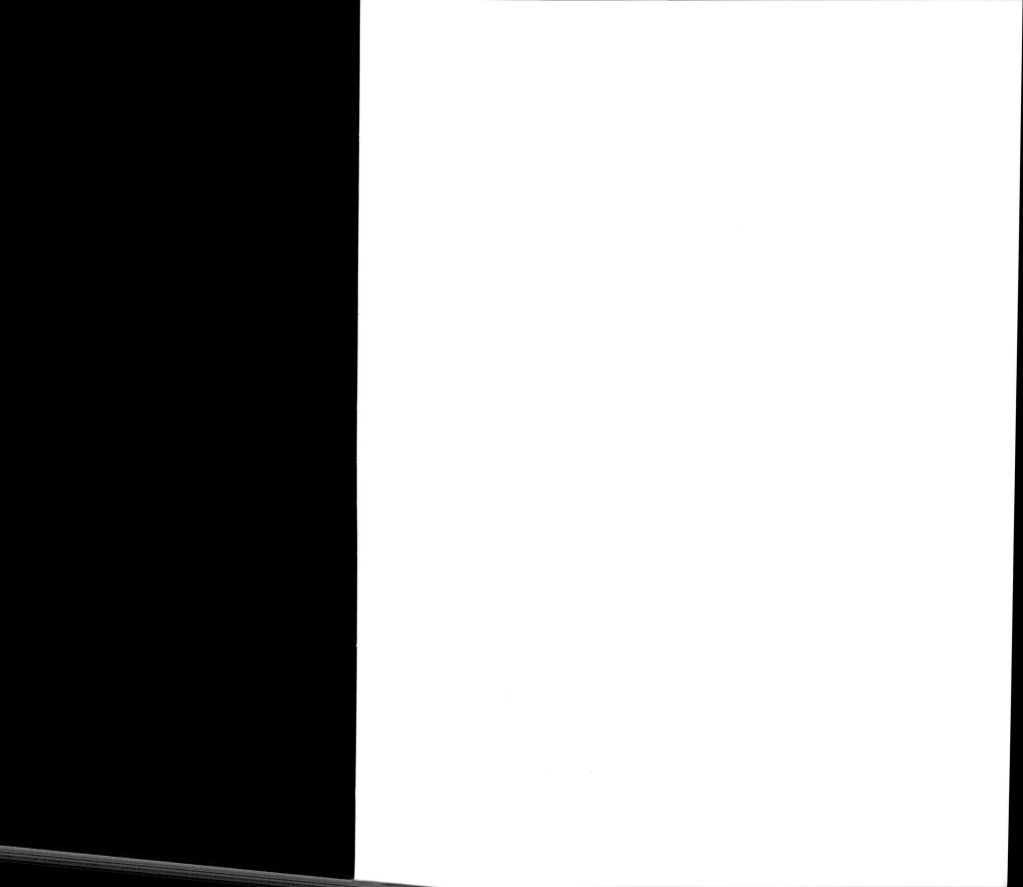

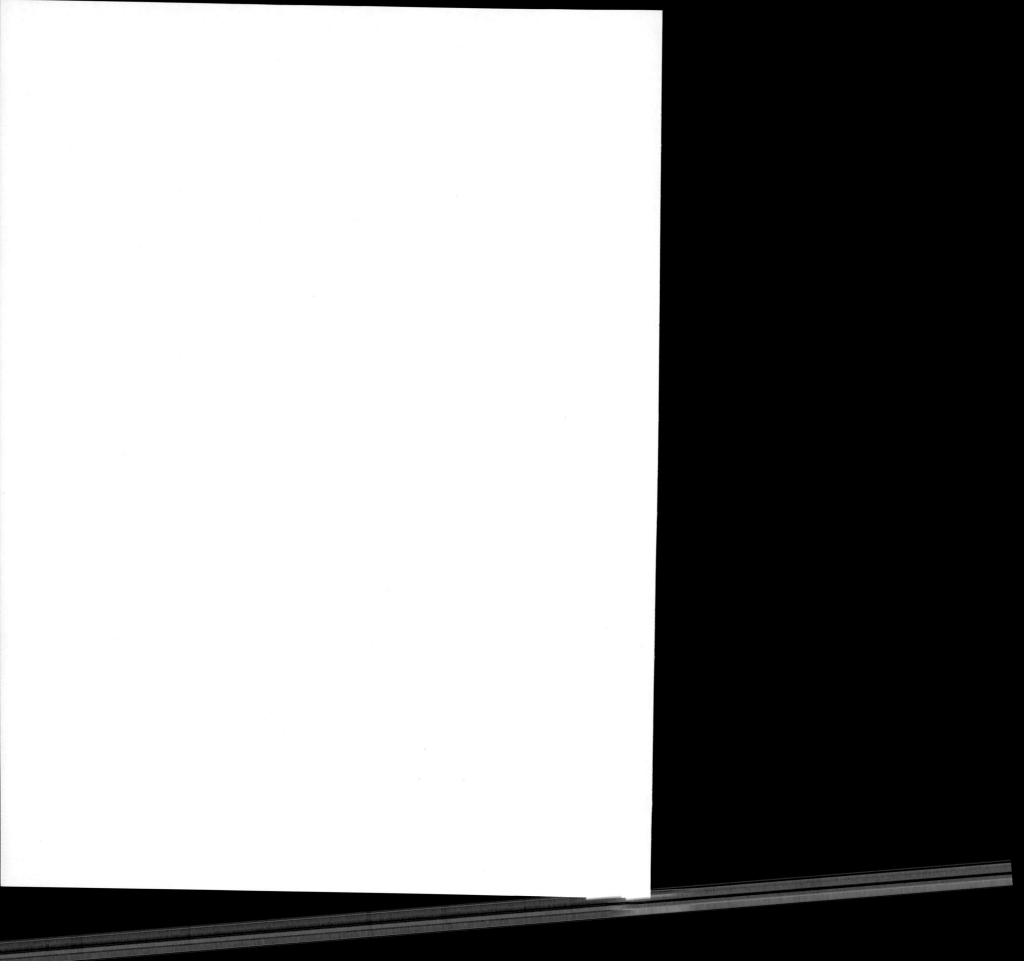